古代歷史文化研究輯刊

十七編

王明蓀 主編

第 2 冊

秦漢史探微（下）

王剛 著

國家圖書館出版品預行編目資料

秦漢史探微（下）／王剛 著 — 初版 — 新北市：花木蘭文化
出版社，2017〔民 106〕
目 4+184 面：19×26 公分
（古代歷史文化研究輯刊 十七編；第 2 冊）
ISBN 978-986-404-942-4（精裝）
1. 秦漢史
618   106001378

ISBN-978-986-404-942-4

9 789864 049424

古代歷史文化研究輯刊
十七編 第 二 冊   ISBN：978-986-404-942-4

秦漢史探微（下）

作　　　者　王　剛
主　　　編　王明蓀
總 編 輯　杜潔祥
副總編輯　楊嘉樂
編　　　輯　許郁翎、王筑　美術編輯　陳逸婷
出　　　版　花木蘭文化出版社
社　　　長　高小娟
聯絡地址　235 新北市中和區中安街七二號十三樓
　　　　　　電話：02-2923-1455／傳真：02-2923-1452
網　　　址　http://www.huamulan.tw　信箱 hml810518@gmail.com
印　　　刷　普羅文化出版廣告事業
初　　　版　2017 年 3 月
全書字數　340150 字
定　　　價　十七編 34 冊（精裝）台幣 68,000 元

版權所有・請勿翻印

秦漢史探微(下)

王　剛　著

目

次

上　冊

秦漢間的政治轉折與相權問題探微 ………… 1

一、問題的提出：「大變局」下的宰相及相權問題 … 1

二、秦漢間宰相地位陞降與事權伸縮 ………… 5

三、從「主事」到「主臣」：由秦漢之際的政治看
漢相性格的形成 ………… 10

四、「功臣政治」下的漢相身份與相權 ………… 17

五、結論 ………… 23

秦漢假官、守官問題考辨 ………… 25

一、假官、守官的基本意義及關係 ………… 25

二、秦漢假官的具體性質與官職演進 ………… 30

三、秦漢守官的源起、職責與類型問題 ………… 39

四、結論與思考 ………… 49

試析秦漢重農抑商的幾個問題 ………… 57

一、重農抑商的形成過程及其內涵和外延：從西周
到秦漢 ………… 57

二、為什麼是秦漢？──「重農抑商」中的秦漢個
性與影響力 ………… 70

（一）秦漢在「重農抑商」政策方面的範式
意義 ………… 71

（二）以「農商社會」爲參照的秦漢「抑商」
　　　及早期帝國的商品　經濟問題……… 78

三、「抑商」：古代專制時代的結構性政治經濟矛盾
　　的反映──以秦漢爲中心的考察　92

（一）大一統的中央集權體制是「重農抑商」
　　　政策的政治背景──以西漢爲例的考
　　　察 ………………………………………… 93

（二）從一元性權威崇拜與商人的中層擠佔之
　　　間的矛盾看「抑商」 …………………… 105

（三）結構性的「均平」、「隔離」指向與抑商
　　　要求 …………………………………… 109

（四）從官僚政治的商品化看抑商 ………… 112

四、國家與商人的資源搶奪是秦漢時代採取「重農
　　抑商」政策的內部原因 ……………………… 114

五、秦漢「重農抑商」的個案考察之一：從西漢黃
　　金問題看抑商 ………………………………… 121

（一）從西漢混亂的幣制看黃金的貨幣意義… 121

（二）從漢金的地位看政府與商人的斂金行爲
　　　……………………………………………… 124

（三）資金搶奪與抑商 ……………………… 128

六、秦漢「重農抑商」的個案考察之二：西漢荒政
　　與抑商 ………………………………………… 130

（一）西漢災荒的嚴重後果及同時期政府的
　　　抑商措施 ……………………………… 130

（二）從荒政下西漢政府財政危機的加劇看
　　　抑商 …………………………………… 133

（三）西漢荒政下的商人角色與社會矛盾的
　　　加深 …………………………………… 135

七、結語 ……………………………………………… 138

西漢商人身份地位的法律限定 ……………………… 141

一、爲什麼是西漢？ ……………………………… 141

二、法律限定的一般內容 ………………………… 147

三、西漢商人的分層與身份限定 ………………… 153

四、市籍問題 ……………………………………… 161

　　　（一）性質與範圍 …………………………… 161
　　　（二）市籍的意義 …………………………… 163
　　　（三）市籍的功能 …………………………… 165
　　　（四）市籍的時效性及所涉及的人群 ……… 167
　　五、結論 …………………………………………… 169

從債務問題看西漢商品經濟狀況 …………………… 171
　　一、西漢債務的基本特點 ………………………… 171
　　二、國家對債務的管理 …………………………… 174
　　三、西漢商品經濟狀況的探討 …………………… 179

下　冊
《史記》的悲劇美 …………………………………… 183
　　一、悲情之人與悲情之書 ………………………… 184
　　二、從悲情基調到悲劇精神：詩性筆調與歷史文學
　　　…………………………………………………… 193
　　　（一）《史記》與悲劇精神 ………………… 194
　　　（二）詩性的歷史敘事與戲劇化描寫 ……… 199
　　三、悲劇美的呈現 ………………………………… 205
　　四、餘論 …………………………………………… 215

「《春秋》無達辭」的知識生成與董仲舒的《春秋》
「辭論」 ……………………………………………… 219
　　一、從董氏《春秋》學的「辭論」問題說起 …… 219
　　二、「《春秋》無達辭」的文本及相關理論意蘊 … 223
　　三、從「辭達而已」到「《春秋》無達辭」 …… 229
　　四、繼承中的發展：「《春秋》之辭」的知識承接與
　　　　時代要求 ……………………………………… 234
　　五、結論 …………………………………………… 243

《尚書》學與光武朝政治 …………………………… 247
　　一、問題的提出：光武朝重《尚書》學 ………… 247
　　二、帝典與受命：漢家正統重建中的《尚書》學 … 252
　　三、《尚書》的「稽古」與開新：從「漢家舊制」
　　　　到「建武故事」 ……………………………… 258

四、從《春秋》學到《尚書》學：由太子改立看建
武時代的政治轉型⋯⋯⋯⋯⋯⋯⋯⋯ 265

五、結語 ⋯⋯⋯⋯⋯⋯⋯⋯⋯⋯⋯⋯⋯⋯⋯ 271

《赤伏符》與劉秀的帝業道路 ⋯⋯⋯⋯⋯⋯⋯⋯ 273

一、前言 ⋯⋯⋯⋯⋯⋯⋯⋯⋯⋯⋯⋯⋯⋯⋯ 273

二、帝業視野下的《赤伏符》本事再考辨 ⋯⋯ 274

三、從「復高祖之業」到「同符高祖」：劉秀集團
崛起中的「人謀」與符命 ⋯⋯⋯⋯⋯⋯ 280

四、帝業之固與符命之用：《赤伏符》之修正及再
詮釋 ⋯⋯⋯⋯⋯⋯⋯⋯⋯⋯⋯⋯⋯⋯⋯ 286

五、結語 ⋯⋯⋯⋯⋯⋯⋯⋯⋯⋯⋯⋯⋯⋯⋯ 293

赤眉興衰與劉秀帝業創構 ⋯⋯⋯⋯⋯⋯⋯⋯⋯ 295

一、赤眉之亂與更始之敗：劉秀帝業視野下的考察
⋯⋯⋯⋯⋯⋯⋯⋯⋯⋯⋯⋯⋯⋯⋯⋯⋯ 295

二、河北與關中：赤眉背景下的帝業依託問題 ⋯ 299

三、劉秀帝業之起與赤眉戰略 ⋯⋯⋯⋯⋯⋯ 304

四、結論 ⋯⋯⋯⋯⋯⋯⋯⋯⋯⋯⋯⋯⋯⋯⋯ 310

呂后研究發微——讀史劄記二則 ⋯⋯⋯⋯⋯⋯ 313

一、《漢書・高后紀》有筆法 ⋯⋯⋯⋯⋯⋯⋯ 313

二、誅殺彭越 ⋯⋯⋯⋯⋯⋯⋯⋯⋯⋯⋯⋯⋯ 317

劉秀史事雜考三則 ⋯⋯⋯⋯⋯⋯⋯⋯⋯⋯⋯⋯ 323

一、設壇場於鄗南千秋亭五成陌 ⋯⋯⋯⋯⋯ 323

二、光武封更始 ⋯⋯⋯⋯⋯⋯⋯⋯⋯⋯⋯⋯ 329

三、公孫皇帝 ⋯⋯⋯⋯⋯⋯⋯⋯⋯⋯⋯⋯⋯ 330

大庭脩的秦漢史研究方法 ⋯⋯⋯⋯⋯⋯⋯⋯⋯ 333

漢代關稅問題再探討 ⋯⋯⋯⋯⋯⋯⋯⋯⋯⋯⋯ 341

漢代「市租」探論 ⋯⋯⋯⋯⋯⋯⋯⋯⋯⋯⋯⋯ 351

「行錢」辨 ⋯⋯⋯⋯⋯⋯⋯⋯⋯⋯⋯⋯⋯⋯⋯ 361

後　記 ⋯⋯⋯⋯⋯⋯⋯⋯⋯⋯⋯⋯⋯⋯⋯⋯ 363

《史記》的悲劇美

　　眾所周知，史記是一部震爍古今的光輝著作，古往今來，大量學者從不同角度，程度不一地討論其文學與史學價值，爲其不同凡響的神韻所傾倒。但一般而言，從文學角度談《史記》，注重的是其文筆和才思；從史學角度談《史記》，則多著眼於其「不虛美，不隱惡」〔註1〕的史家風範。然而，從美學角度討論《史記》的卻相對較少，尤其是從悲劇美學的角度，系統地討論《史記》的則更少。〔註2〕本文擬從這一角度出發，略抒管見，以期達拋磚引玉之效。

〔註1〕　《漢書》卷62《司馬遷傳》，中華書局，1962年，第2738頁。

〔註2〕　國內有一些學者對《史記》的悲劇意識進行過許多有益的探討，如關秀嬌：《論〈史記〉的悲劇精神》（東北師範大學2007年碩士畢業論文），而韓兆琦在《史記通論》（廣西師範大學出版社1996年）中則專門有一章節討論太史公及《史記》的悲劇意識；陳桐生的《中國史官文化與史記》（汕頭大學出版社1993年）中多有篇章闡發《史記》的悲劇精神；朱發建的《超越死亡：司馬遷的著史心態》（《湘潭大學學報》（哲社版）1996年第5期）中也有許多文字談到太史公創作中的悲劇色彩，等等。以上諸先生的觀點良有教益，但由於選題及篇幅等諸原因，各位學者多是從悲劇精神，而並非從美學角度明確論述《史記》的悲劇美。此外，馬強在《歷史的審美與詩化——司馬遷歷史美學觀初探》（《史學理論研究》1996年第3期），對《史記》的歷史美學作了系統的研討，指出了《史記》以悲爲美的問題；而宋嗣廉在其《史記藝術美的研究》（東北師範大學出版社1985年）中提出了悲壯美，書中並涉及悲劇美問題；吳汝煜的《論〈史記〉散文的藝術美——兼談司馬遷的審美觀》（載於劉乃和主編：《司馬遷和史記》，北京出版社1987年）一文也從美學角度提到了《史記》的悲壯美，但以上幾位學者由於文章本身的要求，都還未系統地詳論《史記》的悲劇美。

一、悲情之人與悲情之書

關於《史記》的寫作風格，魯迅有一段極爲著名的論述，他說：

（司馬遷）恨爲弄臣，寄心楮墨，感身世之戮辱，傳畸人於千

秋。雖背《春秋》之義，固不失爲史家之絕唱，無韻之《離騷》矣。

惟不拘於史法，不圍於字句，發於情，肆於心而爲文。〔註3〕

自此，「史家之絕唱，無韻之《離騷》」幾乎成爲了對《史記》的定評，爲學界所津津樂道。毫無疑問，魯迅的這一斷語是公允而準確的。然而，倘由本論題出發，細加琢磨，筆者不僅要問的是，作爲史學上的一大巨作，《史記》被定性爲「史家之絕唱」，自然是毫無問題，但它又何以能夠被稱之爲「無韻之《離騷》」呢？進一步言之，《史記》與《離騷》之間的相似性在哪？就一般認識來看，藝術成就高固然是重要方面，但筆者以爲，這未必是魯迅的立論核心所在。如循著魯迅的思考及理路向前探尋，《史記》與《離騷》應該是因兩大元素而緊密地聯結在了一起，一是悲，二是情。簡言之，司馬遷與屈原一樣，抒悲憤，寄情於文。在論及屈原時，太史公曾一往情深地說道：「余讀《離騷》、《天問》、《招魂》、《哀郢》，悲其志。適長沙，過屈原所自沉淵，未嘗不垂涕，想見其爲人。」〔註4〕可以說，他們的內在精神是完全相通的。而這種悲與情落實在司馬遷身上，前者主要體現爲「恨爲弄臣，寄心楮墨，感身世之戮辱」；後者則反映在「不拘於史法，不圍於字句，發於情，肆於心而爲文。」統而言之，是悲情之人所作的悲情之書。

眾所周知，史遷之悲，乃發端於人生的大變故，也就是所謂的「李陵之禍」，這一點太史公本人並不諱言，並引爲終身之痛。在《漢書‧司馬遷傳》中錄有他的《報任安書》，其中詳細說明了此事，對自己所遭受的奇恥大辱痛入骨髓，他傾訴道：「雖累百世，垢彌甚耳！是以腸一日而九回」「每念斯恥，汗未嘗不發背沾衣也！」今日讀來，那種難以遏制的悲憤之氣猶然在旁，久久難消。司馬遷的悲情是從身體創傷開始的，然而，身體的殘缺不過是一種外在的表象，由此所帶來的精神折損與掙扎，才是痛苦的內在之源。司馬遷在《報任安書》中明確表示：「人固有一死，或重於泰山，或輕於鴻毛，用之所趨異也。」〔註5〕毫無疑問，太史公所追求的乃是一種精神的存在與不朽，

〔註3〕 魯迅：《漢文學史綱要（外一種）》，上海古籍出版社，2005年，第53頁。

〔註4〕 《史記》卷84《屈原賈生列傳》，中華書局，1959年，第2503頁。

〔註5〕 以下引文不標明出處者，皆出自於《報任安書》。

自己的身體或生命不過是用來實現這一終極目標的載體與形式。所以，當司馬遷領受宮刑之時，他不是爲了苟活而留存殘破的身體，而是需要利用這一工具去實現自己的抱負與理想。他的抱負和理想是什麼？就是爲了完成《史記》這一偉大的著述而奮鬥，所謂「欲以究天人之際，通古今之變，成一家之言。」然而，「草創未就，會遭此禍，惜其不成，」理想不能半途而廢，所以，「是以就極刑而無慍色」。要之，爲了最後的理想，不得不忍辱而活。所以，當專制帝王要奪去他生命的時候，他本可坦然受之，當時咬嚙司馬遷之心的，並不在於生死，而是生死之上的精神困境。也正是這種困境所帶來的苦痛及抉擇，使司馬遷的一生都充滿著強烈的心理衝突與怨憤，自此不能擺脫於悲情之外。

就個體的遭際和認識來說，這種悲苦之境首先表現在「孝」及個人價值的實現上。司馬遷是一個重情之人，翻檢《史記》，隨處可見的，是他對弱者及俠義之士的同情與慨歎。有學者據此認爲他有著「強烈的、深刻的人民性」，〔註6〕這其中除了身世上的共鳴，更在於他對情感及正義的推崇，以及連帶而來的，對一般人群的悲憫之情使之然也。而情之首重，在於孝。在《禮記‧祭義》中，孔子有言：「立愛自親始。」按照這種理念，一個對世界及世人充滿著情感與愛的人，首先就是愛親人的人，是孝子與孝女，而司馬遷恰恰就是這樣的人。要之，要眞正瞭解司馬遷，就應該知道，他對人民的愛，對弱者的同情，是從要做好一個孝子開始的，這是一種儒家之風，後世與此相關的種種階級或泛階級的分析路數，多爲淺薄而牽強之論，與其精神內核並不完全相符。所以，當遭受大禍之時，他首先想到的不是自己的生命存在與否，而是由此對父母先人所帶來的奇恥大辱，尤其是遭受宮刑，他認爲是極大的侮辱，這種侮辱不僅是自己的，更是父母及家族的，也所以，他才會憂憤而言：「以污辱先人，亦何面目復上父母之丘墓乎？」作爲一名在價值觀上強烈認定「太上，不辱先，其次不辱身」的士人，在遭逢著「悲莫痛於傷心，行莫醜於辱先」的殘酷事實時，本可不受其辱，「引決自裁」而去，從而保全一名孝子的最後名節，他曾說：「僕雖怯懦，欲苟活，亦頗識去就之分矣。」那一刻，他是想到過通過結束生命，來履行最後之「義」的。

然而，對於司馬遷來說，受辱固然是不孝，但他無法通過生命的終結，來一了百了，爲人生畫上最後的句號，因爲這樣做的結果，反而可能帶來更

〔註6〕季鎭淮：《司馬遷》，北京出版社，2002年，第125頁。

大的不孝。原因在於，《史記》的撰述不是他一人之事，更是家族的光榮與期盼。尤爲重要的是，作爲父親臨終的囑託，完成這一著述是司馬遷作爲人子之孝的本分所在，所謂「揚名於後世，以顯父母，此孝之大者。」〔註7〕對於司馬遷來說，可謂進退兩難。怎麼辦？唯有忍辱含垢，爲了完成父親的重託，不得不苟活下來，這樣就可以「償前辱之責」，對九泉之下的父親及先人有個起碼的交代，但不管怎麼說，這份「辱親」之責、之痛，在司馬遷看來，只怕是終身無法洗刷了。故而，當他發出「僕大質已虧缺矣」的哀歎時，就不僅僅是身體殘缺的問題，而是對自己作爲人子不能完全盡孝的一種自責。但這種責任最終該由誰來負呢？是司馬遷本人嗎？太史公對此當然是很不服氣的，當「拳拳之忠，終不能自列」，當慘遭酷刑之時，可謂奇辱疊加著奇冤，在「誰可告愬者」的無助與無奈之下，無消說，他的矛頭直指殘暴昏蠻的君上及主事者，但他又不能明說，由此，憂憤之情只能無可遏制地在胸中噴薄。要之，在無端而至的奇恥大辱之下，司馬遷有著無以言說的憤懣，但首先遇到的精神困境，是孝之難全，由此推演而出的生死之境，存活的意義，成爲了他心中揮之不去的悲與痛。

其次，史公之悲苦更在於，在遭逢身家巨變之時，無一人伸出援手。在孤苦無援之中，所感受到的不僅是人世間的寡情薄義，更有一種生不逢時，無處傾訴，難逢知己的苦痛。當李陵案發生時，他的最終結局並非一定是受刑下獄，非死即宮。按照當時的情勢，司馬遷只要有足夠的錢財加以贖罪，或者有人在當權者面前加以勸慰，都可能出現不一樣的走向。然而，作爲「絕賓客之知，忘室家之業，日夜思竭其不肖之材力，務一心營職，以求親媚於主上」的司馬遷，沒有錢財的積纍，也沒有多少私交甚好之人。事實上，當他爲李陵辯言之時，所看到的也正是李陵的「分別有讓，恭儉下人，常思奮不顧身，以徇國家之急。」所以，才斷言：「其素所蓄積也，僕以爲有國士之風。」雖說的是李陵，但這其中分明就有他自己的影子。毫無疑問，司馬遷不是由於私情，而是完全出於公義，爲了國家社稷，以「拳拳之忠」，才向當局建言，孰料竟會遭受如此不測。當大禍來臨之際，「家貧，貨賂不足以自贖」已然成爲定局，但「交遊莫救，左右親近不爲一言」才是最爲錐心痛骨的事情。固然，司馬遷交遊不廣，是一大劣勢與事實，但倘按照他此前的固定思維，出於公義，當權者應當體會他的這份苦心，而朝堂之上，也應該會有人

〔註7〕《史記》卷130《太史公自序》，第3295頁。

伸出援手。然而，結局卻是深深的絕望。在專制皇權之下，沒有分辯的餘地，也沒有人出手相救，剎那間，在司馬遷眼裏，滿朝皆爲冷酷勢利之徒，唯利所在，無一知己，他感受到了從未有過的孤獨與絕望。

而這樣的悲苦之境發之於情，就滲透到了《史記》的字裏行間，讓他有了別樣的眼光。經李陵一案，太史公看透了世態炎涼，他的內心深處有一私人問題久久難於去除，即：在一個勢利的時代，應如何自處？習文史者皆知，在《史記》中，他作有《貨殖列傳》，對當時的商人群體除了正面的肯定之處，還特別引用諺語道：「千金之子，不死於市。」似乎看起來他對於佔有財富頗爲推崇，爲此班固評述道：「述貨殖，則崇勢利而羞賤貧。」〔註8〕其實，班固所見極爲表面，太史公不僅不是尊崇勢利之人，而且情形正相反。他是一個極爲講求「義利之辨」的人，在他的心目中，「義」總是高於「利」的，所以在《史記·孟子荀卿列傳》中，一開篇就有這樣的句子：

> 太史公曰：余讀《孟子書》，至梁惠王問「何以利吾國」，未嘗不廢書而歎也。曰：嗟乎，利誠亂之始也。

也所以，撰作《貨殖列傳》根本不在於「崇勢利」，而恰恰是對那個時代和社會的勢利進行譴責。因而在《史記》中，分明可以看到，司馬遷高度推崇和歌頌孔子、顏回、伯夷、叔齊等爲守志而不懼貧賤之人。我們還可注意到，在《史記·汲鄭列傳》中，太史公專門說到一段翟公的故事，身居高位的翟公本門庭若市，但在罷官之後卻門可羅雀，人皆避之，而一旦恢復舊職，賓客們又開始趨之若鶩，《史記》中這樣載道：「賓客欲往，翟公乃大署其門曰：『一死一生，乃知交情。一貧一富，乃知交態。一貴一賤，交情乃見。』」並以「悲夫」二字結束全文。太史公「悲」什麼？「悲」的就是世態炎涼之下的世風，這種世風曾經涼透了他本人的心，在他身體的殘損之上加了重重的一刀。由此，再來看司馬遷的《貨殖列傳》，寫的是「布衣匹夫之人」，屬於「智者有採焉」，〔註9〕他實質上是在告訴我們，在一個勢利的時代，作爲無權無勢的布衣，財富的積纍是一種「智者」之事，需知當年司馬遷就是因爲沒有錢財贖罪，才落得終身隱痛，「千金之子，不死於市」在這裡早已不是空言，而是一種慘痛的教訓。

如果說沒有財富贖身，是一種有形的無助，無人理解，甚至嗤笑自己的

〔註8〕《漢書》卷62《司馬遷傳》，第2738頁。
〔註9〕《史記》卷130《太史公自序》，第3319頁。

遭際，則更是無形的重擊。事發之時，司馬遷曾為自己作過辯白，可是得到的不僅不是正向回應，反倒是對其忠誠信義的否定，在幾近摧毀之後，所蹦生出的怨憤與絕望，可以想見。我們知道，這樣的苦境在歷史上也曾有人遭逢，並發之於文，傳於後世，此人便是屈原。所以，可注意的是，在《史記‧屈原賈生列傳》中，太史公不僅給了屈原極高的評價，而且特別指出了《離騷》的成就，與屈原的遭際及怨憤的關係，他說：

> 屈平正道直行，竭忠盡智以事其君，讒人間之，可謂窮矣。信而見疑，忠而被謗，能無怨乎？屈平之作《離騷》，蓋自怨生也。《國風》好色而不淫，《小雅》怨誹而不亂。若《離騷》者，可謂兼之矣。

倘細加品味這段意味深長的文字，可以說，太史公在對屈原深表同情，對《離騷》極力推崇的同時，又何嘗不是一種心靈的自我傾吐，以及對自己這部《史記》的深深期待與自許呢？也所以，《史記》夠得上「無韻之《離騷》」，就絕不僅僅在於水平和成就上的抗衡，而更多的是屈原精神的推揚。從學術史的角度來看，屈原的詩歌構建了一種新的美學樣式，它來源並發揚了《詩經》精神，將憂憤之情發之於詩文，聶石樵說，這屬於「發憤以抒情」，而這一路數到了司馬遷這裡，則更為自覺與「理論化了」。要之，由《詩經》而屈原，再到司馬遷，從美學角度來看，生成的是「具有強烈的怨憤情緒的悲劇。」〔註10〕由此，完全可以說，從《離騷》到《史記》，它們乃是先後相續，同具悲劇之美的偉大作品，皆為傳頌千古的「怨憤之作」。

而就本論題出發，聚焦於司馬遷，又可注意的是，太史公之「憤」，在其內心感受中，特別強調的是揮之不去的孤獨，即所謂的「孤憤」。當然，這一點在屈原身上早已存在，所以才會有「眾人皆醉而我獨醒」〔註11〕之感慨，但「孤憤」在司馬遷的那裏表現得更為自覺與外顯，並在慘痛的代價下，與「說難」緊緊地聯繫在了一起。

習文史者皆知，「說難」主要指的是，在闡明自己的觀點時，要為人信從，是很不容易的事情，它與「孤憤」一樣，不僅是某種精神狀態的闡述，更是《韓非子》中的兩部名篇。據《史記‧老子韓非列傳》，司馬貞《索隱》曰：「孤憤，憤孤直不容於時也。」韓非子是否「孤直」，本文不加論述。但在《史記‧老子韓非列傳》中，司馬遷對韓非的評價很值得玩味。他一

〔註10〕聶石樵：《屈原論稿》，人民文學出版社，1992年，第212、213頁。
〔註11〕《史記》卷84《屈原賈生列傳》，第2486頁。

方面對「其極慘礉少恩」進行了評定，另一方面，又對韓非多作正面陳述，幾乎沒有貶詞。需要特別指出的是，就價值認同來說，「慘礉少恩」之人本為司馬遷不喜，除了本人的性格，宮刑中所領受的人情淡寡，應更為加重了這一感受。所以可注意到，在《史記·商君列傳》中，太史公對同為法家代表的商鞅大為伐撻，焦點就在於其「刻薄」、「少恩」，而這種狀況在韓非子的性格及理論中，是不遑多讓的，太史公避而言之實為異數。筆者以為，此種狀態的出現，很大可能在於，韓非的遭際及處境與太史公有相通之處，故而，行文之下的重點竟在於「說難」、「孤憤」，從而迴避了他刻薄寡恩的一面，這就使得不僅在《報任安書》中，有了「韓非囚秦，《說難》、《孤憤》」的句子，韓非由此成為了聖賢「發憤」的一個代表，也使得在《老子韓非列傳》中，出現了「余獨悲韓子為《說難》而不能自脫耳」的感慨。細繹文字，太史公「獨悲」於韓非的無力自我辯說，實質上是同樣的際遇敲打著自己的心靈，由此大為慨歎。所以在《報任安書》中，他說到：「未能盡明，明主不曉，以為僕沮貳師，而為李陵遊說，遂下於理。」這不正是又一種「說難」嗎？而「左右親近不為一言」，「誰可告愬者？」不也正是「孤憤」之情的強烈宣泄嗎？

　　總之，宮刑不僅對司馬遷的身體，更對其心靈造成了極大的創傷，巨辱與巨變之後，悲情氛圍就此纏繞著他的一生，也為《史記》的撰作鋪陳了濃重的悲情底色。毫無疑問，李陵案及由此所帶來的宮刑之辱，是司馬遷心中的永久傷痛，但更為重要的是，在這樣的背景下，司馬遷並沒有消沉，撰作《史記》成為了他存活的意義與精神支撐，他說：「僕誠以著此書，藏之名山，傳之其人，通邑大都，則僕償前辱之責，雖萬被戮，豈有悔哉！然此可為智者道，難為俗人言也！」在他看來，他的生命已完全寄託於這部傳世之作中，只有完成了這部作品，才能在心理上得到部份的補償。由此再來看司馬遷，在創作過程中，感懷於心的憤憤之氣，悲愴之情，免不了要流於筆端，《史記》成為抒憤之作也就在情理之中了。從某種意義上來說，宮刑激發了司馬遷的內在悲情，成為其抗爭的起點，表現於《史記》之中，情感濃烈下少有四平八穩的官樣描述，激越的情緒下總是呈現出別樣的悲戚之美。所以，從這個角度去看，《史記》遠不能作一般的史書去解讀與看待，也所以魯迅才會說：「惟不拘於史法，不囿於字句，發於情，肆於心而為文。」從特定視角去解讀，其實質在於，史遷是在以史事及人物澆胸中塊壘，將自己的情感投射於

此，《史記》由此以事寄情，以情見美。也由此，《史記》就化爲了一本飽含著情與美的書。

顧炎武曾說：「《史記》於序事中寓論斷。」〔註 12〕如移之於本論題，實在可說：「《史記》於序事中寓悲情。」而毫不誇張地說，也正是在這種悲苦的吶喊與抗爭中，《史記》最終得以生成，它是一部浸潤著太史公個人情感的書。《孟子・萬章下》云：「頌其詩，讀其書，不知其人，可乎？是以論其世也。」毫無疑問，不理解太史公慘痛的經歷與內心世界，就不可能真正讀懂《史記》，讀懂司馬遷。但更重要的是，太史公那別樣的抗議與感懷，雖然緊緊聯結著個人的遭際與苦痛，但這並不是完整的司馬遷。進一步言之，他的悲情屬於個人，更超越了個人，「知人論世」之際，更應看到那個時代對司馬遷的心靈塑形，及他本人對時代的超越。在這樣的理路下再去看《史記》和司馬遷，就可以說，這種悲情不僅僅屬於他本人及其書，更有著深深的時代印記，並且始終伴隨著這一偉大人物對精神藩籬的衝撞、突破與超越。

由前已知，司馬遷的悲情，起點在於殘酷的刑法，直接對立面就是漢朝廷及其最高代表——漢武帝。毋庸諱言，對於本朝的統治者，司馬遷發了不少的怨言，雖今天看來，很多都是正當合理的，但自漢以來，卻很有一部份人抱著狹隘的私人態度去看太史公，認爲是私怨使得他寫出了那些文字，遂有了所謂的「謗書」之說。這種說法，筆者是絕不敢苟同的，倘以這樣的態度去看待司馬遷及《史記》，那豈不成了市井小兒的罵街之作？他及它所擁有的崇高地位將從何談起？所以，這樣的觀點不是有著別樣的目標及用心，就是見識短淺。需知在太史公心中，「公義」遠重於私怨，他曾明確表示，他的「悲」乃出於「公」，而非私情，所謂：「使公於公者，彼我同兮；私於私者，自相悲兮。」〔註 13〕在這一問題上，筆者完全同意陳桐生的意見，他指出：

> 「謗書」說的要害在於貶低了司馬遷的人格品質，把《史記》極爲嚴肅的主題降低到泄私憤的水平，它忽視了司馬遷深沉的人類責任感及其宗教擔當精神，它無視《史記》崇高的文化目標，因而是對《史記》主題的嚴重歪曲。〔註14〕

〔註12〕顧炎武：《日知錄》卷 26《史記於序事中寓論斷》，秦克誠點校：《日知錄集釋》，嶽麓書社，1994 年，第 891 頁。

〔註13〕司馬遷：《悲士不遇賦》，嚴可均輯：《全漢文》，商務印書館，1999 年，第 266 頁。

〔註14〕陳桐生：《中國史官文化與〈史記〉》，汕頭大學出版社，1993 年，第 283 頁。

要之，司馬遷的理想與抱負是宏遠的；《史記》的主題是深沉的，是一部超越個人情懷的「古今天人」之作。所以當太史公宣稱：「欲以究天人之際，通古今之變，成一家之言」之時，他的悲情中已飽含了文化的含量與歷史的超越，而絕不是僅糾纏於身世之間，作小女子之悲切，發閨怨式嘶喊。由此，太史公之悲情，就化為了一種文化與歷史的悲情，是在時代之軛下，左衝右突，尋找出路的悲與情。

在《報任安書》中，有一段非常著名的論述，集中闡釋了司馬遷作《史記》的思想情懷與文化寄託，其文曰：

> 古者富貴而名摩滅，不可勝記，唯倜儻非常之人稱焉。拘文王而演《周易》；仲尼厄而作《春秋》；屈原放逐，乃賦《離騷》；左丘失明，厥有《國語》；孫子臏腳，《兵法》修列；不韋遷蜀，世傳《呂覽》；韓非囚秦，《說難》、《孤憤》；《詩》三百篇，大底聖賢發憤之所為作也。此人皆意有所鬱結，不得通其道，故述往事、思來者，乃如左丘無目，孫子斷足，終不可用，退而論書策，以舒其憤，思垂空文以自見。

細繹文字，結合本論題，有兩點特別值得注意：

1、司馬遷以承接前賢而自況，並以文王、孔子為引領，而所謂「思垂空文以自見」，本是《春秋》的特點，〔註15〕用在這裡，明顯是以承接孔子的道統而自居，並直接關聯著《史記》的自我定位。翻檢《史記·太史公自序》，可以看到，不僅是司馬遷本人，甚至其父司馬談的遺命，都是希望能通過作《史記》，而接續《春秋》。那麼，《春秋》是什麼地位呢？在漢人看來，它是政治及意識形態的最高指導書，《論衡·須頌》所謂的「《春秋》為漢制法」，在那時已成為一種公認的思想。所以，當司馬氏父子立下接續《春秋》之志時，無疑是對先賢，尤其是孔子文化道統的一種承接，這一點在司馬遷身上表現得更為明顯與突出。我們注意到，自先秦士人傳統確立以來，「弘道」已成為每一個具有文化責任者的當然選擇，司馬遷不僅不例外，而且有著一股舍我其誰的氣概。所以，《論語·泰伯》有云：「士不可以不弘毅，任重而道遠。」《衛靈公》篇又云：「人能弘道，非道弘人。」也所以，司馬遷才會有「自周公卒後五百歲而有孔子，孔子卒後至於今五百歲」「意在斯乎！意在斯

〔註15〕《史記·太史公自序》曰：「孔子之時，上無明君，下不得任用，故作《春秋》，垂空文以斷禮義，當一王之法。」

乎！小子何敢讓焉」〔註16〕的慨然擔當。而當具備這種擔當意識之後，《史記》就不再是一部單純的史書，它是《春秋》新作，是傳道與弘道的載體。

2、承接道統，續作《春秋》，必須要才力雄大者，這樣的人以「弘道「爲己任，而不在乎功名富貴，所謂「古者富貴而名摩滅，不可勝記，唯倜儻非常之人稱焉。」司馬遷是「倜儻非常之人」嗎？以其自我期許來說，當然是！而且那個時代需要這種「非常之人。」所以漢武帝下詔求賢時，曾特別強調：「蓋有非常之功，必待非常之人。」〔註17〕眾所周知，漢武帝時代是古代中國的一大轉軌及樞紐期，正是從這裡出發，開始了「罷黜百家，獨尊儒術」的歷史進程，中國步入了經學時代與眞正的大一統時期。按理說，司馬遷有如此之抱負，以及實際才幹，在這樣的時代應該是如魚得水，大展手腳。事實上，這也的確是一個人才濟濟，各展雄長的時代，文治武功一時之盛下，可謂英雄輩出，班固盛讚爲：「漢之得人，於茲爲盛。」〔註18〕然而，從某種程度來看，年少時即「負不羈之才」的司馬遷，卻成了這個時代的旁觀者與記錄人，並未深入參與到轟轟烈烈的事功之中。不僅如此，在一個承前啓後，人人爭取建功立業的時代，才氣過人的司馬遷懷抱偉大理想，以承接道統之心來續《春秋》，作《史記》，可爲什麼書中所透現的氛圍不僅不是熱情洋溢，反而充滿悲情呢？

這其中除了宮刑所帶來的身心創傷之外，更重要的是，他看穿了這個時代的某些本質，從這個角度來說，司馬遷的「孤憤」本質上是屬於文化的，質言之，他是一位大一統下的「文化遺民」，是一個孤獨的守望者。我們注意到，當盛讚漢武時代的文治武功時，它的另一面，卻是大一統之下皇權的無所不用其極，一個士人想要在這樣的時代出人頭地，就必須向它低下高貴的頭顱，由此，「曲學阿世」遂成爲一時風氣，「道」屈從於「勢」之下。一代雄主固然需要人才來建功立業，但這樣的人才首先必須是匍匐於皇權之下的奴才，或者說奴性人才最得青睞，文如公孫弘，武如衛青，莫不如是，一時間，出現了「公卿大夫多諂諛取容矣」的可悲局面。〔註19〕先秦時代那種具有獨立精神，以「道」爲旨歸的士人要麼邊緣化，要麼慘遭打壓。

〔註16〕《史記》卷 130《太史公自序》，第 3296 頁。
〔註17〕《漢書》卷 6《武帝紀》，第 197 頁。
〔註18〕《漢書》卷 58《公孫弘卜式兒寬傳》，第 2634 頁。
〔註19〕《史記》卷 30《平準書》，第 1434 頁。

　　要言之，在那樣的時代，先秦與秦漢之間士風丕變，終成定局。當時在司馬遷面前只有兩條路，要麼屈從於時代；要麼忍受孤寂與痛苦，捍衛孔子以來的士人之道。司馬遷選擇的是後者。他要用自己的選擇及作為，來詮釋什麼才是「弘道」之舉，什麼才是真正的「非常之人」。而這些反映到《史記》中，對於現實不是歌頌，而是批評，透現出「知其不可為而為之」的精神，不為時代所理解、所屈從的孤傲。從一定意義上來說，這些正是捍衛道統的表現，是孔子真精神的推揚。所以，李長之指出：「司馬遷徹頭徹尾的反功利精神，反現實精神，不以成敗論英雄的態度，都有深深的孔子的影子。這是他們精神的真正契合處。」〔註20〕也所以，當司馬遷寫作《史記》時，對於這個時代是懷抱著深深的失望的，他並不指望這個時代能夠容納自己，在這種時代裏，他注定是孤獨的，這也就決定了他的《史記》是「藏之名山，傳之其人」之作。但他並不絕望，因為在「述往事、思來者」中，等待自己的是後世知己。就如同孔子一般，他堅信自己能遇到後來的理解者，而這些知己們，將以聖哲的形象集體鐫刻在歷史的長廊，他們的精神將永遠相通相隨，並激勵著後人。所以我們注意到，司馬遷曾作有《悲士不遇賦》，與他的老師董仲舒的《士不遇賦》正相呼應。在文中，他強調：「我之心矣，哲已能忖；我之言矣，哲已能選。」倔強地宣言：「朝聞夕死，孰云其否？」〔註21〕不僅有著在文化上因守先待後，傳承道統而煥發出的內在榮耀，更有因與聖哲成為知己，而穿越時代的歷史悲壯。從一定意義上來解讀，就如同孔子、董仲舒「不遇」一般，司馬遷及《史記》的「不遇」，不僅不是恥辱，而且是他的光榮，是傳遞道統中必須承受的孤獨，它是悲情，同時它的背後又何嘗沒有某種「悲欣交集」？「悲」是一種力量，而「悲」後之「欣」，才是能量所出，它是太史公淚光中的燭影，是燃燒他心力的能源……

二、從悲情基調到悲劇精神：詩性筆調與歷史文學

　　前已論及，司馬遷及《史記》是充滿著悲情的人與書。然而，這種悲情並不僅僅止於情緒的宣泄，而是以藝術的手法，將感性的情愫與理性的思考交織在一起，在廣闊的歷史場域中，呈現出更為深刻的價值追問和意義走向。據韓兆琦考訂，「《史記》全書所寫悲劇人物大大小小約有一百二十多個」，由

〔註20〕李長之：《司馬遷之人格與風格》，第46頁。
〔註21〕嚴可均輯：《全漢文》，商務印書館，第266頁。

此，「《史記》的悲劇氣氛無往而不在」，〔註22〕可以說，正是在一種獨特的悲情氛圍下，《史記》凸現出了獨特的悲劇美。當然，就學理而言，也需清醒地意識到，在論證悲劇美及相關問題時，光有所謂的悲情，及所謂的悲劇人物，那是遠遠不夠的。就本論題來看，《史記》的悲劇美要得以成立，至少要在兩個方面有所表現，一是要由悲情上升為悲劇精神；二是要呈現出悲劇中的戲劇性一面。筆者以為，《史記》不僅達成了這種目標，而且在悲劇美的呈現中，既為早期中國的文化發展豎起了標杆，更對後來中國悲劇美學的進一步完善提供了精神養料。下面，就具體論之。

（一）《史記》與悲劇精神

簡單地說，《史記》要具備悲劇美，就不能僅僅滿足於悲情色彩，更需要有悲劇意識貫穿其間。易言之，《史記》在美學上的成功，固然有悲情感人心肺，但更得益於高於悲情的悲劇意識及手法的運用，從而使其在境界上得到昇華。而悲劇之所以高於悲情，主要在於，它已不是某種簡單的情愫展示，而是具有自覺意識的思考，這種意識必然會呈現出一定的邏輯性，在精神內容上也更為明確與豐富。而這樣一來，在進一步的探研中，悲劇精神就成為了避無可避的問題。

那麼，什麼是悲劇精神？作為一個見仁見智的學術問題，在具體的內涵與外延上，直到現在還存在著各種爭論。本文無意就此再次展開學理上的爭辯，僅就論題所及，認為，究其內核而言，崇高感與反抗性應該是悲劇精神的重要元素。質言之，所謂崇高感，是悲劇之所以為悲劇的價值基石。我們注意到，對於悲劇的定義，從亞里士多德到黑格爾到尼采等等，可謂眾說紛紜。但筆者以為，朱光潛講得最為明曉，他說：「要給悲劇下一個確切的定義，我們就可以說它是崇高的一種，與其它各種崇高一樣具有令人生畏而又使人振奮鼓舞的力量，它與其它各類崇高不同之處在於它用憐憫來緩和恐懼。」〔註23〕由此再來看悲劇的理論內涵，它就絕對不是一種簡單的悲苦再現，而是在人性及社會性的思考中，面對種種的無力與無奈之下，在苦難與災難面前，

〔註22〕 韓兆琦：《史記通論》，第178頁。另外，朱發建說：「據粗略統計，在全書120篇人物傳記中，以被殺、自殺而終的人物標題就有37篇，加上沒有標題而命運相同的人物共約70餘人。」（見《超越死亡：司馬遷的著史心態》，《湘潭大學學報》〔哲社版〕1996年第5期，第22～23頁。）

〔註23〕 朱光潛：《悲劇心理學》，安徽教育出版社，第124頁。

通過悲憫來消除恐懼，從而在內心深處喚起或完成某種崇高的價值實現。這種崇高不是伴隨著成功的喜悅而來，而是在失敗中加以呈現，它的魅力和價值，就在於明知無法實現目標，卻因內心的力量而平復了種種的恐懼，依然勇往直前。而這又引出了悲劇精神中的另一重要側面——反抗性，從一定意義上來說，停止了抗爭，悲劇也就終結了。悲劇的存在及張力正在於，面對著命運及種種不可知的力量，人以其不可屈服的精神狀態，對於不公正、不公平的境遇和結局，作出了不妥協的反抗，由此，衝突纏繞於人，彌散於心，貫穿著整個悲劇的始終。要言之，為了內在的崇高得以實現，悲劇人物毅然面對失敗，以絕不放棄的姿態拼死抵抗，從而在內在的心靈與外在的毀滅間，交織出了一幕幕壯烈的劇情。

細繹《史記》文本，可以看到，崇高感一直是久久迴旋的主旋律。前已論及，太史公本人為了此書甘受腐刑，就在於它不是一部普通的書，而是可以傳之後世的弘道之作，作為繼承「聖賢發憤之所為作」的典籍，它所傳播的就是崇高的道義，也所以，那些歷史人物能收入此書，主要不是由於當時的地位有多尊榮，而在於「忠信行道」、「扶義俶儻」。〔註24〕簡言之，「道義」是《史記》的核心所在。我們還注意到，在這些歷史人物中，對於失敗的英雄，固然可以挹一把辛酸淚，作為典型的悲劇人物，他們傾注了太史公深刻的同情與悲切，在抗爭中毫無爭議地顯現出悲劇之美。而那些功成名就的人物呢？似乎在《史記》中，也同樣沒有逃脫命運的魔掌，意氣風發只是暫時，英雄末路才是最後的歸宿。

不僅如此，這樣的思考如果再深入一些，帶入宗教或哲學的視野，又可以發現的是，由特定視角來看，這種壯烈或者美，實質上是植根於人性之上的副產品。它們作為人性的外向所求或彰顯，作為美與善的呈現，是人性中最為亮麗的底色。然而，與美好的願景相反，遭受的卻是失敗與摧毀，這就使得人性與命運之間，發生了強烈的衝突，崇高是至善的追求，為何卻遭到打壓？悲劇人物往往找不到答案，此時，讓他們產生抗爭的，不是別的，乃是不屈從的靈魂。由此，悲劇人物都是桀驁不馴的理想主義者。與宗教人士或者哲人的相似處在於，他們都追求終極的意義和靈魂依託，但不同則在於，悲劇是一種絕望中的反抗，在可見的明天和無盡的未來，悲劇人物都不能主

〔註24〕《史記》卷130《太史公自序》，第3300、3319頁。

宰自己，或找到自己的主宰者，他們以憐憫和良心的力量來對抗外在世界，以內心的準則來指導自己的行為。在精神家園的找尋中，雖歧路茫茫，但為了理想，他們吶喊、反抗、向前，直至生命的盡頭。這樣，悲劇就與宗教或哲學不同，它更有張力，更為動蕩，在無所畏懼中走向毀滅。而後者則是一種寧靜和希望，不管如何坎坷曲折，道路已經顯現，並且答案是給定了的，未來所等待的，必然是溫暖的擁抱或天堂的歌聲。

從這個意義上來說，悲情只是情緒的宣泄，而悲劇則進入了深層的人性及命運思考中，它與宗教或哲學一樣，是人類深度思考的產物，只是它們的路向或風格大不相同。簡言之，人類在宗教或哲學的思考中，往往會以某種終極答案來撫慰人心，安定思維。由此，宗教和哲學就不僅為人類提供了一種或明或暗的精神家園，更提供了一張明確的路線圖。人類的精神由此得以舒張，在啓蒙與期待中，內心的衝突逐漸轉為寧靜。然而，緊張感的紓解固然帶來了各種益處，但就悲劇藝術來說，它們卻是強大的殺傷器。循著這樣的理路，朱光潛曾指出，在古代世界中，在對命運的終極思考中，無法得出宗教或者倫理的最後解答，在激烈的衝突中，悲劇遂產生了。他還認為，在古代世界，希伯來人、印度人歸之於宗教；中國人、羅馬人歸之於實際倫理之哲學，故而，都沒有產生悲劇，嚴格的悲劇只出現於希臘。他繼續論道：

> 希臘人卻不是那麼容易滿足與宗教和哲學，他們的心靈是積極進取、向多方面追求的心靈。他們面對著宇宙之謎時，內心感到理想和現實之間的激烈衝突，正是這種內心的衝突產生了希臘悲劇。
> 〔註25〕

按照這樣的思路，無疑，在古代中國，那種嚴格意義上的悲劇，因哲學或倫理的發達，而難以產生。簡言之，悲劇是在不可把握中所進行的絕望抗爭，但在古代中國，以「安天樂命」為主基調的處事方式，使得在「體道」的過程中，基本上可以將命運把握在自己手中，矛盾和衝突往往由此消弭或弱化。

〔註25〕 朱光潛：《悲劇心理學》，第 283、302 頁。必須指出的是，有些學者對於宗教所宣示的苦難，也往往以悲劇來加以涵定，如王蓓：《〈聖經〉的悲劇美》（《外國文學評論》2006 年第 3 期）中就持有這種觀點。但筆者不同意這種主張，還是認為朱光潛等的說法更為合理。因為一則宗教給人希望和方向，他不能產生悲劇人物的絕望力量；二則，一般來說宗教是對反抗的消弭，尤其是西方基督教，哪怕是約伯這樣的悲情人物，最終也是通過考驗，證明其對主的信仰篤定，根本沒有人性與命運的衝突，更不用說那種不妥協的決絕。

　　從這個角度來看，就美學意識或悲劇問題來說，在總體性格上，《史記》
是頗爲異類的。如在《伯夷叔齊列傳》中，太史公對於善人被損害，甚至走
向悲苦的死亡之路，惡人反而得安天命，快樂壽終，頗爲不滿，由此，他對
天命提出了強烈質疑。他說：「余甚惑焉，倘所謂天道，是耶非耶？」這樣的
文字或情緒，在《史記》中還多有顯現，在強烈的不滿之下，對天道的質問，
引發的是內在的衝突，呈現的是悲劇情懷。有學者指出，在這種聲音後面，「未
嘗不包括對於自己所經歷的人生悲劇的深切感慨。」〔註 26〕其實，這不僅是
個人的感懷，它更反映了司馬遷對於世界及宇宙的廣闊態度，也所以，與主
流文化更爲理性、溫和不同，《史記》在激越的情緒下，常常彷徨無路，對天
命的質疑，內在衝突的縈繞，使得它與希臘悲劇在性格上有了精神的相通，
這裡面少有雲卷雲舒般的知足常樂，而是充滿著質疑、抗爭與悲劇性。而且，
從某種程度上來看，崇高感與反抗性越爲突出，悲劇精神越爲顯著。而崇高
所帶來的悲憫，必然要由個體感受中昇華而出，最終化爲族群或歷史性的思
考；抗爭也由此突破個體的人事糾葛，進入到命運的恒久考量之中，而這些
也正是《史記》充滿美感與力量的關鍵所在。

　　然而，頗爲矛盾的是，前已論及，司馬遷在美學上直接承繼與發揚的是
《離騷》，而他與屈原的美學風格，又都來自於《詩經》。就文學藝術的精神
來說，來自於《詩經》的「溫柔敦厚」的品格，〔註 27〕是中國古典文藝中最
爲推崇的法則，並在「樂而不淫，哀而不傷」（《論語·八佾》）的境界中，營
造出了李澤厚所說的儒家「樂感文化」，它們都深刻地影響著早期中國文藝及
美學的發展。〔註 28〕具體到本論題，我們注意到，在中國戲劇史上，《詩經》
對於戲劇美學的產生與發展，也具有重要的影響力，誠如有研究者所指出的：
「它所蘊含的文化與藝術精神，卻早就以潛移默化的方式，進入了所有作家
和演員乃至欣賞者的血液之中。」〔註 29〕

　　那麼，當討論《史記》的悲劇美時，我們就不禁要問：《詩經》精神或樂
感文化，對於《史記》的美學有著何種影響？司馬遷又是如何擺脫這種傳統
倫理哲學的思維束縛，從而由「樂感」轉入「悲劇」的呢？

〔註 26〕 王子今：《史記的文化發掘——中國早期史學的人類學探索》，湖北人民出版
　　　　社，1997 年，第 757 頁。
〔註 27〕 《禮記·經解》曰：「溫柔敦厚，《詩》教也。」
〔註 28〕 關於此點可參看李澤厚：《論語今讀》，安徽文藝出版社，1998 年，第 27～29 頁。
〔註 29〕 傅瑾：《中國戲劇藝術論》，山西教育出版社，2003 年，第 156 頁。

　　我們注意到，就悲劇的生成來說，詩歌或與之相關的音樂精神，是一個重要的發端點，尼采在考察古希臘悲劇時，曾說：「希臘的悲劇藝術作品確實是從音樂精神中誕生出來的。」而且它們與早期神話緊密地結合在一起，「音樂精神和神話的體現，從最早的抒情詩直到阿提卡悲劇，這種追求不斷增強。」〔註30〕也就是說，就古希臘悲劇而言，它有一種由神話到詩性敘述，最後戲劇化的路徑發展。那麼，為什麼詩性會與悲劇有著重要關聯呢？一般來說，它更為感性，情感更為熱烈，從而與宗教或哲學之間拉開了距離，早期神話也是如此。當然，隨著歷史的演進，詩歌與神話遭遇理性化，而且往往會被納入宗教或哲學的範疇。需特別指出的是，對於宗教詩或哲理詩，筆者不存在任何的貶抑或失敬處，而只是認為，就悲劇而言，它與早期詩歌或者詩性筆調之間有著特別的關聯，《史記》與《詩經》之間的關係也當作如是觀。

　　然而，從詩學角度來看，與古希臘不同的是，一般來說，《詩經》所傳遞的是一種溫和的文學氣度，神話的意味也十分淡漠，卷帙之間，人文主義氣息撲面而來。看起來，它與悲劇之間實在相差甚遠。但我們必須指出的是，以上所見只是，或僅僅是《詩經》的一個側面，讀者們常常聚焦於它溫婉的一面，而忽視了它另一面的存在。這另一面是什麼呢？就是「變風變雅」。與常態的「哀而不傷」不同的是，「變風變雅」多為激憤之聲。就本論題來看，總的來說，這種情感的變化，關乎著世變之巨。這一趨勢自西周中後期就已開始，《漢書‧匈奴傳》載：「（懿王時）戎狄交侵，中國被其苦，詩人始作。」《史記‧周本紀》則說：「懿王之時，王室遂衰，詩人作刺。」

　　由本論題看，就藝術風格而言，從屈原到司馬遷，對於《詩經》的直接繼承，主要落實在「變風變雅」上，但就總體精神的遠紹，則在於貫徹《詩經》之中的憂患意識。倘細加考察《詩經》，可以發現，無論「正」還是「變」，它實質上是一部充滿著憂患意識的典籍。所以有學者曾這樣評述：「《詩經》時代確實已經形成了普遍的憂患意識，富於文化個性，它對後世悲劇人格的產生奠下了基石。」〔註31〕也就是說，雖然《詩經》的主基調是溫和的，但它內在的憂患意識已為悲劇精神的突破打下了基石。在司馬遷之前，憂世感

〔註30〕尼采（Friedrich Wilhelm Nietzsche）著、周國平譯：《悲劇的精神》，生活‧讀書‧新知三聯書店，1986年，第71、72頁。

〔註31〕翟振業：《〈詩經〉憂患意識論》，《湖北民族學院學報》（社科版）1994年第3期，第25頁。

懷之作，尤其是屈原及相類作品中的憤憤之氣，其根子就來自於此，所以《漢書·藝文志》說：「大儒孫卿及楚臣屈原，離讒憂國，皆作賦以風，咸有惻隱古《詩》之義。」但司馬遷的不同則在於，他不僅自覺地將這種「發憤」作為創作的源泉及動力，而且在「孤憤」中由一種「觀世變」的歷史寬度，上升到形而上層面的思考，遂與悲劇精神有了相通之處。《毛詩序》云：「亂世之音怨以怒，其政乖。」又說：「變風變雅作矣。國史明乎得失之跡，傷人倫之廢，哀刑政之苛，吟詠情性，以風其上，達於事變而懷其舊俗者也。故變風發乎情，止乎禮義。發乎情，民之性也；止乎禮義，先王之澤也。」在古人看來，「變風變雅」不僅蘊含著憂世情懷，從而具有強烈的悲劇精神，在感時傷懷中，更與國史相關聯，而這些，正打通了《史記》與悲劇精神的相通之處。

（二）詩性的歷史敘事與戲劇化描寫

在前面的文字中，筆者已經對《史記》所具的悲劇精神，做了一個初步分析。但悲劇美除了形而上的氣質，還需落實到具象之上，也就是說，它需要有戲劇化的具體特點。眾所周知，作為舞臺表演藝術，戲劇有一套自己的規程，包含面甚廣，但我們所討論的既然是文本問題，就不可能涉及到演員、導演、布景等戲文之外的範疇。質言之，《史記》是否具有戲劇化的一面，其參照比較對象應是劇本或腳本，而不應是其它。而當我們將觀察視角聚焦於此時，可發現的是，戲劇與史書擁有一個共同的核心，那就是——具有豐富情節和人物的敘事。但它們的不同也是極為明顯的，一般來說，主要集中在三點：一是史學以求真為圭臬，不可編造故事，但戲劇為了藝術及思想的表達，可以虛構情節。二是戲劇故事必須具有典型性，而且通過細節來展現人物性格，而史學敘述沒有這種要求，既可以事無鉅細地加以描述，也可以對歷史大勢加以分析，只要突出歷史感就可以。三是戲劇故事要緊湊，人物、事件中要充滿著衝突，環環相扣，引人入勝，所以長期以來有所謂的「三一律」之說，力求時間、地點、情節能保持一致性，而歷史敘述則沒有這種要求。

由於以上的差異，同樣是敘事，史學和戲劇就有了不同的表達及性格。一般來說，史書更為穩重，戲劇則更為靈動，也所以，戲劇似乎總比史書要更為引人入勝，在美學表達上也更為下工夫。但是，史書中也有特例，那就

是《史記》。它既保留了史學的嚴謹，同時又常常給我們戲劇化的描述，由於《史記》具有的這種性格，它的史學品質中就具有了鮮明的文學性，學界稱之爲歷史文學。白壽彝曾指出，歷史文學至少有兩種含義，一是「指用歷史體裁寫成的文學作品，如歷史小說和歷史劇」；二是有些歷史著作，「具有相當高的文學水平」，「既是歷史書，也可以說是文學書」，司馬遷及《史記》就是「這方面的典型」。〔註32〕我們以爲，《史記》之所以能成爲典範，就本論題來看，與它所具有的詩性表達和戲劇化描寫有著重要關聯。《史記》與《詩經》精神的關係，及其詩性問題，在前面已經做了若干論述，在後面的文字中將隨著探研的深入，進一步展開；而其戲劇化描寫的一面，則將成爲主要討論的問題。筆者注意到，當白壽彝等學者推崇《史記》歷史文學的成就時，特別提到，《史記》的描寫常常能讓讀者「如見其人，如聞其聲。」〔註33〕而這其實就是接近於一種戲劇場景的展示，並且是《史記》敘事能栩栩如生的一大關鍵，也所以，有研究者指出：「《史記》中的有些情節描寫和人物對話，已經基本符合戲劇的要求，劇作家只需稍加改動便可以搬上舞臺演出了。」〔註34〕由此，從一定意義上來看，《史記》作爲歷史文學的典範，其落腳點一在詩性，二在戲劇化，二者的結合，既打造出了《史記》的文學特色及底色，又呈現出了中國史籍中顯著的戲劇性與美感。

在此必須指出的是，《史記》作爲歷史文學的一種典範，它所偏重的是歷史，從而與偏重於文學的小說或戲劇有所不同。那麼，《史記》是如何在保證自己史學品質的基礎上，實現詩性敘事及戲劇化描寫的呢？我們從三點不同開始說起。

一、求眞與虛構的問題。一般來說，在歷史敘事中，眞實是最爲主要的品質，也就是說，歷史不允許虛構。但是，就歷史書寫而言，如果僅僅是一些乾巴巴的材料，那是絕對不耐看的。所以，在具體的歷史編撰中，如何以文學性的敘述，通過生動的語言，創構出不失眞實的歷史文學作品，歷來是史學家們關注和頭痛的事情。這樣的苦惱，在《史記》中似乎得到了解決，但問題是，那些生動的歷史文學描寫，也讓後世的學者產生了疑竇和爭論，

〔註32〕白壽彝：《談歷史文學》，氏著：《史學遺產六講》，北京出版社，2004年，第96、115、97頁。

〔註33〕白壽彝：《談歷史文學》，氏著：《史學遺產六講》，第98頁。

〔註34〕俞樟華：《史記新探》，民族出版社，1994年，第246頁。

這爭論的焦點就在於真實性問題。具體說來,《史記》中很多文學性很強的描寫,雖然栩栩如生,但就嚴格的史學規範來說,是頗有些問題的。再進一步,這樣的描寫,是否可以得到承認,並具有權威性與學術合法性,遂使得學界有了所謂「歷史想像」理念的提出。簡言之,有學者提出,史家在編撰史籍時,可以將自己的想像帶入。如葛兆光曾對《史記‧項羽本紀》中「霸王別姬」一節的可靠性,提出如下疑問:「項羽垓下自殺之前的別虞姬,也是一個道理,既然二十八騎士和項羽都戰死了,後人怎麼知道前一夜的纏綿故事?」但他並沒有就此否定司馬遷的寫法,而是提出,歷史研究中需要有「必要的體驗和想像」,只要這種「體驗和想像」有「可靠的證據」。〔註35〕

在這種問題上,以筆者看來,其實不管如何言說,只要是嚴謹的學術判定,所謂歷史的想像,應該只是史學論證中的一種工具和助力,就猶如福爾摩斯斷案需要想像力一樣,但最終的事實是靠證據推斷而出,並不是想像出來的。質言之,想像只為推理提供基礎,它是為推理出實在的史事而服務的,純粹想像出來的「事實」,那絕不是事實本身,這是任何一個嚴謹的史家都無法接受的。由此,我們以為,將《史記》中一些看起來難以徵實的故事或情節,歸之於「想像」或「體驗」,看似很有理論深度,實則不僅失去嚴謹性,而且也是不符合史學實際的。在筆者看來,這樣的誤判之所以出現,主要在於,有些學者過於以今人眼光來看待古史、古書,具體到本論題,則是對《史記》的寫法和定位,沒有清晰的瞭解。

所謂《史記》的寫法,指的是如何對待史料,並如何處理之的問題。一般來說,在敘述過去的歷史時,有兩種辦法,一種是可以加入自己的想像,進行合理的創造,這屬於「作」,今天的歷史小說或歷史劇中,常見這種寫法;另一種則是言必有出處,照舊敘述故事,不添加想像,自己的工作只在於史料的整理與選擇,再加上必要的史評,《史記》無疑屬於後者。習文史者皆知,司馬遷的史評,見於《史記》的「太史公曰」等文字中。而在《史記‧太史公自序》中,司馬遷自陳:「余所謂述故事,整齊其世傳,非所謂作也。」則證明了在史料的整理上,他是嚴謹對待的,而不是隨意的想像。由於司馬遷嚴肅負責的態度,後世對此評價甚高,在《漢書‧司馬遷傳》中,班固評述道:「然自劉向、揚雄,博極群書,皆稱遷有良史之才,服其善序事理,辨而

〔註35〕 葛兆光:《大膽想像終究還得小心求證——關於文史研究的學術規範》,《文匯報》2003 年 3 月 9 日第 8 版。

不華，質而不俚，其文直，其事核，不虛美，不隱惡，故謂之實錄。」毫無疑問，既然是「實錄」，哪有那麼多「想像」的故事，換言之，這些「故事」應該都是有來源的。

但是，我們必須承認的是，《史記》中那些難以徵實的故事，的確不能或難以完全作爲信史來看待。這是否證明司馬遷及《史記》是很不嚴謹的人與書呢？答案是否定的。我們注意到，史家「言必有出處」，並不代表說給出的每一條材料，都一定是可信的，而是在做史學論斷的時候，以何種材料爲依憑，所以，傳說、野史、異聞等等，無一不可入史家的視野，這屬於史料記載的範疇，但它們有多少的可信度，如何從中找出可信的材料，並進行評判，則是史學研究的工夫，二者是不可混一的。同樣的，《史記》不是專門性的史學研究著作，在「整齊故事」中，保存史料是它更爲基本的功能，出於這樣的考量，有些看起來不可信的故事，是否就一定要完全摒棄呢？這樣的決絕態度，很可能會失去很多寶貴的材料，有鑒於此，太史公的基本原則是「信則傳信，疑則傳疑。」〔註36〕關於這一問題，在《史記・五帝本紀》的「太史公曰」中，司馬遷以黃帝的故事爲例，特別指出，如果因爲「不雅馴」，難以徵實，就棄之不顧，那不是一個好的態度。爲此，他深入到實地進行考察，儘量選擇可信的部份加以記載，他的基本原則是「總之不離古文者近是」，「擇其言尤雅者」。而如果我們再進一步考察，更可以注意，在《史記》中往往有「蓋」，「或曰」等不確定性的用詞，它的目的就是將各種有歧異但又具有意義的材料列出，以供後世選擇。所以，「傳疑」是《史記》的一個重要特色，而這些有「疑」的材料，又往往集中在某些細節上，在後世看來，似乎是史公的虛構。但我們以爲，這些材料可能是「虛」，但不是「虛構」，也就是說，它應該是有出處的。但也正是這些「信」與「疑」，使得《史記》更爲耐看，與戲劇更爲接近。

二、情節與細節問題。《史記》與戲劇的相似處在於，不僅特別重視情節，而且追摹細節，如在眼前。我們看到，在一般的紀傳體史籍中，撰作者們總是急於要將傳主的事功或過惡呈現出來，細則好似「流水賬」，粗則是對歷史大勢的分析，史籍中充斥的是長篇言論、文章、條規、大事記等，不這樣似乎沒有了「歷史性」。然而，傳主往往由此被湮沒於文牘及歷史的大勢中，難以看清眞實面目。而當我們細繹《史記》，卻發現風格迥異，「流水賬」消失

〔註36〕《史記》卷3《殷本紀》，第99頁。

了，讀者像在觀賞一幕幕精彩的戲劇，其中的人物在歷史舞臺上活靈活現地展示著自己及那個時代。如果說撰作史學著作就像作畫，大部份的史籍都在將畫卷填滿，而《史記》則往往挑選著極為重要的細節作為線條與色塊，就像精美的寫意畫，寥寥數筆，虛實結合，在充滿著布白中，給人想像的空間。以《李斯列傳》為例，對於這樣一個重要人物，太史公沒有正襟危坐地作介紹或評價，而是由一個小故事引入：

話說某一日，李斯在廁所中見到一群老鼠，小東西們以屎尿為食，一遇人，就惶恐逃竄；而與之產生強烈對比的則是，當他走入糧倉時，作為同類的「倉鼠」們卻大搖大擺地享受著美食，根本沒有恐懼之意。於是他歎息道：「人之賢不肖譬如鼠矣，在所自處耳！」由此，李斯下定決心去做一隻「倉鼠」，他毅然辭別了荀子，向西進入虎狼之國——秦，在那裏尋找自己的「糧倉」。

這樣的一種寫法，猶如戲文。有人或許會說：「在本傳中，有很多大事都被省略，卻偏偏要記載這樣細碎的事情。這還是歷史嗎？這不是在浪費筆墨嗎？」可是我們要說，它就是歷史，是具有戲劇化的歷史，當這個人物以「倉鼠」的性格出現在歷史的舞臺時，就注定了他的命運。可見事雖小，反映的問題卻很重大。尤其在最後，李斯的結局是與兒子同赴刑場，臨行前，想與兒子同返故鄉追獵而不可得，李斯悲呼道：「吾欲與若復牽黃犬俱出上蔡東門逐狡兔，其可得乎？」「遂父子相哭。」「倉鼠」死了，死在自己的性格。整篇文章前後呼應，加上中間的各種故事，在不同的細節中起承轉合，人物由此栩栩如生。

總之，司馬遷特別注意並善於捕捉細節，並在呼應之中，推動整個情節一步步展開，這些細節沒有多餘的地方，是人物性格的鏡子，給人物賦予了靈動的生命力。所以，我們可以看到，通過細節來展開情節，既成為《史記》的一大特色，同時也使得它少有乾巴巴的鋪陳，也所以，有學者評價道：「善於通過細節的描寫來刻畫人物。」「《史記》中凡是有出色的細節描寫的地方，往往是人物形象精彩、豐滿之處。」〔註37〕游國恩等學者則進一步指出：「它的一些藝術手法，如通過人物的行動、對話來表現人物性格，表面冗長靜止的敘述，以及注意故事曲折動人，語言簡潔生動，」「這些為戲劇創作提供了

〔註37〕鄧鴻光：《史家絕唱——〈史記〉與中國文化》，河南大學出版社，1998年，第153、157頁。

很好的借鑒。」〔註 38〕而在筆者看來，這種簡練生動，以語言、行動來展示人物及情節的做法，其實本身就是一種戲劇化的描寫手法。

三、情節和場景的緊湊問題。史學所涉及的事件和人物跨度大且廣，一般來說，比之其它文體，在敘述中就會顯得較爲膏散，各事件間的有機聯繫也更爲鬆弛。但《史記》卻相對緊湊，甚至每一篇傳記都有一氣呵成之勢。那麼，它們是如何串聯起來的呢？前已論及，《史記》在敘事時，猶若一幅幅寫意畫，也就是說，它特別注重人物的典型性，故而呈現出「形散而神不散」的態勢。那麼，「形」是什麼？就本論題而言，就是那些外在的故事與情節，「神」呢？就是它的悲劇精神。這種精神來自於《詩經》，故而，《史記》就有了詩化性的敘事特點，這也使得它更爲精緻與耐看。當然，在對中國傳統史學的研討中，學界已經注意到了它們與詩學或《詩經》之間的關係，錢鍾書更進一步提出了「史有詩心」的名論。〔註 39〕但《史記》在此點上貫徹或執行得更爲自覺與完善。

尤爲重要的是，作爲「紀傳體」的開山之作，《史記》在對人物的敘述中，特別注意以「詩化」的手法，轉換出了一個個的故事空間。有研究者指出：

> 標誌著中國古代敘事思想正式緣起的先秦兩漢史傳敘事思想就已呈現出「詩化」特徵，在史傳敘事結構上，顯示出由「編年體」向「紀傳體」的轉換趨勢，淡化「歷時性」事件流程，強化「共時性」場景呈現，逐步發展出「空間化」敘事結構思想，在淡化時序和因果律的同時，卻通過對事件系列的精心排列與連綴，產生某種「有意味」的組接，藉以傳達某種認知和情感。〔註40〕

就本論題來看，這種「空間化」的產生，不僅僅是史傳敘事思想的一次飛躍，更重要的是，它使得時間、地點、情節被合理地整合在了一起，各種衝突則因背後的悲劇精神環環相扣，這就頗似戲劇中的場景轉換，戲劇化特色呼之欲出。

總之，《史記》的悲劇特點能夠存在，與文本的戲劇化敘事緊密相關。作

〔註38〕游國恩、王起、蕭滌非、季鎮淮、費振剛主編：《中國文學史（一）》，人民文學出版社，1984 年，第 140 頁。

〔註39〕錢鍾書：《管錐篇（一）》，生活・讀書・新知三聯書店，2001 年，第 316 頁。此外，關於史與詩的關係，在章益國的《史與詩——論中國傳統史學的詩性》（《學術月刊》1999 年第 10 期）中有精彩論述，讀者可參看。

〔註40〕熊江梅：《先秦兩漢敘事思想》，湖南師範大學出版社，2011 年，第 6 頁。

為歷史文學的典範，它以詩性筆調，呈現出一幕幕歷史的畫卷，在戲劇化描寫中不失史學品質，為悲劇美的呈現奠定了基調和底色。

三、悲劇美的呈現

《史記》悲劇美的呈現，主要涉及到兩個層面的問題，一是要確定它屬於什麼類型的悲劇美；二是具體的呈現手法。

討論悲劇美的類型，屬於文化定位方面的思考，也就是說，《史記》所具有的悲劇美，與它屬於什麼文化層級有著直接的關係。在筆者看來，《史記》無疑是屬於士人群體的，很自然的，它所反映的主要就是士人悲劇。質言之，這種悲劇美，是基於古代知識分子立場之上的一種美。在這種美的表達與展示中，它處處浸潤與呈現的，應該是士人價值。由前已知，司馬遷及《史記》之悲，在於士之不遇，所以，太史公作有《悲士不遇賦》，也所以，他的畢生心血之作，在當世知音稀少，所寄望的是「藏之名山，傳之其人」。或許有人會說，除了士人悲劇，難道還會有其它類型的悲劇嗎？當然有！那就是倡優之悲。而且，也正是因為這種身份上的錯位與判定，司馬遷才更加悲之於心，加倍感受到淒涼與折損。

細繹《報任安書》，可以發現一段充斥著反諷的牢騷之語：「僕之先人非有剖符丹書之功，文史星曆近乎卜祝之間，固主上所戲弄，倡優畜之，流俗之所輕也。」司馬遷對自己被視之為倡優，極為憤慨。我們知道，司馬遷對於自己及家族的史官身份極為看重，由此而來的「究天人之際，成一家之言」，那是何等的豪邁與自負？然而，在漢武帝時代，這樣一種高貴的身份，居然是「倡優畜之」，不僅遭到「主上」的「戲弄」，「流俗」也由此輕賤自己。這當然是一種悲劇，但它不僅僅是個人的悲劇，而是自己所代表的這個文化群體的悲劇。從這個角度來說，司馬遷所言，就不完全是對身世的感慨，而是對自己所在群體的文化價值受到輕慢而感到的無比悲憤。

「倡優」是什麼？《漢書·灌夫傳》顏注曰：「倡，樂人也。優，諧戲者也。」統而言之，是供人取樂的歌舞雜戲藝人，主要服務於宮廷，並多以侏儒為之。他們的表演，不僅無關「大道」，而且在正式的禮樂場合出現時，往往是一種侮辱與蔑視。例如，《史記·孔子世家》載，齊、魯兩國為「夾谷之會」，齊在奏樂時，為了挑釁與羞辱魯國，故意使「優倡侏儒為戲而前。」他們的表演遭到了孔子的強力抵制，「有司加法焉，手足異處。」由此可見倡優

身份之卑賤，及其表演的鄙陋。而就本論題來看，在司馬遷時代，「太史」位同倡優，不僅是實際地位低下的問題，更重要的是，「倡優」是沒有人格價值的弄臣，所謂優以樂人，是解嘲和取笑的對象；而史官作為士大夫中的重要角色，以傳道為己任，二者怎可同口而語？《史記‧滑稽列傳》載：「武帝時有所幸倡郭舍人者，發言陳辭雖不合大道，然令人主和說。」倡優的一生，不關「大道」，不過以討好他人尤其是統治者為職事，巧言與諂媚，是他們的常態。所以，如果他們也有所「悲」的話，不過是「謀食」之悲。

然而，史官為什麼會與倡優成為同類呢？高度皇權之下，臣民皆被奴僕視之，固然是一個原因，還有更為直接的關聯則在於，他們的工作都與敘述故事有關。王國維在研究中國古代戲劇時，曾特別指出，「後世戲劇，當自巫、優二者出。」〔註41〕也就是說，倡優是戲劇的一個源頭。有戲劇則有故事，只不過史官所記載的故事是嚴肅認真的，關乎國家「大道」；而倡優們則常常借過去的故事來作表演素材，中間所充斥的是戲謔輕慢，少有人文關懷。所謂「優人之言，無不以調戲為主。」〔註42〕朱光潛曾說：「戲劇是由遊戲的衝動產生的。」〔註43〕從特定視角來說，倡優所敘述的故事就是遊戲，並具有相當的戲劇性質。而史官呢，雖在敘述故事時，可以有一定的戲劇特性，但他們所承擔的功能主要是「傳道」，或者說，他們本身就是「道」的解釋者。就本論題言之，《史記》就是合於「大道」之作，但既然不遇於時，今世無人能解，那就傳於後人吧，這種失落與抑鬱，無疑讓司馬遷感到苦痛與失望，或者說，「道」的失墜，讓他有了深深的悲劇色彩。

在這樣的氛圍下，我們注意到，在《報任安書》中，司馬遷自報家門的起首語就是：「太史公牛馬走司馬遷，再拜言」，〔註44〕而在《史記》中，更是通篇以「太史公曰」，來對「古今之變」作總結。習漢史者皆知，司馬遷曾為太史令，年俸六百石，與萬石的「公」有著巨大的差級。而且極為重要的是，在正式撰作《史記》時，因受腐刑，他已不再擔任太史令了，而是服侍今上的中書令，《漢書‧司馬遷傳》載：「遷既被刑之後，為中書令，尊崇任職。」簡白地說，他的正式職掌，已由當年的史官轉而為宦官首腦。所以，

〔註41〕王國維：《宋元戲曲史》，上海古籍出版社，1998年，第4頁。
〔註42〕王國維：《宋元戲曲史》，第4頁。
〔註43〕朱光潛：《悲劇心理學》，第295頁。
〔註44〕按：這一用詞《漢書‧司馬遷傳》中無，據《文選》卷四十一補入。

任安才會給司馬遷寫信，希望他以自己的特殊地位爲國舉薦人才，而《報任安書》，就是在這一背景下的一封覆信。然而在回信中，司馬遷並不以「中書令」一職自名，而且通篇絕不明言於此，他所表達的，主要是對自己身世沉浮的感慨及創構「名山之作」的心路歷程。可以看出，他對自己的宦官身份是絕不認同的，他的自我定位就是太史，是屬於士大夫群體中的史官角色，這不僅是他一人，也是他整個家族的職守所在。

我們還注意到，由於「太史公」這一自稱的存在，開啓了後世的一場學術爭訟。漢晉以來，有人認爲，「太史公」應該是位在「三公」之上的虛銜尊官。在二十世紀二十年代，這一觀點已被王國維加以批駁，確認司馬遷官稱爲太史令，而不是太史公。〔註45〕但今人卻還有繼續持這一觀點者，並對王說進行反駁，其中一個重要理由就是，在《司馬遷傳》中有「尊崇任職」一語，據而認爲，司馬遷得到了武帝的重用，「出獄後是以太史公兼中書令」，而在《報任安書》中，司馬遷的「隱忍苟活」等沉痛之語，竟被輕描淡寫地作爲牢騷之話，不可信從之據，輕輕帶過。〔註46〕這樣的論證固然不夠嚴謹，但更重要的是，對於太史公缺乏同情瞭解，故難以深入到他的內在世界中，最後也就不可能解讀出他的言外之意，憤懣之情。

揆之於史，在漢代職官系統中，「太史公」是一個根本不存在的官稱。關於這一點，王國維的論證理據充沛，實無再啓爭訟的理由。而且，在《報任安書》中，司馬遷已經對自己當時的官職有了確認，他說：「今已虧形爲掃除之隸，在闒茸之中。」這就是指服侍皇帝的中書之官，「三公」或與「三公」相當的外朝高官，是不能入宮，承擔如此雜役的。只不過這種官職，在別人看起來是「尊崇任職」，而在司馬遷看來，卻是卑賤之職，它們形同徒役，所以是「牛馬走」。〔註47〕我們絕不可因爲有「尊崇任職」一義，遂與「太史公」及所謂的「尊崇」之官發生聯想，須知有時「尊崇」與否，全在於眼光及感

〔註45〕 王國維：《太史公行年考》，氏著、彭林整理：《觀堂集林（外一種）》，河北教育出版社，2001年，第311～314頁。

〔註46〕 趙生群：《太史公新證》，氏著：《〈史記〉文獻學叢稿》，江蘇古籍出版社，2000年，第130頁。

〔註47〕 一般來說，「牛馬走」歷來被當作謙辭，但除了自謙的成分之外，還與司馬遷本人的實際身份相關，應該是一語雙關。另外，《文選》李善注曰：「走，猶僕也。言己爲太史公掌牛馬之僕，自謙之辭也。」將「牛馬走」與「太史公」一職發生關聯，無疑是錯誤的。筆者以爲，所謂「牛馬走」表現的就是司馬遷服務於皇宮之職事，也就是指他的中書令這一事務。

受。在一般世俗眼中，服侍皇帝就是「尊崇」，不僅中書令如此，後來的侍中、尚書等為人豔羨的官職，何一不是「尊崇」之極，可是它們一開始就是服侍皇帝的「掃除之隸」。要之，對於司馬遷這個有著士人風骨者來說，中書令一職不僅不榮耀，而且是一種恥辱。所以，他才會對任安說：「不亦輕朝廷、羞當世之士邪？」

但問題是，「中書令」一名可以不用，司馬遷為何不自稱「太史令」或「前太史令」，而一定要自稱「太史公」呢？筆者以為，這裡面實含微言大義。如果以「太史令」這樣的實在官稱來稱謂自己，一則不符合規範，是所謂「鄉者」，即當年的事情，屬於「僕亦嘗廁下大夫之列」時的情形。而如果必用官稱，那麼，「中書令」才是真正的稱謂，但這種官稱在司馬遷那裏，就是恥辱的象徵，當然不願提起，所以，用「太史公」這一虛稱，反倒更為貼切。二則，太史作為官稱，來自周系統，在這一系統中，太史可稱「公」，「應在群公之列。」〔註48〕用「太史公」一名，不僅是對當年太史真正尊崇地位的追思，更重要的是，司馬遷不願納入漢政府系統，在他的內心深處，他是接續周公、孔子之人，孔子是「素王」，領袖群倫；他則是「太史公」，指點江山，概言之，都是可以盤旋在漢之上的哲聖。總之，當司馬遷以「太史公」的形象來審視「古今之變，天人之際」時，一方面是自己才情的展示；另一方面，亦可視之為，對自己被「倡優視之」的強烈反抗。對於一身傲骨的士大夫來說，本以「大道」為歸，作為憂思天下之人，現在竟然與阿世諛上的「倡優」歸為一類，悲苦之情，可以想見。他要掙脫權力與流俗對自己的污蔑，他不僅要重拾士人身份，更要俯視這世間。他本是「倜儻非常之人」，卻遭逢著如此的命運與鄙視，他要通過《史記》來證明自己，他不是供人取笑與消遣的「侏儒」，而是目光如炬的文化巨人。由此，《史記》就成為史官文化的最後絕唱，士人悲劇的微妙載體，從這個意義上來說，「太史公」的名號及「太史公曰」的評述，就是一種悲劇性的反抗。

明瞭《史記》所具士人悲劇的特性之後，下面，再來看在《史記》中，司馬遷通過哪些手法來呈現悲劇美。

總的來說，由於司馬遷出色的文字表達，《史記》始終在一種抗爭與緊張，神韻與史實中，將悲劇這種美學藝術的最高境界體現出來。下面，從三個方

〔註48〕許兆昌：《先秦史官的制度與文化》，黑龍江人民出版社，2006年，第125頁。

面進行具體論述：一、《史記》中悲劇意識的貫穿；二、《史記》中悲劇情境的創設；三、從《史記》看歷史美學的獨特性。

先說第一方面，我們認爲，《史記》一書從始至終貫穿了濃烈的悲劇意識，劉鶚在《〈老殘遊記〉序》中說：「《離騷》爲屈大夫哭泣，《史記》爲太史公哭泣。」太史公是在一種極端憂憤、壓抑中著書立傳的，《史記》是其精神寄託，也是其悲劇的吶喊，而正是在這一過程中，顯現出一種無與倫比的蒼涼淒美。太史公自言：「《詩》三百篇，大抵賢聖發憤之所爲作也。此人皆意有所抑結，不得通其道也，故述往事，思來者。」在《悲士不遇賦》中他又說：「時悠悠而蕩蕩，將遂屈而不伸！」太史公正是在這種抑塞不通之中，將自身的觀照反射於一個個鮮活的歷史人物，從而呈現出悲劇力量的美，而這種美主要體現在三種衝突之中，即天命與人力；生存與超越；理想與現實。

在司馬遷的心目中，人是歷史的核心，所以他濃墨重彩地表現人物，以紀傳體的形式，用人本史學將以往的神本徹底擠下了前臺。《史記》就是圍繞著歷史中的人展開的，但「人」又時刻處在一種無可捉摸的命運之中，人力的恢弘，究竟擺脫不了不可逆轉的「天命」，所以在司馬遷筆下，多少英雄豪傑都無可奈何地在一段輝煌後，在天命的催逼下退場了。所以，我們看到，項羽可以破釜沉舟，氣吞萬里，但也不免落敗垓下，自刎於烏江，最後發出「天亡我，非戰之罪也」〔註 49〕的慨歎，英雄末路的意境躍然紙上；漢高祖劉邦英雄一世，不管他怎麼宣稱「命乃在天」，在英雄遲暮下，晚歲時也一樣傷感懷時，在家鄉酒酣擊筑，唱出著名的《大風歌》，他「乃起舞，慷慨傷懷，泣數行下。謂沛父兄曰：『遊子悲故鄉。吾雖都關中，萬歲後吾魂魄猶樂思沛。」〔註 50〕雖說爲帝王，但在歲月年輪的流逝中，英雄終於蒼老了，故鄉使他發出無數的幽思，這份情境，又豈是言語所能及？還有淮陰侯韓信，一生多舛，從胯下之辱中奮起爲統領萬馬千軍的名帥，但一輩子卻是「存亡一知己，生死兩婦人」，在斬首的那一刻，長太息道：「乃爲兒女子所詐，豈非天哉！」〔註 51〕田橫及五百壯士面對漢王朝的確立，傾盡死力也無可迴天，既不願苟活，在非人力所能爲中，惟有自裁。〔註 52〕悲劇的美感，在史遷筆下烘染得淋漓

〔註 49〕《史記》卷 7《項羽本紀》，第 336 頁。
〔註 50〕《史記》卷 8《高祖本紀》，第 391、389 頁。
〔註 51〕《史記》卷 92《淮陰侯列傳》，第 2628 頁。
〔註 52〕《史記》卷 94《田儋列傳》，第 2648～2649 頁。

盡致。《史記》中都是鮮活的人的存在，他們在命運的束縛中左衝右突，但最終卻掙脫不開命運之軛的意境，無疑更加深了悲劇美的色彩，假定書中人物是平面而非立體，是服帖天命而非憤而躍起，就達不到上述效果。而且《史記》中人物愈鮮明，悲劇之美愈濃烈。正如《被縛的普羅米修斯》中的一段文字：

> 朋友啊，看天意是多麼無情！
> 哪有天恩扶助呼遊般的世人？
> 君不見孱弱無助的人類
> 　　虛度著如夢的浮生，
> 因為盲目不見光明而傷悲？
> 啊，無論人有怎樣的智慧，
> 總逃脫不掉神的定命。〔註53〕

由此，再來審讀《史記》，就可以發現，在司馬遷的筆下，沒有永遠的勝利者，每一個人幾乎都是抗爭中的失敗者。即使高祖這樣的人，一生屢敗屢戰，終於創下漢家基業，但最後他無法戰勝的是命運，他駕馭不了生死，最終要退出歷史的舞臺，他是那樣的無奈，不能事事遂意，同樣地進行過無力的抗爭。然而，雖失敗不可避免，但抗爭卻不能停止，「不自量力」不是一種沮喪，而是生命的勇氣，由此，《史記》的基本色調是沉甸甸的，崇高感與反抗性不僅時時見諸文中，而且一直迴蕩盤旋，悲劇精神貫注於始終。

　　質言之，《史記》既然寫的是人，是歷史中的人，是人就逃不脫生與死的圈子，但幾千年後的我們，似乎仍強烈感覺到他們鮮活的存在，在太史公筆下，他們的逝去竟成了另一種美的留存。這是由於太史公以生存與超越的衝突，從另一維度，將他們的精神氣質，從而也將悲劇的美勾畫了出來。

　　太史公說：「人固有一死，死有重於泰山，或輕於鴻毛。」是的，人總是要死的，但誰都願存活，死是要有必死的理由的，沒有誰會無故選擇死，因此不得不死的悲劇，才是極為悲槍的。所謂「夫人情莫不貪生惡死，念親戚、顧妻子，至於激於義理者不然，乃有不得已也。」生存本身，在太史公那裏已經成為一個內涵豐富的命題，應該怎樣生，又當如何死，「道」與「情」、「義」與「生」之間形成另一種強烈的緊張與張力。而太史公其實是作出了明確的

〔註53〕轉引自朱光潛：《悲劇心理學》，第 137 頁。

抉擇的，當「義」之所在，自當死而後已，奮不顧身。《刺客列傳》中荊軻一去不復返，易水爲之寒，何等的悲壯肅穆！《魏公子列傳》中侯生爲無忌謀，因年老，而「北鄉自剄，以送公子。」讀之令人泣下。酈食其當被烹死之際，神色怡然，悲劇之美不由然地代替了畏怖。當此之時，心靈的震撼不可謂不強，生存的毀滅是殘酷的，但毀滅之後卻是一個新生的開始，肉的毀滅，造就了靈的昇華。不是要去死，而是死在此刻已成爲鳳凰涅槃般的崇高洗禮。所以太史公說：「知死必勇，非死者難，處死者難。」死要死得有價值，這就是一種悲劇之美：活也要活得有追求，苟活忍辱以成大業，這更是一種生存與超越的悲劇之美。《刺客列傳》中的豫讓漆身吞炭，毀容變姓，爲了手刃仇家，苟活於世，最終殺身成仁。而在《伍子胥列傳》中，子胥作爲一個悲劇色彩濃重的人物，先是父死不殉，遠走它國，忍辱報家仇；後來又以一腔報國情，換來了晚年那把賜死的血劍。司馬遷歎道：「向令伍子胥從奢俱死，何異螻蟻。棄小義，雪大恥，名垂於後世，悲夫！方子胥窘於江上，道乞食，志豈嘗須臾忘郢邪？故隱忍就功名，非烈丈夫孰能致此哉？」這其實也是太史公所體悟出的自身關於生與死的對白。

太史公是一個爲理想而奮鬥的人。壯歲時爲李陵案蒙恥，即爲此種證明；後發憤著書，亦是其悲劇人生中理想主義的光芒閃現。因而在史遷筆下，爲理想而奮鬥的人，在現實阻格中體現出的悲劇美感，被太史公刻畫得蕩氣迴腸。於是，理想與現實的衝突，遂構架出了《史記》悲劇美的另一個層面。如孔子一生潦倒，縱有滿腹的才學與抱負，卻在現實中一次次碰壁。太史公不僅以史家之筆將其描畫得入木三分，而且在飽蘸深情中，將孔子之悲情襯照無遺。司馬遷寫道：「太史公曰：《詩》有之：『高山仰止，景行行止。』雖不能至，然心鄉往之。余讀孔氏書，想見其爲人。適魯，觀仲尼廟堂車服禮器，諸生以時習禮其家，余祗回留之不能去云。」筆端間，情感之濃烈，感染力之強無以復加。在太史公筆下，沒有後來史家的那種臉譜式的英雄偉人，平面而冷峻。在《史記》中有的只是英雄的悲情與歡歌！個性的張揚，情感的宣洩，巧妙地融入了史實。再如寫到屈原與賈誼，理想的光芒殉難於現實泥潭時的那種揭示，將現實對屈、賈的不相容；對其理想毀壞的殘酷，像畫卷一般地展現在我們面前，所謂「信而見疑，忠而被謗，能無怨乎？」寫屈原與賈誼的悲劇，也正是反映太史公的理想挫折，在心態上，他們是共通的。在寫到李廣時，數立奇功的英雄，不但不能封侯，命運的結局卻是官府的問

罪，老將軍表示：「『廣年六十餘矣，終不能復對刀筆之吏。』遂引刀自剄。」
悲壯的命運歸宿是其現實與理想衝突的必然。李廣死後，「廣軍士大夫一軍皆
哭，百姓聞之，知與不知，無老壯皆為垂涕。」〔註54〕真一幅令人扼腕的悲
情畫面！盧梭說：「人是生而自由的，但卻無往不在枷鎖之中。」〔註55〕正是
將人物的各種束縛、衝突藝術地體現了出來，使悲劇之美一貫於全文。

　　《史記》悲劇美的另一方面，體現在其悲劇情境的創設上。這主要通過
選題、場景和技法等方式加以解決。所謂選題，當然包括對人物的選擇性，
前面已經說過，《史記》中悲劇人物豐富與眾多，此處不再作細論，但在選題
中的另一層面問題是，同是寫人物，史遷的選擇角度卻與後世史家有所不同。
如寫孔子，後人多將其寫成滿面油彩的大成宣王，大都突出其哲人的一面，
將其描畫成處事不驚的理性過剩的聖人，而史遷筆下的孔子則是一個活生生
的人，他性格鮮明，有喜有悲，如在《孔子世家》中有一段孔子與子貢的對
話，他說：「不怨天，不尤人，下學而上達，知我者，其天乎！」雖出自《論
語》，但選擇及場景的鋪設，卻使其與《孔子世家》中的其它段落融為一體，
哲人的孤寂與落魄一覽眼前。太史公筆勢所到，是思想巨匠在顛沛流離中的
不失理想與睿智，理性的光輝加深著悲劇之美。可以說，《史記》所在，多是
悲情人物的悲劇之美，這並不是由於史遷筆下的人物注定要如此，而是太史
公在深深的體悟中，在選題上，將自己的悲劇之思投射於人物，從而映襯出
一片壯美之光。

　　在情境創設的另一方面，太史公的場景選擇也是極富悲劇美的。前已論
及，他的人物傳記不是流水帳似的記載，從某種程度上說，倒頗似戲曲場景，
一幕幕呈現在我們面前。如《項羽本紀》中的鉅鹿之戰，鴻門之宴，垓下之
圍，都創設了很深的悲劇場景。如寫到垓下之圍時，「項王則夜起，飲帳中，
有美人名虞，常幸從，駿馬名騅，常騎之，於是項王乃悲歌慷慨，自為詩曰：
『力拔山兮氣蓋世，時不利兮騅不逝，騅不逝兮可奈何，虞兮虞兮奈若何！』
歌數闋，美人和之。項王泣數行下，左右皆泣，莫能仰視。」短短一段文字，
悲劇的壯烈之美呼之欲出。夜幕營帳、月色悲歌、絕世美人、末路英雄，遠
處的點點星光，近處的駿馬長嘶，這樣的對比度，給人多少的藝術想像空間
與悲劇美感！難怪後世的藝術家以此為藍本，在戲曲舞臺上，演繹出了一幕

〔註54〕《史記》卷109《李將軍列傳》，第2876頁。
〔註55〕盧梭著、何兆武譯：《社會契約論》，商務印書館，1980年，第8頁。

令人擊節神傾的著名悲劇。再看《刺客列傳》中荊軻赴秦前的一幕，太子等人「皆白衣冠以送之。至易水之上，既祖，取道，高漸離擊筑，荊軻和而歌，爲變徵之聲。士皆垂淚涕泣，又前而爲歌曰：『風蕭蕭兮易水寒，壯士一去兮不復還！』復爲羽聲慷慨，士皆瞋目，發盡上指冠。於是荊軻就車而去，終已不顧。」〔註56〕每讀至此，誰能不爲這種場景的悲壯之美所震撼呢？似乎我們也在那一片殘陽中目送英雄上路了，於是熱血沸騰，難以自己。以上種種，如果換一種寫法，變一道場景，是不可能有這樣的效果的，而這也正體現了《史記》在悲劇美感的高人之處。

　　美的認同要有美的手法，《史記》技法的運用是非常巧妙的，太史公很好地把握了實與虛，神與形的關係，從而使《史記》的藝術美達到了高峰。如《項羽本紀》的垓下之圍中，場境描寫中地點、人物爲實寫，而駿馬、夜色爲虛寫：項羽突圍爲實寫，而他呼喊：「天亡我，非戰之罪。」是虛寫，但後者的虛寫，一則襯托了環境：二則表現了人與物交感的悲涼境地，是不可或缺的悲劇的要素。再如在前已論及的《李斯列傳》中，在寫到李斯與兒子同臨刑之際，「斯出獄，與其中子俱執，顧謂其中子曰：『吾欲與若復牽黃犬，俱出上蔡東門逐狡兔，豈可得乎？』遂父子相哭，而夷三族。」這一段文字介於實與虛，寫實與非寫實之間，在最後時刻將李斯的人生悲劇表露無遺。如純從實錄的角度而言，短短的一篇傳記中，似乎無必要加一段這樣的文字，而且這一段對話也不像其它的歷史大事，它難於考實，文學性強於史學性。但這一段落放在這裡，無疑起到了畫龍點睛的藝術感染力，一種悲涼之美頃刻浮現，這便是實與虛，神與形的反映。要之，史遷文中多神采，其文風渙渙，美韻流轉，使人喟然而歎，不忍掩卷。同是這篇傳記，開首就講李斯對糧倉中老鼠的感佩，從此抱定了「倉鼠哲學」，他日後政治生活中的投機、觀望，莫不發端於此，這也從此開啓了其人生悲劇的序幕。其實，李斯的言行，

〔註56〕 這段文字亦載於《戰國策・燕策三》，倘按照時代而言，似乎是司馬遷剿襲《戰國策》，但一則《戰國策》的文字以對話爲主，這種場景描寫不符合它的行文習慣：二則對《史記》極爲推崇的劉向整理《戰國策》在後，應該是他因襲了《史記》。關於這一問題，楊寬在經過深入研究後，指出：「那個荊軻刺秦王的故事，原來出自司馬遷手筆，是司馬遷親自從公孫季功、董生那裏採訪來的（《刺客列傳》贊），卻被補充進《戰國策》了。」氏著《馬王堆帛書〈戰國縱橫家書〉的史料價值》，載於《楊寬古史論文選集》，上海人民出版社，2003年，第249頁。

或許有完全可靠的來源，或許只是一種有所本的說法，但在這裡，更重要的是太史公對其心態的揣摩，而這一揣摩無疑是準確的，它對加強悲劇效果有不可替代的作用，也使我們能對李斯的個性悲劇有更深的感悟，這雖是一種技法，但無疑是傳「神」的，使人物立體了起來．再比照對應臨刑時的一幕，悲劇之美躍然而起。

齊白石說，他作畫介於似與不似之間。我想，太史公寫史，是以神領形，有共通的妙處。總之，讀罷《史記》，能讓人領受到一種奇異的美的洗禮，你幽然思之，那種「斜陽殘照，漢家陵闕」的意境，「古今將相今何在？荒冢一堆草沒了」的歷史悲淒，不能不讓人思之、念之、歎之吧？而這之中，則主要得力於太史公為我們提供的歷史悲劇美。王國維認為，美分為優美和壯美，壯美是令人不厭千復的，他引了一句歌德的話來說明：「凡人生中足以使人悲者，於美術中則吾人樂而觀之。」〔註57〕

總之，通過對《史記》悲劇美的探討，可以從中得到許多的啟發，其中一條重要的啟示，就是美與歷史的結合。一般而言，善作為價值評判，無往而不在，在這個基礎上，我們過去對歷史學過於注重真，而排斥其美，追求歷史的原貌，講求復原，這肯定是對的。但如果因此忽視甚至排斥歷史中的美學成分，則似乎是個缺憾，因為真與美並不是矛盾，二者的結合才更具歷史的風韻。司馬遷以後，史家多僅注重直筆，追求功用實效，美的情趣日漸喪失，史筆日益冷峻，其實將美的激情重新賦予歷史，是可能也是必要的，建立歷史美學正適當其時。〔註58〕李桂海就認為：「歷史學既是科學也是藝

〔註57〕王國維：《〈紅樓夢〉評論》第一章，傅傑編：《王國維論學集》，中國科學出版社，1997年，第352～353頁。

〔註58〕近年來，學者們對歷史或史學研究中美的問題，做了大量的探討，其中最值得注意的是馬強的《歷史的審美與詩化——司馬遷歷史美學觀初探》（《史學理論研究》1996年第3期），對《史記》的歷史美學作了系統的研討。而其它學者的關注點，則多是歷史的審美情趣等，如胡維革在《史學改革大思路》（《東北師範大學學報》1994年第3期）中提出歷史的三個價值，即學術價值、社會價值、審美價值；1994年第5期《學術研究》中有一篇《史學功能沉思錄——當代史學功能研討筆談》的文章，其中，中山大學陳春聲的筆談文為：《史學研究也是一個審美過程》；還有其它一些先生的文章可散見與歷史有關的「美」的闡述，但由於選題及論述角度的不同，還未提到歷史美學概念。此外，朱立元著有《歷史與美學之跡的求解》（學林出版社1992年），並提出了「把美學變為一門真正的歷史科學「（見上書62頁）等問題，但此書主題是《馬克思1844年經濟學——哲學手搞》與美學之間的問題，似乎與拙文的論證點並不一樣。

術。」〔註 59〕歷史是有其藝術性的，它極具美學成分，尤其是震撼人心的悲劇美。我們這麼說，不是說要對嚴謹的史實進行人為的加工與改造，而恰恰相反，對史實我們要有忠實謹慎的科學態度。但轉換一個角度來看，或許可以這樣說，歷史美學的問題，正如當今的藝術攝影，人還是那個人，但通過藝術的選景和手法，可以將她最美的一瞬留存下來。歷史美學正是這樣，何況歷史本身就存在著壯烈之美、幽遠之美、蒼涼之美和智慧之美，這就好像本來就是一個美人，為什麼不可以以其更為嬌豔的面容一展風采呢？何況從文學角度而言，大量的悲劇就是從歷史中吸取了養分，提煉了素材，從古希臘悲劇到莎士比亞悲劇，概莫如此。只是與之相比，歷史美學有其獨特性而已，而這獨特性則在於，它不是虛構，而是從美的角度看真實的歷史，從而得出美的震撼與感受，正如剛才所舉的攝影一例。它要求從形的把握中突出神，以歷史的神韻領動真實的史料，實現現在與過去的對話，太史公的《史記》正為我們提供了這樣一個優秀的範例。

四、餘論

　　《史記》作為中國古代的文史巨作，推崇者眾。和許多文史研究者一樣，筆者醉心於其文字的魔力，思想的深邃，敘事的精彩，曾一讀再讀，對其篇章，也曾自以為爛熟於心。然而，隨著時間的積澱，卻越來越發現，當年那本覺得易讀易懂的《史記》，卻越來越難讀了。說其難讀，不是理解力的下降，恰恰相反的是，在常讀常新中，筆者所感受到的司馬遷及《史記》，常常會超溢之前的認識邊界，在內涵和深度上得以新的拓展。隨著這種認識的加深，結合自己的閱讀和思考，筆者越來越感到，《史記》的讀法是一個重要問題，也就是說，如果僅僅著眼於單純的歷史學界域，就會「只緣身在此山中」。《史記》所具有的巨大文化容量和思想能量，逼使我們既不能脫離史學本位，更需要從固定的史學思維中跳出來。在「知人論世」中，以一種「同情的瞭解」來「入乎其中，出乎其外」，只有這樣，才能說真正讀得懂，或者說可以讀懂《史記》及司馬遷。

〔註 59〕 參看李桂海同名論文，見《學習與探索》1994 年第 3 期。此外，何兆武在《對歷史學的若干反思》（《史學理論研究》1996 年第 2 期）一文中，反思了歷史中非科學的一面，他將歷史分為兩個部份，即歷史 I 和歷史 II，認為前者為科學的，後者是非科學的，屬人文世界，歷史 II 由此具有了藝術性。他說：「（歷史）不但是以藝術的形式來傳達，而且也以這種方式而為人所理解。」

曹雪芹在《紅樓夢》中曾感歎：「滿紙荒唐言，一把辛酸淚。都言作者癡，誰解其中味！」其實，《史記》何嘗不是如此？以筆者的閱讀實踐及淺陋思考來看，就像眞正讀懂《紅樓夢》一樣，《史記》之難絕不在紙面上，它給我們所呈現的歷史人物及故事，那是何等引人入勝，在事實層面上根本沒有難讀之感。然而，如果深入到文本之中，卻能逐漸發現許多言在意外的感念，這種感念在意境或氛圍上是憂傷甚至是憤懣的，在語言的拿捏上是含蓄而具有諷喻力的，所以，要我說，《史記》的難讀不在於別的，主要在於兩點：一、能不能看出其背後的「微言大義」，二、對於它別樣的悲劇氣質有沒有切實的感受力。質言之，作爲士大夫不遇之書，《史記》充滿著悲情，但它又不止於情緒宣泄，而是將這種情愫潛移默化地帶入到理性思考與美學意境中，它是一部有品味、有思考力的書，由此，我們才說，這不是一部簡單的悲情之作，而是具有穿透力的悲劇美學著作。

在這樣的一部著作裏，歷史人物和種種故事就不再滿足於某種事實的陳述，後面所寄託的情感與理念才是關鍵所在。就手法或技巧來說，它們被包裹在文字之中，不易察覺。然而，當你眞的打開這個包裹時，一方面，雋永與傷感就開始彌散，從這個角度來說，它具有詩性。另一方面，當這種詩性與敘事相結合時，場景、人物如在目前，事件之間緊湊相聯，衝突由此得以強化，從這個角度來說，它又具有戲劇性。而這二者的結合，巧妙地融入歷史場景之中，構建出一種別樣的歷史美和悲劇美，歷史美學的意蘊貫穿始終。具體說來，《史記》因其悲劇美，給讀者帶來的，既有如觀影一般的視覺效果，亦有歷史理性的思考，更有美的感受。這種美帶著蒼涼與凄壯，有著深刻的司馬遷及那個時代的印記，歷史人物在書中、在歷史舞臺上，表演著他們的故事。與此同時，書寫者的思考與反抗，帶著情感深深地嵌入了其間，這是一種對命運的抗爭與超越，是不屈服於時代與體制的悲歌。

所以，在《史記》中，作爲一種悲劇性的體驗，在遠去的故事後面，常常能看到的是司馬遷的身影，就如前面所論及的伍子胥，當太史公發出「悲夫」之歎的時候，又何嘗不是給自己的心靈一個呼應？從這個視角來看，司馬遷在撰述中，就不是如一般史家那樣，強調所謂的「無我」，反倒是處處有「我」，只是這種「我」不是簡單的插入，而是一種「情」的代入，在敘述他人故事的時候，在那一進程之中，有著他自美、自悲、自我的投射。且看太史公在「腸一日而九回」，惟有一死解憂的痛楚之下，忍垢存活，爲的是傳之

後人的這部心血之作，書稿既成，「雖萬被戮，豈存悔哉？」每讀至此，唯慨歎中，再次神品史公之悲，亦更加深對《史記》悲劇美的認識。都說太史公以心寫史，以情動人，其情不謬矣。

總之，《史記》是一部說不盡的書，司馬遷是一位說不盡的人。筆者以《史記》的悲劇美爲主題，旨在從美學角度，來揭示其書、其人的基調與底色。它固然是一種跳出純粹歷史學的研討，但恰恰在這種視角下，所透現的心路、心態、心靈，以及與時代的關聯，就事實層面而言，更爲貼近歷史本身，給了我們更豐富的歷史面相；就理論層面來看，則讓我們在歷史學眞與善的追求下，也即事實評判與價值評判之外，發現了歷史作爲美學對象的價值和地位。從這個角度去看，本文意向所在，既在於史學之外，又終歸於史學之中。

原刊《貴州文史叢刊》2000 年第 4 期，2015 年 7 月改訂。

「《春秋》無達辭」的知識生成
與董仲舒的《春秋》「辭論」

　　董仲舒在《春秋繁露・精華》中，曾有「《春秋》無達辭」的著名論述，其文如下：

> 難晉事者曰：《春秋》之法，未逾年之君稱子，蓋人心之正也。
> 至里克殺奚齊，避此正辭而稱君之子，何也？曰：所聞《詩》無達
> 詁，《易》無達占，《春秋》無達辭，從變從義，一以奉天。

筆者以為，以上所論，內核所在，是《春秋》「辭論」問題，同時，它也是理解董氏《春秋》學及董學思想的一把鑰匙，研究者應對此給予特別的重視。而在這一研究方向上，筆者特別感興趣的，是「《春秋》無達辭」的知識生成問題，具體說來，筆者力圖探尋這一概念的知識理路何在，在理論言說背後，「辭論」問題如何得以展開，並如何互動和影響。質言之，筆者的工作，是在特定視角下，選定一個研究切入口，在對「辭論」問題展開研討的基礎上，進而對董氏《春秋》學作一管窺。下面，就不揣淺陋，對此問題作一初步考察，以就正於方家。

一、從董氏《春秋》學的「辭論」問題說起

　　在董氏《春秋》學中，《春秋》「辭論」有著重要的價值和地位。

　　我們知道，董仲舒是《公羊》學大師，他借助於《公羊春秋傳》，整合前代知識資源，闡發自己的思想，從而開創了一個時代。就經學立場來看，在看似包羅萬象的思想體系之中，有一基本內核存在，那就是《春秋》學，質

言之，它是董學的思想根基。有學者評價道：「（董仲舒）把春秋公羊學推向高峰，」「所撰《春秋繁露》一書能在思想史上產生如此巨大而久遠的影響，關鍵就在於他根據時代的發展，創造性地詮釋了《春秋》的大義。」〔註1〕由此，我們不禁要問：董仲舒是怎麼詮釋《春秋》大義的？其對《春秋》的理解，又是從何入手的呢？筆者以爲，主要是在《春秋》之「辭」上。要言之，董氏《春秋》學的各種結論，皆由「辭論」切入和開始，「辭」是董仲舒詮釋《春秋》的工具和入口。作爲董氏《春秋》學的外殼，只有對它加以深刻理解後，才能由外而內，層層深入，在剝絲抽繭中，進入到思想內核。從特定意義上來看，對《春秋》「辭論」的審視，直通董學之門徑。下面，具體論之。

首先，由董氏《春秋》學的文本設定來看，「辭論」是重要的敘述起點。細繹董氏之作《春秋繁露》，可以發現，此書可分爲兩大部份，第一部份是對《春秋》的解說，後一部份則是以陰陽五行爲核心的闡釋，比之第二部份的自由發揮，第一部份的立說更爲嚴謹，徐復觀認爲，這些就是董氏《春秋》學的主要內容。這一部份內容，以前十七篇爲主，而其中前十六篇「分述《春秋》之義」，第十七篇《俞序》「則係述孔子作《春秋》之用心及其效果。」〔註2〕我們注意到，這十七篇都討論了「《春秋》之辭」，而前十六篇在分述《春秋》之義時，幾乎都是通過論述或圍繞著「《春秋》之辭」開始言說的。

其次，從董氏《春秋》學的方法路徑上來看，「《春秋》之辭」是考察「大義」的基本要素和依據。眾所周知，對於《春秋》經的修習，最終目標在於明「是非」及「大義」。但由於這種「大義」是以「史事」爲載體的，所謂「借事明義」〔註3〕，遂成爲了公認的邏輯路徑。然而，由於史事具有客觀性，加之《春秋》以「深切著明」爲敘事特點，在「屬辭比事」中，〔註4〕要深刻理解經學系統中微妙的「《春秋》筆法」，從一定意義上來說，其重點其實並不在於「事」本身，因爲它是簡明而確定的，對「事」的敘述，即「屬辭」，才是關鍵所在。簡言之，理解了敘事之「辭」，才可理解「事」，從而領悟「筆

〔註1〕 姜廣輝主編：《中國經學思想史》第二卷，中國社會科學出版社，2003年，第48頁。

〔註2〕 徐復觀：《兩漢思想史》第二卷，華東師範大學出版社，2001年，第191頁。

〔註3〕 皮錫瑞：《經學通論》卷四《春秋》「論三統三世是借事明義黜周王魯亦是借事明義」，中華書局，1954年。

〔註4〕 《史記・太史公自序》載：「子曰：『我欲載之空言，不如見之於行事之深切著明也。』」《禮記・經解》曰：「屬辭比事，《春秋》教也。」

法」。再進一步言之，要考察「《春秋》大義」，首先必須理解《春秋》之「事」；而要理解《春秋》之「事」，就必須理解「屬辭」背後的隱微所在，這是走向《春秋》經義的必然之路。由此，在「借事明義」的過程中，董氏提出了「察外見內」的解釋學方法。〔註5〕

這一方法的提出，是在討論「《春秋》常辭」時，以「趙盾之事」爲例而作出。毫無疑問，在董氏看來，「比事」之「辭」，就是最重要的「外」，爲「察外見內」的入口，但「內」又是什麼？它在哪裏？有學者以「指」當之，遂有了「辭指論」的論述。在這樣的研討範疇內，一般共識是：

> 辭即詞，指語言文字、名詞概念、定義命題，還可引申爲「說法」、「論點」或「實際事例」。「指」，即意旨、思想內容，或是精神實質一類的意思。辭指問題，就是詞和義、語言和思想、語言表達和內在精神的關係問題。〔註6〕

也所以，有學者明確提出：「『辭』即『外』，『指』即內。」〔註7〕對於這樣的分析理路，筆者首先肯定其可取之處，因爲在董氏的《春秋》學闡釋系統內，「辭、指」與「外、內」之間，的確可以形成對應關係。但問題的另一面是，在董學中，「外、內」之間的對應又十分靈活，並不固結於一端。由前已知，「事」是《春秋》最外在的表徵，「辭」之所以爲「外」，是因其「比事」性質而帶來。此外，翻檢《春秋繁露》，可以看到，在闡釋《春秋》時，所謂的「外」，除了「事」與「辭」，還可通過「物」等詞彙加以表述；而「內」則在「指」一詞之外，可用「志」、「意」、「義」等加以傳達。〔註8〕因而，在概括「內外」關係時，由於涵蓋性的缺乏，「辭指」論在很多語境下就失去了準確度。

尤爲重要的是，從本質上來看，在董氏《春秋》學中，所謂的「指」或者「意」雖然有著內向性，但它們主要屬於內在「心志」，與「義」或「道」

〔註5〕 《春秋繁露·玉杯》云：「且吾語盾有本，《詩》云：『他人有心，予忖度之。』此言物莫無鄰，察視其外，可以見其內也。」

〔註6〕 周桂鈿：《董學探微》，北京師範大學出版社，1989年，第253頁。

〔註7〕 劉明華、張金梅：《「〈春秋〉無達辭」與「〈詩〉無達詁」》，《社會科學戰線》2012年第1期，第143頁。

〔註8〕 如《玉杯》說：「《春秋》之論事，莫重於志。」「今按盾事，而觀其心。」「志爲質，物爲文。」《精華》：「《春秋》慎辭，謹於名倫等物。」《重政》：「傳於眾辭，觀於眾物。」《竹林》：「考意而觀指。」《王道》：「誅意不誅辭。」

這種公共性或公理性的表達差異較大，有著明顯的個體性特點。或者也可以這麼說，由經學思維來看，「經」既然是「天下之公理」〔註9〕，普遍性的「經義」或「義」才是最高神聖指標，「指」、「意」「志」等，反映的只是撰作者的內在情態，故而它們必須遵循著普遍性的認知——「義」而展開。由此，《春秋》之「內」應以「義」爲最後的根據，而「指」則顯然未達其究竟，從特定意義上來看，它只是「義」的具體化。再進一步言之，「內」雖可由「指」、「意」「志」加以反映，但它們終將以《春秋》之「義」爲依憑，「義」是它們的最後歸宿及根據所在。

職是故，筆者不以「辭指論」爲核心概念，而將以「辭論」來加以指稱。筆者還認爲，在《春秋》「辭論」中，「辭」與「事」皆爲「察外見內」的「外」，但前已論之，「辭」與「事」有著密不可分的聯繫，「事」由「辭」加以表達，客觀之「事」，因主觀之言說，不僅獲取了特定的意義，更因「辭」的變化多端，而使得《春秋》之義充滿了複雜性與涵蓋性。這樣在《春秋》的「借事明義」中，察「事」，實爲察「辭」。錢穆指出：「由事來定辭，由辭來見事，辭與事本該合一不可分。」〔註10〕也所以，《春秋繁露・竹林》說：

> 《春秋》記天下之得失，而見所以然之故，甚幽而明，無傳而著，不可不察也。夫泰山之爲大，弗察弗見，而況微眇者乎！故按《春秋》而適往事，窮其端而視其故，得志之君子、有喜之人，不可不愼也。

可以看到，在這段文字中，董仲舒特別強調了「察」的意義，指出「不可不愼也」。但「事」已然發生，「愼」與不「愼」與撰作者之間並無關聯，所以，倘追其根本，《春秋》所「察」有「事」有「辭」；所「愼」，就不在其「事」了，而在其「辭」。也所以，《春秋繁露・精華》直截了當地指出：「《春秋》愼辭。」

然而，《春秋》「辭論」固然重要，由於論題的緣故，我們並不打算對這一問題作面面俱到的討論。在後面的討論中，「《春秋》無達辭」將成爲聚焦所在。我們認爲，在董氏關於「辭論」的種種闡釋中，「《春秋》無達辭」最爲重要。作爲「董氏對《春秋》文辭敘述特徵的一種概括」，〔註11〕它是《春

〔註9〕紀昀等撰：《四庫總目提要・經部總敘》，中華書局，1997年，第1頁。

〔註10〕錢穆：《中國史學名著》，生活・讀書・新知三聯書店，2000年，第19頁。

〔註11〕鄒積意：《論〈春秋〉無達辭的解釋學意義》，《人文雜誌》2004年第3期，第26頁。

秋》「辭論」的靈魂所在。並且作爲經義的考察起點與立足點，「《春秋》之辭」由此獲得了靈動的知識品質，是解讀經義的基本元素。更重要的是，在突破文字原有限定的前提下，更可通過「六經注我」，在「文辭」的引申中，將自己的主觀意見納入《春秋》系統。

然而，對於董仲舒這樣的學者來說，雖然表達自己的學術意見爲最後的歸宿，但講求學術依憑卻也是另一個重要的方面。由此，可以發現，董氏「新說」都發自於「舊義」，董學是在前代基礎上的引申與發展。作爲一個學有根柢的人，董氏的學問基礎離不開儒學與經學。並以此而自高。所以，這樣一個人，在討論《春秋》及經學問題時，對於文本及學術淵源都是很有講究的，並不肯隨意浮沉。那麼，「《春秋》無達辭」的知識基礎在哪裏？董仲舒如何承接並加以發展，它與董氏的《春秋》辭論有何密切的關聯呢？關於這些問題，將在下面的討論中作進一步的分析。

二、「《春秋》無達辭」的文本及相關理論意蘊

考察「《春秋》無達辭」這一著名論述，我們發現，董仲舒所論絕非隨口而出。推崇「《春秋》愼辭」的他，在「《春秋》無達辭」的章句表述上，不僅十分愼重，也可說是對自己理論的一種實踐。而在這一問題上，首先引起筆者興趣的，是董氏在文本選定中所透現的嚴謹性，以及這一路向與其《春秋》學之間所具有的絲絲入扣的學術關聯。

我們注意到，「《春秋》無達辭」是以「所聞」的形式加以引出，也就是說，這應該不是董氏的原創，而是在文本上有所依據。那麼，它來自於哪裏呢？答案是《春秋公羊傳》。

得出這一結論的理由，不僅僅在於董仲舒是《公羊》大師，所以在論述《春秋》學問題時，其「所聞」，很自然地應以《公羊》文本爲準，更重要的旁證在於，在《說苑·奉使》中，成帝時代的劉向亦引有相類章句：「《傳》曰：『《詩》無通故，《易》無通吉（占），《春秋》無通義。』」。

由於此段文字與董仲舒所言大致相類，向宗魯認爲：「本董子《精華》篇。」〔註12〕也就是說，他認爲，「《春秋》無通義」，來自於《春秋繁露》中的「《春秋》無達辭」。但筆者以爲，此論並不準確。因爲在《說苑》中分明有著「《傳》曰」的表述，這說明它來自於經傳，而不是董說。即便退一步，董氏之說算

〔註12〕向宗魯：《說苑校證》，中華書局，1987年，第293頁。

是說經之「傳」，《說苑》爲何不照抄董文，而偏偏要在字句上與董氏不一致呢？要知道，在當時的讖緯文獻《詩緯》中，都有「《詩》無達詁，《易》無達言，《春秋》無達辭」的句子，〔註13〕其中可能因爲訛寫的原因，「達言」與「達占」稍有差異，文句與董文完全一致，由此可知，董氏的說法在當時有相當大的接受度。在這樣的背景下，如果說《詩緯》來自於董氏文本倒有可能，劉向文本必不能直接來自於董仲舒，而應該是與董氏之說有著共同源頭的《傳》之上。翻檢《說苑》中的相關文字，可認定，此《傳》就是《公羊》。我們看到，此一段落起筆就是「《春秋》之辭」云云，然後所引經義俱出於《公羊》，最後才歸納出「《春秋》無通義」的結論。〔註14〕總之，劉向在討論《春秋》之辭時，雖有著董仲舒的學術印記，但其說的最終根據卻是在《公羊》之說上。另外，值得一提的是，這一結論還可與《說苑》的《春秋》學取向相契合。據《漢書·劉向傳》，劉向曾「詔受《穀梁》。」但劉氏的《春秋》學卻不是以《穀梁》，而是以《公羊》爲核心的。有學者通過對《說苑》的研究，得出結論：「(《說苑》)中的論議章節絕大多數與《公羊》學有關，只有一兩條勉強與《穀梁傳》有聯繫。」〔註15〕事實上，「《春秋》無通義」正屬於那「絕大多數」之列。

然而，無論是「《春秋》無達辭」還是「《春秋》無通義」，皆不見於今本《公羊》。這又是爲什麼呢？筆者以爲，這是文本差異所致。具體說來，董、劉本雖文字上稍有差異，但可歸在一大系統之內，反映的是西漢《公羊春秋》的官學面貌，〔註16〕今傳本則爲另一系統，反映的是東漢以來成爲主流的胡母學派的面貌。

習文史者皆知，《公羊》今傳本來自於漢末的何休。據何氏的《公羊解詁序》，當《公羊》傳至他那個時代時，因「多非常異議可怪之論」，加之經師們「以無爲有」，致使《公羊》學受到嘲諷與排斥，故而他重加整理，而整理

〔註13〕趙在翰輯，鍾肇鵬、蕭文郁點校：《七緯》，齊魯書社，1997年，第625頁。

〔註14〕關於這一問題，可參看向宗魯：《說苑校證》，第292～293頁。

〔註15〕徐建委：《〈說苑〉研究——以戰國秦漢之間的文獻累積與學術史爲中心》，北京大學出版社，2011年，第100頁。

〔註16〕《說苑》中存在著近十則與《春秋繁露》互見的整章文字，研究者指出：「這是《春秋繁露》、《說苑》所共同存錄的早期《春秋》傳、說。」（徐建委：《〈說苑〉研究——以戰國秦漢之間的文獻累積與學術史爲中心》，第167頁）而且從「《春秋》無通義」的引述來看，在徵引《公羊》，其說往往與董學可相映證。與今傳本相較，它們更具共同性。

的底本，則是來自與董氏同時代的胡毋敬。爲什麼要追至胡毋氏呢？按照傳統說法，《公羊》是由胡毋和他的老師公羊壽寫定於西漢景帝時代。在《公羊傳注疏》中，徐彥引戴宏之言道：「子夏傳與公羊高，高傳與其子平，平傳與其子地，地傳與其子敢，敢傳於其子壽。至漢景帝時，壽乃共弟子齊人胡毋子都著於竹帛。」然而，在《春秋》學史上，這一單線追溯是頗有問題的。因爲與胡毋敬同時的董仲舒，分明有著與今傳系統不一樣的文本，而且更重要的是，兩漢官學是以董氏學派爲主，而不是胡毋派。〔註17〕徐復觀經過深入研究後指出，董氏本與今傳本在一些地方存在著明顯的差異，主要表現在，內容和範圍更爲廣泛，「較胡毋所傳之《公羊》爲博。」〔註18〕當然，如果表述要更爲嚴謹的話，「胡毋所傳之《公羊》」，實質上只是何休之《公羊》，真正的胡毋本廣博與否已不可知，但董氏文本在內容、範圍上的廣博，則應反映著歷史的真實面貌。

　　由前可知，董仲舒時代是《公羊》寫定的時期，在「著於竹帛」的過程中，當年的口耳相傳逐漸成爲過去，刪削整合成爲勢之所趨。而作爲一個階段的開始，經師們就其「所聞」加以筆錄，一方面文本必沒有後世那麼整齊；另一方面，則表現爲比後世的材料更爲豐富，也更有選擇性。這樣來看「《春秋》無達辭」與「無通義」不見於今本，而且文句上稍有差異，也就無足怪了。也所以，細繹董氏文字，可以發現，他以「所聞」二字加以表達，正反映了源自於「口說」的本質。當然，由於「聞」在廣義上包含了視、聽兩種可能。有人或許會說：難道「所聞」就不可以是「聞」之於典籍文本，爲親眼所見？而爲什麼一定要拘泥於本義呢？要消除這種疑問，以下的事實頗爲關鍵：董仲舒時代既然是由「口傳」向簡帛本過渡定型的階段，那麼，在論及文獻問題時，對於「所聞」一詞的使用就應頗爲謹慎。事實也正是如此，我們注意到，《春秋繁露》在論及《春秋》及經籍時，用詞頗爲謹嚴，在《楚莊王》中，董仲舒將《春秋》記事分爲「十二世」「三等」，即「有見、有聞、有傳聞。」「所聞」爲耳聽而來，所以《觀德》在論及《春秋》辭法時又說：「隕石於宋五，六鷁退飛，耳聞而記，目見而書，或徐或察，皆以其先接於

〔註17〕關於此點，徐復觀有過深入的討論，他指出：「能斷定兩漢公羊之學乃出於董仲舒而非出於胡毋生。」見氏著：《徐復觀論經學史二種》，上海書店出版社，2002年，第141頁。

〔註18〕徐復觀：《兩漢思想史》第二卷，第201頁。

我者序之。」總之，董氏的「所聞」應以「口說」爲是，而《說苑》中的「傳曰」，說明此時口說已完全轉爲定本，無需以「所聞」加以表達。

然而，選擇什麼樣的文本，從一個側面可以反映出學者的學說立場。這樣，在「無達辭」與「無通義」之間，就不是一個簡單的文本選定問題，而是有著深刻的學術意蘊。從字面上來看，「無達辭」與「無通義」之間其意可通，但在《春秋繁露》及董氏著作中，有「無通辭」（《春秋繁露‧竹林》）之說，卻絕不見「無通義」的表述。也即是說，在董仲舒的語詞世界中，「通」與「達」可互換，但「辭」與「義」絕不混淆。這不是一個偶然，而是學術理念之下的必然選擇。

倘泛泛而論，一般來說，對於「無達辭」與「無通義」的理解，人們多會從撰作者的主觀性方面去加以考量，認爲在解讀《春秋》時，需突破「辭」與「義」的一般限定，從而展現出相當的靈活性。故而，徐復觀說：「是爲了突破原有文義的限制，以便加入新的內容，以適應他所把握的時代要求及他個人思想的要求而設定的。」〔註19〕然而，董仲舒固然有變通的一面，更有不變的一面，從特定視角去看，他是一個十分固執的人，特別強調對理念的堅守，從而不惜與時違戾。這不僅表現在他不願曲學阿世，在自己的學說上，也常常採取這種態度，對於需要堅守的東西，反覆致意，甚至不惜矯枉過正，所以《春秋繁露‧玉杯》說：「矯者不過其正弗能直，知此而義畢矣。」爲此，徐復觀指出：「矯枉過正，乃表明仲舒的個人性格。此一性格，在他的思想形成及語言表達上，亦必發生相當的影響。」但他同時也指出：「仲舒是一個性情方正的人，他並沒有抹殺《公羊傳》的原有意義。」〔註20〕

這樣，在解讀《春秋》時，董仲舒就呈現出相反相成的兩面：一面極具靈活性，它應屬於外在的、工具性的手段問題，所以我們可以看到，他的學說包融百家，很是駁雜，在論證上爲達其目的，反覆申說，極爲活絡，甚至牽強附會。另一面則是思想理論的立足點和內核，它們絕不遊移鬆動，屬於董學中的目標與歸宿所在。這種目標與歸宿總體上來看，當然就是儒學或經學。但倘進行目標分解，則又可散爲很多具體的指標。就論題所及，特別值得我們注意的，是由《公羊春秋》所推定出來的經義或孔子之道。質言之，董仲舒在解讀《春秋》時，不管如何左右採獲，突破界限，但「義」或者「道」

〔註19〕徐復觀：《兩漢思想史》第二卷，第 205 頁。
〔註20〕徐復觀：《兩漢思想史》第二卷，第 206 頁。

卻是最高律令，無可動搖。爲了達成「義畢」的目標，他甚至不惜「矯者過其正。」也所以，在《天人三策》中，他才會有那段著名的論述：「道之大原出於天，天不變，道亦不變。」〔註21〕總之，「辭」是「辭」，「義」是「義」，「辭」可「通達」，「義」卻不能有所鬆動，二者絕不可混淆等同。

當然，我們也注意到，在《春秋繁露‧竹林》中有這麼一段論述：「《春秋》之道，固有變有常。變用於變，常用於常，各止其科，非相妨也。」那麼，由此是不是可以說，董仲舒對於「道」或者「義」，也有著「變」的一面，或者說，他自己的理論本就前後矛盾呢？細繹相關文字，答案應該是否定的。對於「道」或者「義」的絕對性，董仲舒應該是一以貫之的。沿著《天人三策》的相關論述，可以看到，在「天不變，道亦不變」的結論之後，董仲舒這樣論述道：「是以禹繼舜，舜繼堯，三聖相受而守一道，亡救弊之政也，故不言其所損益也。繇是觀之，繼治世者其道同，繼亂世者其道變。」〔註22〕我們注意到，董氏首先突出了「堯舜禹」在「道」方面的一貫性和不變性，即所謂「三聖相受而守一道」，而後世之人對於這個「道」，態度當如何呢？「繼治世者其道同，繼亂世者其道變。」所謂「繼治世者」從源頭上來說，所繼就是「堯舜禹」以來的「王道」之世，而反其「道」者，則是亂世，其「道」爲「亂道」、「姦邪之道」。也就是說，從廣義上來說，「道」有正、邪之分，既有以「王道」爲核心的「正道」，更有反其「道」而行之的「邪道」，但狹義上的「道」，則爲「正道」，它是不變的。所以，所謂的「其道變」，與「天不變，道亦不變」之間，毫無矛盾與衝突，因爲可變及需要變的「道」，是反「正道」的姦邪之「道」，「其道變」的目標恰恰是回到不變的「正道」之上，這也就是《公羊傳》哀公十四年所鼓吹的「撥亂世反諸正」，這裡的「正」就是「正道」、「王道」。

我們還注意到，在「撥亂世反諸正」之後，緊接下一句爲「莫近諸《春秋》。」也就是說，《春秋》爲承載「正道」的載體，它承接著「堯舜禹」以來的聖統，這樣，孔子就依憑著《春秋》，成爲了「道」之所寄，而這也是董學的一大重要理論內核。查檢《春秋繁露》，可以看到，董仲舒接續《公羊》之說，認爲經過春秋戰國的亂世，世道衰微之下，不變的「正道」繫於孔子一身，反映在《春秋》之中。也就是說，雖孔子本人沒有成爲新的「王」，但

〔註21〕《漢書》卷 56《董仲舒傳》，第 2518～2519 頁。
〔註22〕《漢書》卷 56《董仲舒傳》，第 2519 頁。

他爲後世的「王者」保存住了「道」，後世要接續堯舜以來的「道」，非孔子及《春秋》，別無二途。故而，在《玉杯》中，董仲舒鼓吹道：「孔子立新王之道。」在《楚莊王》中，則又論道：「今所謂新王必改制者，非改其道，非變其理。」

　而這種「非改」、「非變」的「道」，在《春秋》中，表現在兩種交織的元素之上，一是「事」；二是「義」。所謂「事」就是《春秋》所記載的史事，在董仲舒看來，在孔子的精心挑選中，「事」已被賦予了濃鬱的意蘊，所謂：「我欲載之空言，不如見之於行事之深切著明也。」〔註23〕要之，在董學中，《春秋》「事」以載「道」的品質，是十分顯然的。而所謂的「義」則是《春秋》經義，在《春秋繁露》中又往往被稱之爲「大義」。《正貫》曰：「《春秋》，大義之所本耶？」《春秋》爲何主要以「義」，而不是《春秋》之「道」來表達自己的最終指向呢？原因大概在三點：一是「道」具有虛空性，涵蓋更廣，而「義」則可有具體指向，並分化出具體指標。二是《春秋》是「經」，是「經」就有「經義」。當然，從經學角度來說，所有的經籍都有其「義」，《春秋》自不例外，但《春秋》在「義」的承載上更爲突出，所謂「《春秋》以道義。」〔註24〕三是狹義上的「義」爲「人間之道」，它與《春秋》主旨相對應。翻檢《春秋繁露》，可以看到，董仲舒認爲，道有「天道」、「地道」和「人道」之別，其中「人道」最爲關鍵，爲世間之法，並以「義」作爲表現形式。故而《天道施》云：「天道施，地道化，人道義。」而我們又知道，《春秋》是記載政治得失的，與「人道」關聯最密，由此，《春秋》之「義」，直接傳達的就是人間之「道」，或者說是「人間之道」中的「正道」──「王道」的體現。也所以，《玉杯》說：「《春秋》正是非，故長於治人。」

　總之，在董學系統中，「道」或者說「道」在《春秋》中的表現──「義」是不可動移的。也所以，當再次回到《竹林》中所謂的「《春秋》之道，固有變有常。變用於變，常用於常，各止其科，非相妨也。」細加考量，就可以發現，這段文字不是說「《春秋》之道」本身可隨意變化，無可恆定，而是在「道」的眼光下，事物發展有變態和常態。也所以，在接下來的文字中，董仲舒這麼說道：「故說《春秋》者，無以平定之常義，疑變故之大義，則義幾可諭矣。」他在明明白白地告訴我們，要真正地理解《春秋》之「義」，就要

〔註23〕　《史記》卷130《太史公自序》，第3297頁。
〔註24〕　《史記》卷130《太史公自序》，第3297頁。

知道,「平定之常義」與「變故之大義」都是「義」,是「大義」或「正道」。也就是說,不是「義」或者「道」有變,而是它們本來就以「常」、「變」兩種形態存生於此。〔註25〕如果有變,那也應該是變化「亂」、「邪」之「道」與「義」,即所謂「撥亂反正。」這樣,在「變」之中有「不變」,不變的就是「大義」與「正道」,所謂「萬變不離其宗」,圍繞著「大義」與「正道」而變化,一切的「變」都是把變亂再變回去,它們的「變」其實都是外在和暫時的,而唯有內在精神將與天同齊,即所謂「天不變,道亦不變。」也所以,《觀德》說:「變而反道。」《天道施》指出:「變變之變,謂之外。」

總之,「《春秋》無達辭」絕非泛泛所指,在董氏追求「慎辭」的背景下,在它的文本選擇中,我們既可以看到董氏的嚴謹,及那個時代的經學狀況,更重要的是,這裡面反映著董仲舒的學術立場,有著深刻的理論意蘊。

三、從「辭達而已」到「《春秋》無達辭」

在董仲舒之前,儒家對於「辭」及「辭論」問題,十分重視,積纍了許多思想成果。董氏在解讀《春秋》時,對它們進行了合理的承接與吸納,並使之與自己的理論體系相合拍,從而發展出了具有個性的新「辭論」。

眾所周知,儒家學說由孔子所開創,故而,儒學範疇內的種種論說,知識基點必追溯於此。董仲舒不僅不例外,而且對此更為看重。由前已知,「《春秋》無達辭」應歸於《公羊傳》的董氏文本中,這是與今傳本有所差異的另一系統,而且我們還知道,它比今傳本的內容和範圍更為廣博。其中值得特別注意的是,雖董氏所治為《公羊傳》,但在其所追溯的《春秋》學先師中,竟沒有公羊氏,而且在師承譜系中,有很多今傳本所沒有的七十子之徒的論述。針對這一點,黃開國指出,它既反映了董仲舒對胡母敬、公羊壽等在文本寫定時,「不及七十子的不滿」,同時更是「自以為得到孔子的真傳」的一種表現。〔註26〕事實也正是如此,翻檢《春秋繁露》及相關論述,可以看到,董仲舒幾乎是言必稱孔子,以正宗傳人自居,並為世所公認,所以《論衡‧超奇》說:「孔子之文在仲舒。」毫無疑問,作為《春秋》家的董仲舒在《春秋》「辭論」及「無達辭」問題上,宗奉孔子之說,就成為了題中應有之義。

〔註25〕黃開國說:「道有常變不是說有兩種不同的道,而是指道有常、變兩種特性。」氏著:《儒學與經學探微》,巴蜀書社,2010年,第186頁。

〔註26〕黃開國:《〈公羊傳〉的形成》,氏著:《儒學與經學探微》,第297頁。

　　關於「辭」的問題，孔子最著名的議論在《論語・衛靈公》：「辭達而已矣。」何晏注引孔安國曰：「凡事莫過於實，辭達則足矣，不煩文豔之辭。」也就是說，「辭」以簡約達義為宗旨，不以繁複富麗為特點。在董氏《春秋》學中，對於此點是深為接納的。所以在《春秋繁露》首篇《楚莊王》中，董仲舒開篇即討論「辭」的問題，並鄭重提出：「《春秋》之辭，多所況，是文約而法明也。」可以看出，它與孔子「辭達」說一脈相承。然而，這與「《春秋》無達辭」之間，看起來不是存在著矛盾嗎？

　　但事實是，它們不矛盾，甚至有著內在的繼承關係。從語義上來看，「辭達」之「達」，作為動詞，是一種指向，表明目標所在，意為，在語辭的運用上，只要達成目標就可以了。而「無達辭」的「達」作為形容詞，表現的是一種狀態，是「通達」、「固定」的意思，所以它能與「《春秋》無通辭」在語義上實現互換。而無論是「達成」還是「通達」，在所謂「辭達」或「無達辭」中，「辭」不過是手段和橋梁，其背後的指向或意義，才是目標所在，是「達」的最後歸宿。《儀禮・聘禮》說：「辭無常，孫而說。辭多則史，少則不達，辭苟足以達，義之至也。」也就是說，「辭達」是「達義」，只要能「達義」，語辭自然以簡約為主，外在的「文豔之辭」皆屬多餘。反之，如果難以「達義」呢？那就不能完全以常態視之，而要更多地看到它的複雜與變化。在董仲舒看來，《春秋》就是這樣，它極為複雜，很難立刻理解它的本義，這時就需要對「辭」反覆咀嚼，才能最後心領意會。翻檢《春秋繁露》，可以看到很多這樣的論述，如《竹林》說：「《春秋》記天下之得失，而見所以然之故。甚幽而明，無傳而著。」

　　必須指出的是，對於《春秋》的這種態度，不是董仲舒的個人意見，而是當時的普遍主張。在時人看來，《春秋》是一部被賦予了特殊意義的書，其特殊性就在於，它由孔子晚年所刊定，完全表達了孔子個人的主張。在這部書中，每一字都極為謹嚴，含褒貶，存大義，是孔子不得已而為之的心血之作。《史記・孔子世家》載：

　　　　孔子在位聽訟，文辭有可與人共者，弗獨有也。至於為《春秋》，筆則筆，削則削，子夏之徒不能贊一辭。弟子受《春秋》，孔子曰：「後世知丘者以《春秋》，而罪丘者亦以《春秋》。」

然而，《春秋》雖寓意豐富，但解讀起來卻十分困難。其中最關鍵的問題在於，它並不明言義理，而是通過史書體裁，來「借事明義」，在「見之於行事之深

切著明」中，託「微言」以傳「大義」。在孔子時代，事實是否完全如此，已難以深究，但戰國以來，它成爲了一種共識。爲此，對《春秋》的「微言大義」加以解讀與探尋，成爲了一種必要，也所以，就有了《春秋》三傳，而其中尤以《公羊傳》對「大義」的解讀，最爲不遺餘力。董仲舒作爲《公羊》大師，毫無疑問，不僅要承接這一「微言大義」的詮釋傳統，更要深入其間，加以推進。

在這種傳統的承接過程中，「辭」作爲最重要的「微言」載體，爲「大義」所寄，理所當然地受到了董氏的高度重視。一般來說，在語詞運用上，「辭」比「言」或「文」更爲規範，它是經過修整之後所呈現的表達方式。所以，在前引《孔子世家》中，可注意到，司馬遷在敘述孔子修訂《春秋》時，所用的就是「辭」，所謂「子夏之徒不能贊一辭」云云，應該不是子夏等人片言隻語都不能參與其間，而是在寫下「辭」的時候，完全由孔子自己所操辦。簡言之，孔子《春秋》中的「辭」，不是那種輕易出之的字句，它是規範嚴肅的文字，是經過反覆思索之後的定評，是「義」的權威載體。眾所周知，《春秋》是以魯史爲底本加以修訂而來的，那麼，所謂「修《春秋》」，從一定意義上來說就是「修辭」，這一點在《公羊傳》中有著明確的表達，莊公七年載：「不修《春秋》曰：『雨星不及地尺而復。君子修之曰：『星霣如雨。』」我們看到，作爲孔子修訂《春秋》之前的本子——「不修《春秋》」，文辭更爲繁複，經過孔子之手，今本之「辭」就簡約多了。

就文獻整理的角度來說，這樣的修訂當初或許只是爲了整齊文字，並無太多深意，但對於《公羊》家，尤其是漢以來的《公羊》家來說，《春秋》可謂字字珠璣，無一字無來歷，董仲舒自然也是秉承了這一學風。這樣，《春秋》因其微妙難知，其文辭就具有了神聖性與特殊性，在深入闡發聖人微意的過程中，「無達辭」也就成爲了可理解之事。但就本論題來說，《春秋》的「難知」不是重點與關鍵，因爲在董氏之前，它已形成共識。《春秋》爲什麼「難知」，才是更爲重要的論題。因爲此前對此還缺乏系統的闡釋，只有當董氏《春秋》學出，不僅較爲圓滿地解答了這一問題，爲「《春秋》無達辭」樹立了理論根基，與此同時，充實和發展了《春秋》學的內容，爲漢代新儒學的建構夯實了知識基礎。下面，具體論之。

首先，《春秋》的「難知」體現在敘事上。就本事來說，《春秋》所載不過是那個時代的一些史事，本無所謂難知，但一則它記事簡略，「斷爛朝報」

之下易生歧見；二則更重要的是，歷來學者都相信「事」後面有「大義」，隨著對「義」的解讀與深求，反過來要求對「事」不斷地再審視，一些較爲明晰的「事」就這樣被後世賦予了各種深意，變得微妙、多元了起來。

其實，在早期《春秋》學史上，春秋之「事」，主要是圍繞著當時的「霸業」展開的一種敘述，《孟子·離婁下》云：「其事則齊桓、晉文，其文則史。」但問題是，這種敘「事」，不是簡單的歷史講述，而是以展現「大義」爲目標，「事」後之「義」最爲關鍵，所以《離婁下》接著引孔子之言道：「其義則丘竊取之矣。」而在《孟子·滕文公下》，則又有這樣的論述：「世衰道微，邪說暴行有作；臣弑其君者有之，子弑其父者有之。孔子懼，作《春秋》。《春秋》，天子之事也，……孔子成《春秋》，而亂臣賊子懼。」在此，孟子指出，孔子作《春秋》，是代替周天子來對當時崩壞的制度和社會進行轄伐，從而震懾那些篡弑君父的「亂臣賊子」。總之，孔子撰作的《春秋》，其「事」的主體是齊桓、晉文，「義」則主要依託於春秋霸業之「事」上。

但隨著《春秋》地位的提升，「事」的範圍，在時間點上雖不能超越於春秋時代，但其背後的「義」卻被大大地擴充了。表現在《公羊》學中，不僅對於《春秋》之「事」的解釋，早已突破了「齊桓、晉文」的範疇，而且看起來，似乎是有意淡化「齊桓、晉文」的主體地位。按照《公羊》學的理論進路，《春秋》是孔子爲「後王」立法之書，其「義」無所不包，「齊桓、晉文之事」當然也就難以隱括全書了。所以，在「昭公十二年」一則與《孟子》相似的文字中，《公羊傳》這樣論道：「《春秋》之信史也，其序則齊桓、晉文，其會則主會者爲之也，其詞則丘有罪焉爾。」可注意的是，「其事則齊桓晉、文」變爲「其序」云云，應不是隨意的語詞置換，因爲在《公羊》家看起來，《春秋》既然是無所不包的，敘事的範圍就應該突破「齊桓、晉文」，所以在哀公十四年中，《公羊傳》又論道：「何以終乎哀十四年？曰：備矣。」他們認爲，《春秋》至此，所載所論已經很完備了。但爲什麼完備呢？何休注曰：「人道浹，王道備。」但這一段解說來自於董仲舒，《春秋繁露·玉杯》曰：「《春秋》論十二世之事，人道浹而王道備。」按照董氏之說，「王道」之「義」已完備地見於《春秋》之事中，無需再求。當然，這實質上是《公羊傳》的意見，董氏只是將其加以明晰與完善。

這樣，《春秋》之「事」的難知，就在於其廣博與意義之深遠。這樣的「事」在形態上變化萬千，不會固結於一端。而要將各種充滿變化的「事」記載下

來，在「辭」的方面，就要求保持和充滿著靈活性。《春秋繁露・十指》說：「《春秋》二百四十二年之文，天下之大，事變之博，無不有也。」在此，應特別注意「事變之博，無不有也」的概念，在董氏看來，一是各種類型的「事」，二是「事」的各種變化，在《春秋》中簡直是應有盡有，無所不在。那麼在敘「事」時，「辭」當然就必須要能「應變」，所以《春秋繁露・玉杯》討論《春秋》之辭的運用和變化時，特別指出：「達變故之應，通生死之志，遂人道之極者也。」要之，《春秋》之「事」的難知，乃在於其無所不包中的變化，「博」與「變」的相加，遂使其難以成為「達辭」。也所以，我們注意到，在「《春秋》無達辭」之後，緊接著就是「從變從義」，蘇輿在為其作注時，這樣闡釋道：「蓋事若可貫，以義一其歸；例所難拘，以變通其滯。」〔註27〕這說明，「變」的是「事」，而「義」則是固定的。也就是說，「辭」必須跟隨「事」之變而應變，最後止於不變之「義」上。故而，在《春秋繁露・竹林》中，董仲舒在討論《春秋》違反「常辭」之例時，特別指出：「《春秋》無通辭，從變而移，……移其辭以從其事。」

其次，《春秋》之「難知」在於其溝通天人，隱義深遠。眾所周知，《春秋》以記事為主，有著鮮明的史學特點，其所謂的「事」或「義」皆屬於「史事」及「人道」範圍，與渺茫的「天道」頗有差距，「切於人事」，「不尚空言」是它的主要特點。此點在後世已成為一種共識，所以清儒章學誠在《文史通義・浙東學術》中，就有這樣的表述：

> 史學所以經世，固非空言著述也。且如六經，同出於孔子，先
> 儒以為其功莫大於《春秋》，正以切合當時人事耳。後之言著述者，
> 捨今而求古，舍人事而言性天，則吾不得而知之矣。

然而，漢代思想界與知識界在這一問題上卻頗有些特殊。董學作為那個時代的思想核心，一方面承認《春秋》「切於人事」的一面，將去「空言」，「見之於行事之深切著明」作為孔子撰《春秋》的一大特色；但另一方面，漢代又盛行「天人之說」，一切都統之於「天」，「天」與「人」之間互動互感，在後世看來「舍人事而言性天」，是難以理解之事，喟歎其「不得而知之矣」。然而，漢恰恰是將一切皆歸之於「天」，「人道」被「天道」所籠罩的時代。而這一理論的完善與鼓吹者正是董仲舒，是他使得先秦思想發生了一大轉折，徐復觀評價道：「（天意識）伸向學術、政治、人生的每一個角落，完成了天

〔註27〕蘇輿撰，鍾哲點校：《春秋繁露義證》，中華書局，1992年，第95頁。

的哲學大系統，以形成漢代思想的特性。」〔註 28〕而這種思想意識落實到具體的知識層面，則主要是以《公羊春秋》爲基礎，附會與整合陰陽五行等理論，在向「天」而去的理論進路中，使得「人」及「人世間」的一切都賦予了深刻的「天意」。《漢書・五行志上》說：「董仲舒治《公羊春秋》，始推陰陽，爲儒者宗。」總之《春秋》早已被董氏改造得沾滿了天意及陰陽五行等元素，而這也正是《春秋》及董仲舒獲得思想地位的知識保障。由此，《春秋》在最終統攝整個儒學及經學系統中，被改造爲推「人事」以見「天意」的著述，質言之，它成爲了一部至高的「天書」。

所以，董仲舒思想中很突出的一點在於，他以《春秋》爲載體，祭出了讓君王可畏之物——天，並將「天意」久久地籠罩在皇權之上，成爲了至高的力量。也所以，我們看到，在《天人三策》中，一開始他就警告君王：「臣謹按《春秋》之中，視前世已行之事，以觀天人相與之際，甚可畏也。」〔註29〕就本論題出發，可注意的是，所謂「前世已行之事」，屬於《春秋》記載範圍，它本是人事範圍，但因其天人感應的學術路向，遂與「天」發生了關係，在這種「天人相與」的過程中，「人事」與「天道」合二爲一。而這樣，《春秋》這部書就不僅僅是「人道之極」，更體現著「天」的意志，它代「天」立規則，帝王們必須遵循之。《春秋繁露・三代改制質文》說：「故《春秋》應天作新王之事。」

由此，「辭」或「修辭」就不是簡單的語詞問題了，它由聖人體察天意之後所發，簡言之，「天意」與「聖意」貫注於《春秋》之辭上。所以《春秋繁露・楚莊王》說：「《春秋》之道，奉天而法古。」《精華》則曰：「今《春秋》之爲學也，道往而明來者也。然而其辭，體天之微，故難知也。」

總之，從「辭達」到「無達辭」，董仲舒堅持和發展了孔子的「辭論」，在極具靈活和辯證的思維下，既突出了《春秋》文本的特殊性，也更爲自己後面的理論發揮，打下了堅實的知識基礎。

四、繼承中的發展：「《春秋》之辭」的知識承接與時代要求

董仲舒在「無達辭」及由此而來的「辭論」方面的論述，皆可謂有本有源，質言之，它們是繼承中的發展。但查考其思想軌跡，又可以發現，他的

〔註28〕徐復觀：《兩漢思想史》第二卷，第 182 頁。
〔註29〕《漢書》卷 56《董仲舒傳》，第 2498 頁。

各種論述同時也都帶有深深的時代烙印，而且有很大一部份是有意爲之。對於這樣一位學以致用的一代宗師，對其所作的考察，就不能僅限於其對知識資源的承接，他如何在「納故」中完成「開新」，就成爲不可不察的問題。筆者以爲，董仲舒有一個極爲顯著的思想特色，那就是，在時代要求下，能將「開新」與「納故」很好地融彙在一起，最終構成一個統一的整體。在這樣的知識體系中，「故」與「新」互爲依存，互爲作用，從一定意義上來說，察「故」必見「新」，循「新」必有「故」。下面，就以「無達辭」及「辭論」爲切入口，從董仲舒的知識承接中去看他的思想新發展。

總的來說，董仲舒之「新」，主要從《公羊》學說中承接與發展而來。然而，更少爲人知的是，自孔子以下，《周易》、《詩經》及孟學的思維方式及知識理路對其影響也較大。就本論題來看，前者主要體現於，在解讀《春秋》「事義」時，循著《公羊》理路，董氏切合時代特點，加上自己的理解，不僅潛在地改造了若干理念，而且表達著自己的微意。而後者則主要是在探求《春秋》解讀路徑和方法中，吸納了相關理念，並融彙於自己的「天人之說」系統中。

我們先看前者。由前已知，在董仲舒看來，按照「事」的變化來定「辭」，是《春秋》的重要特點。但是，如果結論僅止於此，則董氏不過是對前說加以必要的引申而已，獨特性並不顯著。對於「事」之微妙難知，董仲舒還考量了孔子的時代環境，從記「事」者的角度去思考：爲何「事」有變，「辭」有微。按照這樣的思路，《春秋》之「事」難知，除了它本身的性質使然，在很大程度上更是撰作者在用「辭」方面有意爲之。關於這一點，《公羊傳》閔公元年早已指出：「《春秋》爲尊者諱，爲親者諱，爲賢者諱。」要之，這種「曲筆」，因用「辭」之巧妙，使得「事」變得隱晦起來。毫無疑問，這種解說路徑，是接續《公羊》而來，本無足深論。但在引申過程中，董仲舒卻借鑒《春秋》筆法，以當下之眼解讀《春秋》之「辭」，將自己的「微言大義」深埋於《春秋》「微言大義」之後，最終跳出了先秦的思想氛圍，打上了自己那個時代的烙印。

要瞭解這一點，可以通過《春秋繁露·楚莊王》中的相關論述來加以討論。在此篇中，董仲舒接續《公羊傳》哀公十四年所謂的「所見異辭，所聞異辭，所傳聞異辭」加以發揮，提出，《春秋》所載的「十二世」分爲「三等」，即所謂：「有見，有聞，有傳聞」，而「所見世」，爲孔子身處其間的「哀、定、

昭」時代。他認爲，《春秋》「微辭」主要就見於在這一時期，並論述道：

> 義不訕上，智不危身，故遠者以義諱，近者以智畏，畏與義兼，
> 則世逾近，而言逾謹矣，此定、哀之所以微其辭。以故用則天下平，
> 不用則安其身，《春秋》之道也。

在董仲舒看起來，孔子所在的「定、哀時代」「微辭」最多，原因在於兩點：
尊上和保身，即所謂「義不訕上，智不危身」。就是對於君上要極端尊重，不
能直接指斥，故而只能以「微言」來曲折表達自己的意見，從而保證不受到
迫害甚至是生命危險。必須指出的是，此處明顯帶有董氏時代的思維，與先
秦的歷史環境頗有差距。先從「訕上」說起，「訕」，《說文》曰：「謗也。」
而「謗」則頗有惡語言之，不符事實的意味。《說文》解爲：「毀也。」段注
曰：「大言之隱其實。」需注意的是，「訕」與「謗」所帶有的惡意傾向，在
先秦時期並沒有那麼嚴重，說到底，它只是一種令人不快的非議，而且頗具
民間性，如《論語·陽貨》曰：「惡居下流而訕上者」；《國語·周語上》載：
「厲王虐，國人謗王。」但至秦漢之後，隨著帝制權威的加強，「訕」與「謗」
不僅不可以隨意出之，甚至成爲了一種國家罪名，只要是對「上」，尤其是帝
王有任何意見，就可能會被視爲大逆不道的「訕謗」，它開啓於秦「焚書坑儒」
之後，一度成爲滅族的大罪。〔註30〕漢文帝時代，所謂的「誹謗妖言之罪」
被正式解除，但武帝時，隨著皇權的再度加強，不僅恢復了這一嚴酷刑法，
甚至有過之而無不及，出現了「腹誹之法」，在這樣的高壓態勢下，士人官員
多噤若寒蟬，不敢非議政治，出現了「公卿大夫多謟諛取容矣」的可悲局面。
〔註31〕循著這種政治理路，在漢代，「訕上」成爲罪不容赦，敏感之至的罪行。
〔註32〕反映著專制主義對言論的管控得以加強，及以言定罪的走向。

　　而反觀孔子以來的春秋戰國時代，卻並非如此。儒生雖對君上有著尊重
的一面，但與此同時，「譏刺」也是一種常態。哪怕是講求「溫柔敦厚」的《詩
經》，也頗有諷喻。《毛詩序》云：「上以風化下，下以風刺上」，「言之者無罪，

〔註30〕《史記·秦始皇本紀》載：「異取以爲高，率群下以造謗。」《史記·高祖本
　　　　紀》：「父老苦秦苛法久矣，誹謗者族。」
〔註31〕《史記》卷10《孝文本紀》，第423～424頁。卷30《平準書》，第1434頁。
〔註32〕如《漢書·王尊傳》載：「御史大夫中奏尊暴虐不改，外爲大言，倨嫚姍（訕）
　　　　上，威信日廢，不宜備位九卿。尊坐免。」《漢書·宣元六王傳·淮陽憲王劉
　　　　欽》載：「有司奏王，王舅張博數遺王書，非毀政治，謗訕天子，……悖逆無
　　　　道，……罪至不赦。」

聞之者足戒。」只不過這種譏刺一般是在溫良恭謹的態度下進行，下對上的諫言，儒家從不反對，反對的只是「訕」的這種態度，所以一方面是「惡居下流而訕上者」，另一方面則有《荀子‧大略》所言的：「爲人臣下者，有諫而無訕。」請注意，《春秋》所謂的譏刺，態度是中正嚴肅的，所以，它是「刺」、是「諫」，而不可能是「訕」。也就是說，在儒家看起來下對上提意見，只要是正確的，不僅允許，而且值得讚賞。也所以，《左傳》襄公三十一年載有「子產不毀鄉校」，特別標舉子產的態度：「其所善者，吾則行之；其所惡者，吾則改之。」而孔子則對此不吝贊詞道：「以是觀之，人謂子產不仁，吾不信也。」由此，《春秋》秉持「大義」而定「微辭」，與「訕上」根本是兩回事。更何況所謂的「智不危身」，在孔子時代更是毫無依據之論。因爲在當時，孔子所作爲私人著作，加之春秋以來寬鬆的文化環境及晚年所具有的崇高地位，孔子作《春秋》根本不存在危險。退一步來說，即使魯國國君有所不滿，但《春秋》所記，很多並非魯事，對孔子而言，有何危險可言呢？

　　一代大儒董仲舒不可能不明白這些事實。要之，孔子修《春秋》時，還處在相對開明的政治環境中，動輒被指斥爲「訕上」，並因此而「危身」，分明是帝制時代的景況，而漢武帝時代尤甚。所以，在「《春秋》無達辭」的背後，就不僅僅只有春秋時代，更重要的是，在解讀中，它的隱含焦點實質是在當下。使用「訕上」這樣一種敏感的詞彙，在當時，人們所能想到的大概不是春秋，而是當下。簡言之，「訕上」，完全與董仲舒時代的情勢相合拍，這是一個「勢」開始壓迫「道」的時代。

　　在這樣環境下，毫無疑問，董氏這樣的理論闡釋有著對專制主義的某種退讓。有學者對此表示了不滿，認爲，與春秋戰國時代的「道高於勢」相比，它「對先秦以來儒家學術傳統在理論上進行了修正，對儒生的社會角色予以新的定位，」呈現出對專制政治的「奴僕化」一面。〔註33〕這種觀察視角，自然有其道理。但是，董氏對專制政治的退讓，也是勢之所迫。在春秋戰國時代，士人們之所以可以俯視君王，不完全由那個時代的士節、士氣所決定，更在於當時的政治環境爲此提供了必要條件。質言之，列國紛爭之下，士大夫們遊走於君王諸侯之間，有著相當大的自由與空間，而君王們爲了爭霸圖存，亦不得不放下姿態，禮賢下士。而自秦漢以來，大一統的專制帝國日漸

〔註33〕臧知非：《「義不訕上，智不畏身」發微——董仲舒春秋公羊學與漢代儒生的人格蛻變》，《蘇州大學學報》（哲社版）2000 年第 4 期，第 76 頁。

成立，統一的政治權威無所不在，高度的中央集權日益收奪各種資源，對士人的管制及學術的統一，成爲勢之所趨。在這樣的背景下，學術如何協調與專制政治的關係，成爲了當時極爲關鍵的文化命題。

毫無疑問，董仲舒卹論迎合或者說適應了當時帝制政治的需要。但這僅僅只是一面，而且是極爲外顯的一面，內在的一面，則是其對專制皇權加以的限定。在當時的政治生態下，二者之間的平衡，將決定學術的走向與命運。在當時的歷史條件下，董仲舒應該說較好地解決了這一課題，所以，在董學與專制政治之間，我們既要看到退讓的一面，更要看到在新形勢下對皇權進行成功限定的另一面。而其中最爲關鍵與突出的，就是通過災異及天人感應來鉗制皇權，並由此使儒學尤其是《春秋》學，贏得意識形態上的領導地位。

要之，從特定視角來看，董仲舒在解讀《春秋》時，有著明確的目標性，而這一目標的最後關鍵點，則在於通過「《春秋》之道」對皇權及專制權力加以限定。這樣的話，「《春秋》之道」必然溢出「事義」的範圍，就論題所及，下面我們主要看看以《春秋》爲基礎，在建構「天人之說」的過程中，董氏如何移用過去的知識資源，從而融匯出新理念，我們重點考察的是《周易》、《詩經》及孟學等。

由前已知，在董仲舒的「天人之學」中，《春秋》被賦予了神聖的天意。然而，董氏將《春秋》奉爲「天書」，其實是違背了孔子本意的。眾所周知，孔子學說主要以「人道」爲知識基石，對於「天」持保留態度，所以，他「不語怪、力、亂、神」，告誡世人「敬鬼神而遠之」，對於「天」，更爲看重其自然性，認爲：「天何言哉？四時行焉，百物生焉。」〔註34〕可以說，在儒家系統內，董仲舒的天人之說與孔學有著相當的距離。但是，這並不表示董學失去了儒學或經學之根。只是它不內生於《春秋》之中，而是主要從《易》學中移用而來。

那麼，由本論題出發，「《春秋》無達辭」中有哪些《易》學方面的影響呢？

首先，是變常關係及「天道」與「人事」之間的相互感應。從《周易·繫辭下》所謂的「爲道也累遷，變動不居」，「上下無常」，「唯變所適」等理念上，可以看到，「從變從義，一以奉天」與其思想脈路隱隱相通。此外，《繫辭上》說：「天垂象，見吉凶。」從某種意義上看，董氏的「天人感應」就直

〔註34〕分見《論語》之《述而》、《雍也》、《陽貨》篇。

接來自於此並發揮之。所以，有研究者指出，董氏《春秋》學深受《周易》變通思想的影響，尤為重要的是，「《易傳》的天人合一思想和貫通三才之道的天地人一體觀及推天道以明人事的整體思想方式，在董仲舒那裏得到很好的繼承和進一步發揮。」〔註35〕

其次，在天人合一的闡釋過程中，《周易》特別重視「辭」所傳達的微意，這一點直接影響了董氏「辭論」。《繫辭上》在論述「聖人之道」時，特別指出：「以言者尚其辭，以動者尚其變。」《繫辭下》則說：「聖人之情見乎辭。」也就是說，在《易》學系統內，「辭」有著傳達天意及聖人之情的作用。再質言之，聖人通過體察天道與時變，在天人相與之中，將這種微意通過「辭」加以傳達，理解了「辭」，才可理解這種天人之際。倘比較一下「以言者尚其辭，以動者尚其變。」與《春秋繁露・玉杯》中的「《春秋》修本末之義，達變故之應。」可以發現，二者頗為相應。所謂「達變故之應」就是「尚變」，「而修本末之義」就論題來看，也應落實在「修辭」之上，這一點與《周易》的指向也是契合的，所以《文言傳》曰：「修辭立其誠。」

然而，《易》學雖對「天人感應」及「辭」的作用，有著重要的理論提示。但對《春秋》用「辭」的具體解讀，董仲舒則主要受著《詩經》學及孟學的影響，簡言之，具體的解讀路徑來自於此並發揮之。我們注意到，無論是《尚書・堯典》中的「詩言志」，還是《論語・為政》中的「思無邪」，反映在早期詩學中，在對《詩經》的解讀中，特別注意其內在之志，而《孟子・萬章上》所云：「說《詩》者，不以文害辭，不以辭害志，以意逆志，是為得之。」更是成為解讀《詩經》時，極為著名的論斷。尤為重要的是，這種將心比心的換位態度，貫穿於孟子的整個學術思維中，趙岐在《孟子題辭》中指出：「斯言殆欲使後人深求其意，以解其文，不但施之於說《詩》也。」〔註36〕我們還知道，孟子是最早暗示孔子作《春秋》含有「微言大義」的學者，而且指示我們，要理解這「微言大義」，就必須一窺孔子心志。〔註37〕所以《孟子・滕文公下》引孔子之言道：「知我者其惟春秋乎？！罪我者其惟春秋乎？！」而在《離婁下》則又有言：「《詩》亡然後《春秋》

〔註35〕張濤：《秦漢易學思想研究》，中華書局，2005年，第92、87頁。

〔註36〕焦循撰，沈文倬點校：《孟子正義》，中華書局，1987年，第18頁。

〔註37〕呂紹綱在《孟子論〈春秋〉》中也指出：「首先指出《春秋》是明義之書的是孟子。」氏著：《庚辰存稿》（上海古籍出版社2000年），第308頁。

作。」要言之，孟子是最早將《詩經》與《春秋》聯繫在一起的學者，並且將「以意逆志」的解詩方式用來解讀《春秋》，其中最爲關鍵的，是對《春秋》背後的心志加以探求。

　　過去，在解讀孟子所謂「不以文害辭，不以辭害志，以意逆志」時，我們常常著眼於文學視角，將「文」與「辭」基本等同起來。朱熹在《四書集注》中說：「文，字也；辭，語也。」所以，研究者一般也都認爲：「這裡孟子所說的「文」指用字，「辭」指用字組成的辭句，「志」指作者的動機和心志，「意」指讀者的看法和體會。孟子的意思是要求讀者認眞玩味原詩的字、詞、句子和篇章，從而去體會作者的原意，而不是死摳詞句，死板地解釋字面的文義。」〔註38〕但事實上，在孟學中，《春秋》一樣可以通過「以意逆志」去加以探求，它是不可能像詩歌那樣，在意義上具備不確定性。所以，倘跳出文學思維，可以發現，這其中更多的其實是哲學命題。我們知道，孔、孟特別強調「志」對於人的作用，《論語·子罕》曰：「三軍可奪帥，匹夫不可奪志也。」《孟子·盡心上》則對士人提出「尙志」的要求。那麼，「志」如何傳達出來呢？「言」爲重要手段，所謂的「詩言志」應該就是從這一思路中加以發展而來。而作爲規整嚴謹的「辭」是傳達心志的重要的手段，那麼，孟子所謂的「不以辭害志」，也即是在說，「辭」要恰如其分地傳達心志，在這一層面上，「辭」是服務於「志」的，必要時，可以棄「辭」而從「志」，《春秋繁露·竹林》所謂的：「見其指者，不任其辭，不任其辭，然後可與適道矣。」就是由此發展而來。一般來說，「辭」既然更爲規整嚴謹，那就必然是經過了加工修飾的，也就有了所謂的「修辭」。

　　而這種「修辭」主要表現在兩個層面，宋儒王應麟指出：「修其內則爲誠，修其外則爲巧言。」〔註39〕我們先從「外」說起。就外在而言，「修辭」當然就是「修」文字，它修的是「文」，也即是，使表達更爲規範，有一定辭藻，不這樣的話，就沒有表現力。所以《左傳》襄公二十五年引孔子之言道：「《志》有之：『言以足志，文以足言。』不言，誰知其志？言之無文，行而不遠。」由「言以足志」，可以知道，「辭」即是「言」，但因爲是「文以足言」，此「言」就不是一般的「言」，而是經過整理加工的「文言」，也所以，「修辭立其誠」出自於《文言》，就絕非偶然。簡言之，「辭」就是「文言」。「辭」要求進行

〔註38〕洪湛侯：《詩經學史》，第80頁。

〔註39〕王應麟撰、孫通海點校：《困學紀聞》，遼寧教育出版社，1998年，第1頁。

「文」方面的加工，是當時的著述通例。那麼，由此再來反觀「不以文害辭」，筆者以為，此「文」非指文字，而是指用詞藻進行修飾。也即是說，孟子所言，是要求在解讀《詩》的過程中，不被外在的詞藻所遮蔽，要看到「辭」的本來面目。倘以文學史上的「質文之辯」加以解讀，那就是，「辭」雖需「文」的潤飾，但終究以「質」為本，「文」以不超過「質」為限。所以，孔子一方面有「情慾信，辭欲巧」的闡釋，另一方面更以「辭達」為尺度，反對「巧言令色」，〔註40〕這裡面充滿了辯證法。

　　然而，「言以足志，文以足言」，所以「修辭」不僅要由「文」及「質」，更要由「言」而及「志」，那麼，「修辭」的內在層面，就應該是對「質」的修正，由「誠」而見「質」。這不僅關係到某段具體辭句的理解，更是「天人之道」的要求。我們注意到，戰國以來的儒家選定了「誠」這一重要概念，作為溝通天人的精神橋梁，《中庸》說：「誠者，天之道也；誠之者，人之道也。誠者，不勉而中，不思而得，從容中道，聖人也。誠之者，擇善而固執之者也。」《孟子・離婁上》則說：「誠者，天之道也；思誠者，人之道也。至誠而不動者，未之有也；不誠，未有能動者也。」按照這樣的思路，「誠」最能體現天人之道，「誠」能感天，與天同意，但能契合與自覺體會它的，卻只有聖人。毫無疑問，《春秋》作為「奉天法古」之作，其內在精神就是「誠」，而要展現出這種「誠」，「辭」則成為關鍵點，這也就是《周易》中所謂的「修辭立其誠」了。

　　「誠」從哪裡來？由內在心志而發。也就是說，「辭」必須與心志的內在之「誠」相契合，然後發之於外，「誠」褒之，「不誠」貶之，從而構成《春秋》的褒貶之辭。這樣，內在心志如何，最終成為了定辭的關鍵，《春秋繁露・玉杯》說：「《春秋》之論事，莫重乎志。」但「志」是微妙無形的，故而在解讀《春秋》的過程中，董仲舒反其路徑，由外而內，以有形之「事」，見無形之「志」，遂形成前已言之的「察外見內」的闡釋路向。

　　董仲舒接續與整合這些思想，對於「誠」與「質」，及與「心志」之間的關係，給予了特別的重視。這一思想，主要反映在《春秋繁露・玉杯》的相關論述中：

　　　　《春秋》之論事，莫重於志。……志為質，物為文，文著於質，

───────────────
〔註40〕分別見於《禮記・表記》、《論語・學而》。

質不居文，文安施質；質文兩備，然後其禮成；文質偏行，不得有
我爾之名；俱不能備，而偏行之，寧有質而無文，……然則《春秋》
之序道也，先質而後文，右志而左物。故曰：「禮云禮云，玉帛云乎
哉！」推而前之，亦宜曰：朝雲朝雲，辭令云乎哉！「樂云樂云，
鐘鼓云乎哉！」引而後之，亦宜曰：喪云喪云，衣服云乎哉！是故
孔子立新王之道，明其貴志以反和，見其好誠以滅僞。

我們注意到，在董氏看來，「質」比「文」更重要，其原因在於「文」煩，則
易生「僞」，表現在「禮文」之中，容易異化爲「玉帛」、「辭令」、「衣服」等
外在形式載體，從而失去了「質」這一基本面。而「質」又是什麼呢？就是
「心志」，但人的心志往往被遮蔽，只有「誠」，才能去其外在的遮蔽文飾之
物，以見其「質」之本心。所以董氏明確指出：「志爲質」，「貴志」即是「好
誠」。也所以，「修辭立其誠」，就在於觀察《春秋》之事時，體察到「事」之
後的「心志」，看其是至誠，還是被「文」飾，然後再據此以下判定，完成「《春
秋》之辭」。我們看到，在《玉杯》中，董仲舒以趙盾之事爲例，來說明用「辭」
的變化，「辭」雖隨「事」而變，但實則觀察的是「事」後面的心志之「誠」，
他說：「今案盾事，而觀其心，願而不刑，合而信之，非篡弒之鄰也，按盾辭
號乎天，苟內不誠，安能如是？」我們還注意到，《玉杯》中表示：「《詩》道
志，故長於質。」這就與一般所謂說《詩》者注重於「文」不同，其著眼點
應該在於「詩言志」的特性，而在這些相關論述中，《詩》與《春秋》被歸爲
了同類，以「質」爲本，也所以，在提出「察外見內」的「辭論」方法時，
董仲舒先引《詩》云：「他人有心，予忖度之。」然後論述道：「此言物莫無
鄰，察視其外，可以見其內也。」

　　要之，從一定意義上來說，「修辭」就是「修誠」，與外在的文辭修訂不
同，它是一種內向性的修正。而特別重要的是，正是在這一過程中，可達到
以「誠」見「心」，溝通天人的境界。由前已知，在董氏看來，以「心志」爲
本，可以達到「貴志以反和，見其好誠以滅僞」的境界，從而爲「新王之道」
打下基礎。但我們還知道，在天人感應的理論氛圍下，「心志」並不完全屬於
「人道」，「天道」亦有「心志」。只是，此前這種「天心」的典籍載體在於《詩》
與《易》，如《詩緯》引孔子之言道：「《詩》者，天地之心。」〔註41〕《易》

〔註41〕趙在翰輯，鍾肇鵬、蕭文郁點校：《七緯》，第627頁。

復卦《象傳》曰：「復其見天地之心乎。」作爲以敘事爲特點的《春秋》，本沒有這一特性，但最終由董仲舒將這一內容添加了上去。在《俞序》中，董仲舒不僅提出了《春秋》具有「天心」的問題，而且更指出，王者要以此爲「心」，「王心」好仁，實質上也就與「天心」等同了。從此，在漢代思想界，《詩》、《易》、《春秋》開始並論爲上考「天心」，下言「王道」的典籍，《漢書·翼奉傳》載：「《易》有陰陽，《詩》有五際，《春秋》有災異，皆列終始，推得失，考天心，以言王道之安危。」這種天人路數，很顯然，就應該來自於董仲舒。

總之，在董仲舒看來，所謂心志之「誠」，絕不是人所獨有。在他的天人之說中，「人志」與「天志」，「人心」與「天心」是相互感應的，它們本可以統一。「人志」與「人心」在本質上與「天心」、「天志」沒有什麼不同，但因「誠」的失去，往往被外在「物」或「文」所遮蔽，變得「不正」而「僞」，《大學》說：「意誠而後心正。」「所謂誠其意者，毋自欺也。」這樣從某種意義上來說，《春秋》所謂的「撥亂反諸正」，也可以解讀爲，撥去「僞」、「文」，在以見其「誠」的過程中，見其本心，從而與「天心」、「天志」相統一。但由於「天」高於「人」，「人」遂從屬於「天」，而「人」之中君王作爲最高代表，更是要體察「天心」。《春秋繁露·玉杯》歸納道：「《春秋》之法：以人隨君，以君隨天。」《楚莊王》則說：「不敢不順天志。」而這又爲以「天」壓制「君王」提供了理論基礎。

毫無疑問，董仲舒的「天人之說」是一個精緻複雜的思想體系，我們無意對此展開深入的討論，而且也無法在這一論題內，完全把握住它的精髓。我們要做的，不過是藉此以說明，「《春秋》之辭」在這種天人之學中佔據了獨特的地位，從一定意義上來說，它已被董仲舒改造爲解讀「天意」的密碼。而董氏的所思所爲，既是對傳統知識淵源的承接與發展，同時，也是時代的要求與呼應。他跳不出歷史，他代表了歷史的階段。

五、結論

在本文中，筆者以「《春秋》無達辭」爲切入口，重點對這一概念的內在理路及外在情勢作了一個初步的分析，探尋了其知識生成的邏輯過程，並由此對董氏《春秋》學中的「辭論」問題展開了討論。希望以這一個案的研究，從一個側面來揭示董氏《春秋》學及董學的一些個性特點。筆者以爲，

　　一、在董氏《春秋》學中,《春秋》「辭論」是不可忽略的首要環節。董仲舒以「《春秋》之辭」爲起點與基點,由文字而探尋褒貶所在,由「辭」而見事,由「事」而見「義」,圍繞著《春秋》大義,極盡筆法之微妙,並將己意打通並貫注於《春秋》之中。而這其中,「《春秋》無達辭」是「辭論」的靈魂所在,「《春秋》之辭」由此獲得了靈動的知識品質,成爲解讀經義的基本元素。更重要的是,在突破文字原有限定的前提下,更可通過「六經注我」,在「文辭」的引申中,將自己的主觀意見納入《春秋》系統。

　　二、「《春秋》無達辭」不是董仲舒的個人創造,它來自於《公羊傳》的最初定型時期。那時,正值《公羊傳》由口傳向著於竹帛,寫爲定本進行轉換。「《春秋》無達辭」作爲口傳之文,是董仲舒基於自己的學術立場而加以選定的。董氏摒棄了「無通義」之說,反映了在他心目中,《春秋》之「義」在形態上雖有常、有變,但在本質上,「大道」、「大義」卻不可隨意融通,唯有「辭」在圍繞著「事義」加以展開時,可變化萬千,故有「達辭」、「通辭」,而絕不承認有「通義」。

　　三、從「辭達」到「無達辭」,董仲舒不僅通過「文約而法明」,堅持了用「辭」中的簡約性,更重要的是,在「達義」的基礎上,發展了孔子的「辭論」。在對《春秋》文本賦予特殊性的過程中,《春秋》之「事」具有了無所不包及靈活多變的意義,並且人間意義與天意之間有了互動互感,從而在其天人之學中,將《春秋》改造爲最可依憑的基本文本。這樣,「《春秋》之辭」理所當然地變得難知與微妙起來,並成爲了「天意」所寄,及理解「天人相與」的重要根據,「無達辭」由此而順理成章。

　　四、在「《春秋》無達辭」背後,一方面既有著儒學及經學的知識源泉,董氏由「舊義」開出「新說」。另一方面,又在時代要求下,潛在地加上了自己的新內容。前者主要體現在,不僅對《公羊》學說有著直接的承接與發展,而且自孔子以下,吸納《周易》、《詩經》及孟學的思維方式及知識理路,使得董氏《春秋》學內涵廣博、融彙各家。而後者則是在解讀《春秋》「事義」時,不僅潛在地改造了若干理念,表達著自己的新「微言」,而且在探求《春秋》解讀路徑和方法中,吸納相關理念,融於自己的「天人之說」系統中。

　　以上所論,是否正確,筆者不敢自信。我們的意圖是,以一個特定視角作爲切入口,通過一種以小見大的研究,進入到董學的內在理論系統中,以

知識史的路徑來對其思想作一管窺。希望我們的這一工作，能拋磚引玉，進一步推進董學研究的發展與深入。

　　原稿提交於衡水學院、河北省董仲舒研究會主辦的「2015 董仲舒思想國際高端學術論壇」（2015 年 4 月 15～16 日），後收錄於魏彥紅主編：《董仲舒與儒學研究（第 4 輯）》，巴蜀書社 2015 年。

《尚書》學與光武朝政治

一、問題的提出：光武朝重《尚書》學

翻檢史籍，可見一重要歷史事實：《尚書》學在光武朝地位顯赫，倍受重視。

此觀點的成立，不僅體現於《尚書》學贏得了官方的禮遇和尊重，更在於這一學科深入參與了當時的政治生活，對東漢以來的政治發展及走向產生了重要影響。試從四方面加以論定：

一、國之大典中，《尚書》學作用顯著。中國古人重視典制，君臨天下，必有大典，國家禮典的成立與規範，往往與合法性相提並論。這一點在漢代並無例外，所謂「王者功成作樂，治定制禮。」〔註1〕重視禮制大典，已成為漢人的共識。然而，自「漢承秦制」以來，漢家就禮典缺乏，〔註2〕制禮問題成為了兩漢政治生活中的一道難題，一方面要表現王者氣度，非重視大典不可；另一方面，沒有現成的禮典可用，只得按照經典，結合現實，自行摸索。在當時，「制禮作樂」所依憑的經典為儒家的經學典籍，而選擇以何種經書為主則在一定程度上反映著國家意志。

〔註1〕 《史記》卷二四《樂書》，北京，中華書局點校本，1959年，第1193頁；《白虎通》卷三《禮樂》「太平乃制禮樂」章，陳立撰，吳則虞點校：《白虎通疏證》，北京，中華書局，1994年，第93頁。

〔註2〕 范曄在《後漢書·曹褒傳》（北京，中華書局點校本，1965年）中曾評價道：「漢初天下創定，朝制無文，叔孫通頗採經禮，參酌秦法，雖適物觀時，有救崩敝，然先王之容典蓋多闕矣。」

在劉秀時代，三次典禮最爲重要，一是即皇帝位；二是封禪；三是駕崩。建武元年（公元 25 年）六月，劉秀即帝位於鄗，據《後漢書·光武帝紀上》，大典儀式爲：「燔燎告天，禋於六宗，望於群神。」其依據來自於《尚書·堯典》：「肆類於上帝，禋於六宗，望於山川，偏於群神。」中元元年（公元 56 年），帝國最神聖的封禪儀式在泰山舉行，劉秀再次根據《尚書》文義，「東巡狩，至於岱宗，柴。班於群神，遂覲東后」，並頗有用意地將儀式選定在二月進行。〔註3〕至於東漢的皇帝大喪禮，《續漢書·禮儀志下》載道：

> 三公奏《尚書·顧命》，太子即日即天子位於柩前，請天子即皇
> 帝位，皇后爲皇太后。奏可。

作爲國之重典，大喪禮應在劉秀生前就作出了安排，而這一次，則是《尚書·顧命》篇在其間扮演了重要角色。概言之，在劉秀時代，《尚書》是極爲重要的典制依據，在最重大的禮典上，幾乎都有著它的影子。

二、在光武朝的意識形態建構中，《尚書》學處於核心地位。劉秀帝國的指導思想是什麼？這一問題見仁見智，可先置而勿論。但其間有兩大要素爲學界所公認，一是讖緯思想；二是「柔道」，它們都與《尚書》學關係密切。

劉秀得天下和治天下時，都充分運用了讖緯，並明確表示，國之大事要「以讖決之」〔註4〕，故而有學者說：「到了東漢時，讖緯神學成爲統治者所崇奉的指導思想。」〔註5〕然而讖緯畢竟神秘不經，缺少可信度，時人直陳其「非聖人所作」〔註6〕，這就逼使得讖緯必須依憑於眞正的「聖作」——經書之上，才能擁有理論合法性。東漢時代的讖緯以《河圖》、《洛書》爲核心，劉秀向天下明確宣告：「皇帝唯愼《河圖》、《雒書》正文。」〔註7〕於是，一個至關重要的問題浮出了水面，作爲意識形態核心的河洛之學，主要依憑於什麼經書呢？

〔註3〕 《續漢書·祭祀志上》，《後漢書》，第 3165 頁。其典出《堯典》：「東巡守，至於岱宗，柴。望秩於山川，肆覲東后。」《祭祀志上》李賢注云：「欲及二月者，《虞書》：『歲二月，東巡狩，至於岱宗，柴。』」（第 3164 頁）此處所言的《虞書》，就是《尚書》中的《堯典》篇。又，上述兩次大典雖沿用西漢故事而稍有變化，但典儀中對《尚書》之重視，卻是歷歷可見，毋庸置疑。
〔註4〕 《後漢書》卷二八上《桓譚傳》，第 961 頁。
〔註5〕 鍾肇鵬：《讖緯論略》，瀋陽，遼寧教育出版社，1991 年，第 150 頁。
〔註6〕 《後漢書》卷七九上《儒林列傳上·尹敏》，第 2558 頁。
〔註7〕 《續漢書·祭祀志上》，《後漢書》第 3166 頁。

　　答案是《尚書》。在諸多經書中，《尚書》與河洛之學關係最深。陳槃指出：「方士之《河圖》與《洛書》，已名異實同」，爲「載帝王之階，及江河、山川，州界分野之類是也。」〔註8〕這種「帝王之階，及江河、山川，州界分野之類」的內容，恰恰是《尚書》學的核心。而在具體內容的闡釋上，河圖、洛書也多由《尚書》中的《洪範》、《顧命》等篇章加以申論而來。〔註9〕可以說，河、洛之學主要借助於《尚書》，才得以成立。不僅如此，建武年間，尹敏受命整理讖緯，史載，尹氏「初習《歐陽尚書》，後受《古文》，兼善《毛詩》、《穀梁》、《左氏春秋》。」「帝以敏博通經記，令校圖讖。」〔註10〕這裡有兩點值得我們注意：一是尹敏「博通經記」，經學修養深厚；二是《尚書》學爲其學術根基。這又正可說明，劉秀時代對於讖緯合法性的改造中，極看重經學中的《尚書》學，尹敏獲派絕非偶然。

　　至於「柔道」，是劉秀自陳的「理天下之道」，據《後漢書·光武帝紀下》，劉秀對宗室諸母說：「吾理天下，亦欲以柔道行之。」學界多認爲，柔道「反映了劉秀治國爲政的基本精神。」〔註11〕毫無疑問，「柔道」是光武政治中一個重要的思想主題。它的淵源及具體表現極爲複雜，但不可否認的事實是，它與《尚書》學存在著關聯，有學者曾認爲，「柔道」的學術背景就存於《尚書·洪範》中，並由此推斷道：「光武帝治術出於《尚書》。」〔註12〕總之，在東漢初年意識形態的建構中，就經學的參與來說，《尚書》當仁不讓地處於核心地帶。

　　三、自劉秀立國以來，帝王教育中首重《尚書》學。《尚書》，尤其是今文歐陽家《尚書》，成爲了帝王的專學，有學者指出：

　　　　東漢各帝都習歐陽《尚書》，東漢共十四帝，裏面在位一年以下
　　的，共有沖帝、北鄉侯、殤帝、質帝、少帝，其餘九帝，除桓、獻

〔註8〕陳槃：《古讖緯研討及其書錄解題》，臺北，國立編譯館出版，1991年，第120頁。

〔註9〕當然，河洛之學不僅僅只與《尚書》有關，如《周易》也是主要的經學資源，班固就按照劉歆的理論，認爲《河圖》、《洛書》存於《周易》及《尚書·洪範》篇中（《漢書·五行志上》：「劉歆以爲虙羲氏繼天而王，受《河圖》，則而畫之，八卦是也；禹治洪水，賜《雒書》，法而陳之，《洪範》是也。」）今只就論題所及，專門討論《尚書》學問題。

〔註10〕《後漢書》卷七九上《儒林列傳上·尹敏》，第2558頁。

〔註11〕黃留珠：《劉秀傳》，北京，人民出版社，2003年，第269頁。

〔註12〕衛廣來：《漢魏晉皇權嬗代》，太原，書海出版社，2002年，第14、33頁。

二帝本紀未載習《尚書》和光武所習《尚書》不詳何家外，明、章、

和、安、順、靈六帝都習歐陽《尚書》。〔註13〕

由上可知，東漢諸帝，只要是成年並能找得到記載的，皆依《尚書》為學，這一結果深具政治意義，絕非歷史偶然。

此種局面的形成，是從劉秀開始的。據《後漢書‧明帝紀》，明帝劉莊原習《春秋》，立為太子後，「師事博士桓榮，學通《尚書》。」明帝轉學《尚書》，是光武朝政治中的重要內容，定立太子之前且不論，劉莊為太子後，博士張佚亦為帝師太傅，不可謂位不高，但其事蹟卻湮沒不聞；施氏《易》大師劉昆於建武二十二年「入授皇太子及諸王小侯」〔註14〕，但也沒有《尚書》家的榮光。徵之於史，不僅桓榮本人地位尊崇，屢獲殊禮，桓氏幾代皆承家學，迭為帝師。此種現象絕非偶然的君臣相得，而足徵光武朝以來，東漢朝廷對《尚書》學的別樣重視。

四、在光武一朝的君臣論政中，《尚書》學佔據了重要地位。在歷史上，劉秀特別喜歡與臣下一起講經論道，這成為了當時政治生活的重要內容。據《後漢書‧光武帝紀下》，劉秀在政務之餘，「數引公卿、郎、將，講論經理，夜分乃寐。」這種頻繁，甚至不捨晝夜的講經活動並非隨性而為，而是重點突出，示範意義巨大，是一項別具意義的政治教育及訓練。《東觀漢記‧光武帝紀》載：

坐則功臣、特進在側，論時政畢，道古行事，次說在家所識鄉

里能吏，次第比類。又道忠臣孝子義夫節士。〔註15〕

以上引文中，「古行事」與「次第比類」是關鍵。以古時的事蹟及典型，與時下作比較，激勵臣下，此即所謂「比類」，它以古事為依託，涵蓋經學與政治兩個層面。而在經書中，《尚書》歷來被認為是政事的最優藍本，司馬遷說：「《書》記先王之事，故長於政。」〔註16〕所以，《尚書》作為「古行事」的淵藪，所謂「忠臣孝子義夫節士」，在此皆可找到對應的歷史樣板。毫無疑問，以「道古行事」為依憑的講經活動中，《尚書》舉足輕重，不可或缺，甚至它就是論政的最主要載體。

〔註13〕蔣善國：《尚書綜述》，上海，上海古籍出版社，1988年，第76頁。

〔註14〕《後漢書》卷七九上《儒林列傳上‧劉昆》，第2550頁。

〔註15〕吳樹平：《東觀漢記校注》，鄭州，中州古籍出版社，1987年，第12頁。

〔註16〕《史記》卷一三〇《太史公自序》，第3296頁。

　　由於此風所及，光武臣子在論及政事之時，即使沒有《尚書》學背景者，也往往明徵暗引，一派雍容。如杜詩為劉秀時代的能吏，不以經學名，卻在奏章中說：「陛下亮成天工，克濟大業……創制大業。」〔註17〕此段典自《尚書》之《堯典》：「惟時亮天工」；《皋陶謨》：「無曠庶官，天工人其代之」，及《盤庚上》：「紹復先王之大業。」含蓄而不失典雅地頌揚了光武為英明的中興之主。不惟如此，郅惲以《韓詩》為太子師，本非《尚書》家，在勸諫劉秀不要貪於遊獵的一封奏章中，也這樣說道：「昔文王不敢槃於遊田，以萬人惟憂。而陛下遠獵山林，夜以繼晝，其如社稷宗廟何？」〔註18〕所用文王之典出於《尚書・無逸》。這些例子的出現應非偶然，習漢史者皆知，漢代文吏以明習法律文書為能，經師、儒生則以守家法為榮，〔註19〕然而，杜詩以文吏出身、郅惲以《韓詩》家身份，皆言《尚書》，《尚書》學在光武時代風盛朝堂可見一斑矣。

　　史載，劉秀早年「受《尚書》，略通大義。」〔註20〕《尚書》是劉秀的經學根基所在，《尚書》學在光武朝的顯赫，於此可尋歷史痕跡。然而，此點卻不足以成為《尚書》學興盛的主要理由，一則劉秀是個理性內斂的帝王，在政治上絕不會因個人喜好而率性為之；二是劉秀的經學從不固守一家，時人評價他「經學博覽」〔註21〕，今人則說：「學專《尚書》而又博覽群經……絕非固守一經的陋儒。」〔註22〕那麼，《尚書》學在光武朝的興盛，自有其深刻的內在原因。而這原因的核心內容則是：劉秀時代的《尚書》學既受政治因素的拉動，又推引著政治的方向，它們絲絲入扣，互依互存，共同建構了光武朝及東漢政治的基本面貌。故而，要全面準確地把握東漢以來的政治發展及走向，這一時期《尚書》學的具體表現就值得我們特別關注，它一方面與光武朝政治有著千絲萬縷的聯繫，諸多歷史關節點隱埋於後，以待史家抉隱勾陳；另一方面，學界對此還沒有展開專題性的論述，〔註23〕研究空間頗大。

〔註17〕《後漢書》卷三一《杜詩傳》，第1095頁。
〔註18〕《後漢書》卷二九《郅惲傳》，第1031頁。
〔註19〕如後漢在察舉之時還特意強調：「諸生試家法，文吏課牋奏。」見《後漢書》卷六一《左雄傳》，第2020頁。
〔註20〕《後漢書》卷一上《光武帝紀上》，第1頁。
〔註21〕《後漢書》卷二四《馬援列傳》，第831頁。
〔註22〕楊天宇：《劉秀與經學》，氏著《經學探研錄》，上海，上海古籍出版社，2004年，第142頁。
〔註23〕對於劉秀時代《尚書》學或經學方面的研究已有不少成果，其中尤以劉起釪：《尚書學史》（訂補本）（北京，中華書局，1989年）、黃復山：《漢代尚書讖

二、帝典與受命：漢家正統重建中的《尚書》學

中元元年（公元 56 年）二月，東漢帝國最神聖的封禪大典在泰山舉行，為了紀念此次盛事，光武帝特刻石記功。在這篇長長的銘文中，劉秀歷數了自己得天下之正當性，是當時最重要的政治宣言，其中一段文字這麼說道：

> 皇天眷顧皇帝，以匹庶受命中興，年二十八載興兵，……在位三十有二年，年六十二。〔註24〕

劉秀告訴天下人，自己二十八歲起兵反莽，奠定帝國基業；三十歲為帝，至今已六十二歲了。這些數據在後漢材料中反覆出現，為習漢史者所熟知，然而，揆之於史，這種說法卻是大有問題的。

據《後漢書·光武帝紀》，劉秀起事於地皇三年（公元 22 年）十月，「起於宛，時年二十八。」出生時間則為「建平元年（公元前 6 年）十二月甲子。」由此推之，劉秀建武元年（公元 25 年）6 月即位，則應是 31 歲，而不是 30 歲。此外，漢晉以來，歷來流傳著劉秀起兵的另一種說法，認為他是在地皇三年的第二年，即公元 23 年正月起兵。〔註25〕如此說成立，則 28 歲起兵一說亦成問題，可謂亂上加亂矣。總之，此種年齡，疑漏之處頗多，是一筆糾纏難清的糊塗賬。清代趙翼注意到了這一問題，但他僅歸之於疏漏，〔註 26〕未及深察。

我們以為，「二十八」、「三十」不是單純的年齡數字，而是一種政治符號。故而，其非「疏漏」，而是有意為之。那麼，是什麼因素促使東漢王朝篡改神聖的帝王年歲呢？答曰：爭政治合法性的需要。它關聯到王朝正統性問題，並與《尚書》學密切相關。

《尚書》學能運用於當時的意識形態中，主要由以下四點所決定：一、儒家思想重堯統。《中庸》說：「仲尼祖述堯舜，憲章文武。」儒家推崇的聖王，其起點為堯，而《尚書》就是從堯開始述作的，在一個崇儒重經的時代，

緯學述》（新北，花木蘭文化出版社，2007 年）、楊天宇：《劉秀與經學》最為重要。然而，就筆者所見，至今尚無學者以《尚書》學為視角來專題討論光武朝政治。

〔註24〕《續漢書·祭祀志上》，第 3166 頁。

〔註25〕《後漢書·光武帝紀上》引《續漢志》曰：「後一年正月，光武起兵舂陵。」文見《續漢書·天文志上》。

〔註26〕〔清〕趙翼：《廿二史劄記》卷四《後漢書間有疏漏處》，王樹民校證：《廿二史劄記校證》，北京，中華書局，1984 年，第 82 頁。

《尚書》學受推崇當在情理之中。二、《尚書》自漢以來就被認爲是帝王的教科書，尤其是《堯典》、《舜典》在漢時合稱「二典」，最具崇高地位，它們，以至於整部《尚書》被稱之爲《帝典》，〔註27〕是否能吻合或效法帝典，成爲了帝國正統合法的重要因素，漢人說：「《書》述唐虞而帝道崇」〔註28〕，「帝典」成爲了帝王之道的重要載籍。三、「漢爲堯後」的理念爲漢室所推崇，而《尚書》記載著堯以來的故事，出於政治需要，重堯就必須重《尚書》。四、天人關係是漢代思想的核心內容，《尚書》學的特別地位，使得它必然與天命、「天文」相關聯。如對於《尚書》的解釋，鄭玄說：「尚者，上也，尊而重之，若天書然，故曰《尚書》。」孔穎達認爲鄭玄「溺於《書緯》」，對於此說不以爲然，〔註29〕然而，如果從歷史角度來看，這或許正是有漢一代的主流認識。更爲重要的是，因《論語・泰伯》中有「唯天爲大，唯堯則之」這樣的話，漢人遂將這種天命論與堯統結合起來，〔註30〕實現了與「漢爲堯後」的溝通，這就更加固了漢家王朝的天命正當性。質言之，就《尚書》學在漢代政治中的功用而言，其關鍵作用在於，可結合天命，爲漢家提供合法正統的經學證明。

徵之史籍，東漢朝廷特別留意於正統之辨。班固《典引》稱：「蓋以膺當天之正統，受克讓之歸運。」饒宗頤說：「可見正統歸運之論，至班氏而愈加奠定。」〔註31〕我們以爲，與其說是班氏愈加奠定此論，倒不如說，這是王朝意識形態的迫切需要。東漢強調正統，自有歷史共性，然而，較之其它王

〔註27〕鄭玄爲《大學》作注說：「帝典，堯典，亦《尚書》篇名。」阮元校刻《十三經注疏》本，北京，中華書局，1980 年影印版，第 1673 頁。

〔註28〕《後漢書》卷十上《皇后紀》，第 426 頁。

〔註29〕《尚書・書序》孔疏引，《十三經注疏》本，第 115 頁。

〔註30〕《宋書・律曆志中》引漢章帝時詔書：「尊堯順孔，奉天之文。」班固《典引》說：「陛下仰監唐典，中述祖則，俯蹈宗軌，恭奉天經，敦睦辨章之化洽。」（《文選》卷四八《符命》，上海，上海古籍出版社，1986 年，第 2163～2164 頁）此處的「天經」，應指《尚書》經，指其位崇如天，並與天相應也，《後漢書》及《文選》注中皆未言及此意。

〔註31〕饒宗頤：《中國史學上之正統論》，上海，上海遠東出版社，1996 年，第 7 頁。傅幹在《王命敘》中列「世祖之興有四」，第一就是「帝皇之正統」。（見嚴可均輯《全後漢文》卷八一，北京，商務印書館，1999 年，第 816 頁）可見東漢對劉秀正統性的重視。又，《漢書・王莽傳》（北京，中華書局點校本，1962 年）贊曰：「餘分閏位，聖王之驅除云爾。」顏注引蘇林曰：「聖王，光武也，爲光武驅除也。」

朝，這一政治任務又顯得特別嚴峻和迫切。因為東漢對於新莽的替代不是簡單的王朝「革命」，而是對西漢舊統的恢復。就法統地位來說，復興漢室的東漢王朝與西漢之間密不可分。沒有以漢高祖為核心的西漢王朝的合法性，東漢則「皮之不存」，這是東漢正統性得以成立的前提。〔註32〕雖說此前也有對於秦朝正與不正的爭論，但西漢之於秦，畢竟是王朝新造，屬「湯武革命」式的運動，而東漢復興，則面臨一個偽朝問題。何為「偽朝」呢？新莽也。歐陽修說：「王莽得漢而天下一，莽不自終其身而漢復興，論者曰偽，宜也。」〔註33〕既明確有「偽」，則「正」與「不正」就顯得尤為重要了。

在這樣的背景下，劉秀要重建漢室正統，面臨著兩大任務亟待解決：一是需昭示天下，自己才是高祖事業的合法繼承人。二是證明漢王朝猶有天命，並根據現實的需要加以整理廓清。前者為劉氏內部的合法性之爭；後者則是漢室對逐鹿異姓的排斥，它們互為依託，缺一不可。下面我們具體言之：

先看前者。劉秀為漢室旁支，在血統上本無強大的競爭力，如何證明自己承接高祖法統呢？其中之一就是必須擁有與高祖類似的天命徵兆，在當時的符命系統中，星象是最為引人注目的一大要素。不同與今的是，星辰旋轉在古代世界中有著特別的政治意義，它是君王興衰的表徵，人主不能不察。《史記·天官書》說：「自初生民以來，世主曷嘗不歷明星辰？」那麼，高祖時代的星象有什麼異常呢？那就是「漢之興，五星聚於東井。」這是高祖得天命的首兆。關於這一點，《漢書·天文志》說得更為直接：「漢元年十月，五星聚於東井，……此高皇帝受命之符也。」很自然的，劉秀在星象上也應有所反映，從而與高祖呼應，也即漢人所言的「同符乎高祖」。〔註34〕關於這一問題，我們先來看《文選·典引》中的一段話：

是以高光二聖，宸居其域，時至氣動，乃龍見淵躍。〔註35〕

李善注曰：「言高祖、光武如北辰居其所，而眾星拱之。」它典出《論語·為政》，意為君王應效北辰之星。前已論及，高祖時代「五星聚於東井」為受命天下的星兆，而光武的「眾星拱之」又在哪裏呢？答曰：在二十八宿之上。

〔註32〕《後漢書·黃瓊傳》說：「光武以聖武天挺，繼統興業。」西漢是合法性的必要保證。

〔註33〕歐陽修：《原正統論》，見饒宗頤：《中國史學上之正統論》，第92頁。

〔註34〕《後漢書》卷四〇下《班固傳》，第1361頁。

〔註35〕《後漢書》卷四〇下《班固傳》，第1377頁，《文選》，第2160頁。

建武元年，劉秀以《赤伏符》爲依據即皇帝位，其中說道：「四七之際火爲主。」一直以來，「四七」被解爲「自高祖至光武初起，合二百二十八年。」〔註36〕然而，答案並非一元，除了這個意義之外，還有他解。劉秀所反覆強調的二十八歲不也是「四七」之數嗎？有學者注意到了這一問題，如有人說：「劉秀起兵之時，年28歲，這就是『四七之際火爲主』的眞實意義。」〔註37〕而這一含義一旦推之於天象，則又成爲呼應二十八宿的符命。

二十八宿在漢時有特別的政治寓意。它是帝王「則天」的重要星象，也是統御中國的合法性證明。《春秋繁露·奉本》說：「星莫大於大辰，北斗，常星，……常星，二十八宿，……三代聖人不則天地，不能至王。」《史記·天官書》說：「二十八舍主十二州。」顧炎武則指出：「天象所臨者廣，二十八宿專主中國。」〔註38〕如此，劉秀「同符乎高祖」便找到了切實的依據。然而，光有這些，在意識形態上還不足於構成牢固的正統地位。漢爲經學時代，經學是權威的天命解釋系統，從一定意義上說，任何的意識形態，最後都要歸之於經學的認定，所謂「案六經而校德，……帝王之道備矣。」〔註39〕在諸經籍中，《尚書》不僅與漢室關係特別，其「天書」性質又具有與天象附會的品質，更重要的是，漢人有一重要理念，即：將《尚書》二十八篇對應二十八星宿。〔註40〕一旦展開這種聯想，劉秀起兵就上合經典，帝典與受命

〔註36〕《後漢書》卷一上《光武帝紀上》李賢注，第22頁。

〔註37〕湯貴仁：《泰山封禪與祭祀》，濟南，齊魯書社，2003年，第78頁。

〔註38〕〔清〕顧炎武：《日知錄》卷三〇《海中五星二十八宿》，秦克誠點校：《日知錄集釋》，長沙，嶽麓書社，1994年，第1056頁。此外，《漢書·五行志下之下》亦說：「董仲舒、劉向以爲常星二十八宿者，人君之象也。」二十八宿在兩漢是一個很有政治意義的符號，除了對應人君及十二州外，又有對應地下各方諸侯的意義，《後漢書·劉瑜傳》曰：「諸侯之位，上法四七。」《漢書·平帝紀》載，平帝時，王莽主持明堂祭典，助祭的諸侯王特意選定爲二十八人，而東漢開國功臣被定爲二十八將，也有這樣的意義在內。《後漢書·朱景王杜馬劉傳堅馬列傳》論曰：「中興二十八將，前世以爲上應二十八宿。」如此，劉秀以星宿法天就可能有兩種解釋，一是以人君統治十二州（天下）；二是群臣皆爲其所統帥，所謂莫非王臣也。但無論哪種解釋路向，都在天命上支持其合法性。

〔註39〕《後漢書》卷四〇下《班固傳》，第1361頁。

〔註40〕在《史記·儒林列傳》中，《索隱》引孔臧與安國書云：「舊《書》潛於壁室，欻爾復出，古訓復申。唯聞《尚書》二十八篇取象二十八宿。」此條出《孔叢子·連叢上》，此書雖疑爲僞書，但此文句爲唐人所引，應不僞。另外，此種意識在《論衡·正說》中亦有明確反映。

之間遂建立起了直接聯繫，同時也使得《尚書》學在東漢政治中佔據了核心位置。當然，這種解釋具有附會性、多樣性，但它有一核心，就是以神性為旨歸，圍著二十八星宿而展開解釋。

再來看第二方面的問題：東漢王朝如何從意識形態上證明漢家猶受皇天眷顧呢？最核心的步驟，是劉秀作為漢室代表獲得「再受命」權力，從而延續漢家之祚。這一工作有一前續理念：漢為堯後。西漢時期，這一理念雖為漢家贏得了無上的榮光和威嚴，但其弊端也逐漸顯現，昭帝時期居然有愚儒據此要求皇帝退位，理由是「漢為堯後，有傳國之運。」〔註41〕至西漢晚期，在漢運衰微的氛圍裏，哀帝更以所謂「陳聖劉太平皇帝」的名號加諸己身，表示漢家由堯向舜的轉化，而此後，王莽以舜後自居，擁有了代漢的核心依據。

面對著理論雙刃劍，要處理好這一問題，關鍵在於堯舜理念的釐清與拓展。

以「敬天法祖」的角度來說，漢家早就自認堯為神聖遠祖，兩漢之際，班彪作《王命論》，在談及高祖天命時，第一條就是「帝堯之苗裔。」〔註42〕堯是漢家神聖的宗統所在，維繫住它至關重要。按照當時盛行的五德終始之說，堯為火德。《漢書·律曆志下》說：「木生火，故為火德，天下號曰陶唐氏。」很自然的，漢既為堯後，也應為火德。然而，西漢一朝的歷史在這一問題上卻混亂不堪。質言之，高祖得天下合法性何在？〔註43〕西漢朝廷一開始連自己都認識不統一。因而，漢初曾承秦為水德，武帝後改立為土德，哀帝「再受命」前後雖提出了火德問題，但並未付諸實施。不僅如此，大漢發端於反秦運動，當年的張楚法統還一直殘留在意識形態之內，簡言之，王朝運命無定論，並雜質紛陳。這使得受命改制的聲音一直不斷，從而極大地損害了漢家的正統威勢。建武二年，劉秀「起高廟，……始正火德，色尚赤。」〔註44〕從此高祖及大漢政權與堯統、堯運才正式合為一體，思想統一，雜質袪除，在意識形態上結束了混亂的局面。〔註45〕

〔註41〕《漢書》卷七五《眭弘傳》，第 3154 頁。

〔註42〕《文選》卷五二《論二》，第 2266 頁。

〔註43〕就高祖得天命而言，還有感生神話問題值得我們注意，由於論題所及，在此不作討論，可參看呂宗力：《感生神話與漢代皇權正當性的論證》（中國秦漢史研究會編：《秦漢史論叢》第 8 輯，昆明，雲南大學出版社，2001 年）。

〔註44〕《後漢書》卷一上《光武帝紀上》，第 27 頁。

〔註45〕此次舉措是劉秀意識形態純化的標誌性事件，其核心是從理論上徹底奠定漢帝國的合法性，從而杜絕因對漢家天命的異議而再次掀起類似西漢晚期的改

　　然而，漢家堯統的正式確立並不足於保障漢家意識形態上的安全。畢竟，堯曾傳位於舜，所謂漢家「有傳國之運」，這一理念在西漢就曾經不止一次地動搖了政權的思想根基。為此，劉秀再次祭起了「再受命」的法寶，這成為了他及東漢的又一合法性基礎。范曄《光武紀贊》曰：「於赫有命，系隆我漢。」這個「命」就是再承天命，李善注引蔡邕《獨斷》說：「光武以再受命復漢之祚。」〔註46〕然而，此處有兩大難題必須解決：一是經學依據問題；二是現實政治中的堯舜關係。由前可知，哀帝曾經短暫實踐過「再受命」理論，之所以流產，有一個核心因素是：「不合五經，不可施行。」〔註47〕而在傳說中，堯傳位於舜，再受命者，舜也。當年王莽就是憑藉這一理論篡奪漢室江山，那時堯為堯，舜為舜，堯舜分明，王以舜後取代續堯的漢家天下，頗有理論說服力。對劉秀而言，「再受命」後，他必須要做到的是，通過經學來證明或暗喻堯舜一體，漢皇既有堯統，又應有舜性。這一次又是《尚書》承擔起了這一任務。與 28 歲起兵相類，劉秀宣稱自己 30 歲即皇位，以合於舜之數。因為按照《尚書》的說法，舜是三十歲為天子，《堯典》說：「舜生三十徵庸，三十在位。」〔註48〕將 30 歲神聖化之後，〔註49〕劉秀及其子孫開始亦堯亦舜，再受命的理論困境初步破解。

制浪潮，葛志毅指出：「漢對火德的確認，標誌著漢初以來活躍的受命改制活動的基本結束。」（葛志毅：《戰國秦漢之際的受命改制思潮與讖緯之學的興起》，氏著：《譚史齋論稿四編》，哈爾濱，黑龍江人民出版社，2008 年，第203 頁）不僅如此，漢初特重張楚法統（參見田餘慶：《說張楚》，氏著《秦漢魏晉史探微》（重訂本），北京，中華書局，2004 年，第29 頁），從高祖開始，一直為陳勝置守冢之家，據《漢書·陳勝傳》：「王莽敗，乃絕。」王莽與張楚無繼承關係，其行為可解。但東漢承接高祖而來，不僅陳勝守冢不能恢復，反映東漢主流意識形態的《漢書》更是大力降低陳勝地位，這些應是有意為之，它與劉秀時期所進行的意識形態重建及整合工作，應有相當的關係。

〔註46〕《文選》卷五〇《史論下》，第 2230 頁。

〔註47〕《漢書》卷七五《李尋傳》，第 3192 頁。

〔註48〕孔傳以為歷試二年，攝位二十八年，孔穎達以為歷試三年。《史記》有另一套說法，但 30 歲還是一個很重要的分水嶺。《史記·五帝本紀》載：「舜年二十以孝聞，年三十堯舉之，年五十攝行天子事，年五十八堯崩，年六十一代堯踐帝位。」

〔註49〕《後漢書·光武十王列傳》載，明帝時期，廣陵思王劉荊欲作亂，他聲明道：「先帝三十得天下，我今亦三十，可起兵未？」可見 30 歲在當時的政治生活中很有示範性。又，明帝即位時恰為 30 歲，同符於父（當然，劉秀的 30 歲是加工的後果），也使得這一意識形態資源更加受到重視和強調。

　　當然，復興高祖之業及「再受命」等，並非劉秀的專利，從劉玄到王郎，那些號稱漢宗室者，個個以天命自居。但是，他們理論薄弱，不僅在軍政實力上遜於劉秀，意識形態的精緻性亦無法與光武相提並論，在這樣一個天人思想濃厚的經學時代，他們的失敗也就在情理之中了。就論題所及，我們可以看到，劉秀爲了凸顯自己的正統性，使其達到與天命、天象、經籍相吻合的地步，一直在進行年齡修正，使之成爲動態的變量。與其說是對應年齡，倒不如說是爲了天命的需要而改造年齡。質言之，透現天命的星象及展現合法性的帝典才是核心，「二十八」、「三十」則成爲了聯繫劉秀、天象及經學的關節點，爲其受命提供了絲絲入扣的理論依據，經此一動，眞可謂天人同應，契若符節，這也就難怪光武要在年齡上大作手腳了。總之，在東漢初年極端複雜的意識形態建構中，《尚書》學成爲了經籍中最有力的思想工具，在尋找天命依據的過程中，劉秀集團利用自身的個性事件，積極參用《尚書》的知識成果，曲爲解釋和附會，使正統性重建中充滿了東漢個性和劉秀特點。當然，沒有 28、30 這樣的數字，劉秀也會尋找其它的神性證明，但是，如果那樣，《尚書》的意識形態地位就會打上若干折扣，但歷史就是這樣，有必然，也有偶然，各種因素累積、互動，才構築出了迥然不同的時代個性。

三、《尚書》的「稽古」與開新：從「漢家舊制」到「建武故事」

　　劉秀時代是漢代制度創構的重要階段。賀昌群指出：

　　　　兩漢典章制度，雖大率沿秦之舊，而因革損益之巨，則一變於

　　文、景；再變於武帝；三變於光武、明、章之世。〔註50〕

賀氏將「光武、明、章之世」連貫言之，視爲漢代制度的重要改造期，當爲不易之論。就論題所及，需補充的是，「光武、明、章之世」的制度創構，核心在光武一朝，從一定意義上甚至可說，言「光武」，即是言「光武、明、章」。理由在於，明、章兩朝承自光武，在政治上遵奉銜接，〔註51〕並稱治世。簡

〔註50〕　賀昌群：《兩漢政治制度論》，氏著；《賀昌群文集》第 1 卷，北京，商務印書館，2003 年，第 307 頁。

〔註51〕　《後漢書·明帝紀》：「帝尊奉建武制度。」《後漢書·李固傳》：「永平、建初故事。」從光武到明帝，明帝再到章帝，東漢人喜歡並論其事，可見它們之間的繼承性。

言之，「光武、明、章之世」的制度，其起點在光武朝，史稱「建武故事」〔註52〕，此乃東漢制度的發軔點。而所謂「故事」，則指的是漢代政治生活中的各種慣例，作為祖宗家法，具有法規性。光武帝在政治生活中特別重視「故事」，前已論及，他喜與臣子「次第比類」「忠臣孝子義夫節士」，史家亦指出：「光武之所委任者，為明習故事之臣。」〔註53〕在「漢室復興」的背景下，「明習故事」意味著直追西漢，反莽之後不僅勢所必然，也是政權合法性的需要。

「建武故事」中尤為重要，或所變之巨者，在於經義與制度的關係。由前可知，劉秀時代為漢代制度的第三次變化期，「建武故事」乃因襲變化於西漢之「漢家舊制」〔註54〕。然而，它不同於「漢家舊制」之處也是十分明顯的，其中最核心的就是在制度上實現了經義與吏事的內在結合。有學者評價道：「東漢意識形態上專崇『經術』，實際政務中又不棄『吏化』。在這兩方面的結合上，無疑達到了一個新水平。」〔註55〕

必須指出的是，意識形態上的『經術』與實際政務中的『吏化』相結合，實非光武特創，自西漢武、宣時代以來就是如此，以「霸王道雜之」自詡〔註56〕。但值得我們注意的是，王、霸之間的內在思想衝突一直不斷，武、宣以來經學在意識形態中雖已至高無上，但制度上卻「秦法」盛行，於是在實際政治生活中，「霸道」壓倒了「王道」，遂與「經學時代」的意識氛圍牴牾衝突，從而推動了大規模的改制運動。王莽上臺後似乎是「王道」壓倒了「霸道」，經學無所不在地「復古」著制度，然而，王莽之亂卻足以證明，「霸道」將失去政權，「王道」走到極端，也一樣要歸於失敗。從一定意義上來說，西漢及新莽之敗，不是經義與吏事沒有實行結合，而是二者的結合僅為一種外在的政治搭配，非你中有我、我中有你的內在融合，當經義是經義，吏事是吏事的時候，在制度演進中，往往只能演繹成一方壓倒另一方的「戰爭」。劉

〔註52〕《後漢書・順帝紀》：「如建武、永平故事。」《後漢書・陳寵傳附子忠傳》：「宜復建武故事。」

〔註53〕呂思勉：《秦漢史》，上海，上海古籍出版社，2005年，第228頁。

〔註54〕劉秀在鼎定天下的過程中特別留意於恢復「漢家舊制」。《續漢書・百官志五》劉昭注曰：「世祖中興，監乎政本，復約其職，還遵舊制。」在封禪文中，則強調道：「吏各修職，復於舊典。」（《續漢書・祭祀志上》，《後漢書》，第3166頁）

〔註55〕閻步克：《士大夫政治演生史稿》，北京，北京大學出版社，1996年，第423頁。

〔註56〕《漢書》卷九《元帝紀》，第277頁。

秀的成功，不僅在於意識形態上崇儒，實際政治中用「吏」，更在於制度建設中，做到經義有效滲入，實現了內在融合，而不再是壁壘森嚴，各自爲戰。所以在制度重建工作中，一方面重拾西漢時重「吏事」之風，使政治回顧理性；另一方面經學既不盤旋於形上理論，也不對吏事作全面替代，而是在「據法」之上，將其充分引入「舊制」之中，既不打亂法令系統，更與意識形態相協調，這些方面的相輔相成，決定了東漢制度的生命力。

就論題所及，特別引起我們關注的是，二者在制度上的內在融合，使得經典或經典主義開始在制度建構中眞正發揮效用。〔註 57〕就論題所及，劉秀時代將經義，尤其是《尙書》學引入「故事」系統，潛默地推進了制度建設，從而完成了從「漢家舊制」到「建武故事」的轉換，東漢的政治文化性格日漸形成。

一個值得注意的現象是，在西漢時代，「故事」是文法、吏事的重要載體，在「漢承秦制」的過程中，秦法精神由此得以承接，這既是漢政爲人所詬病處，卻又是理性政治的基石。有學者指出：「遵故事，這和秦代刀筆吏政治的精神實相一貫。」〔註 58〕當劉秀好「故事」時，也就意味著將當年的秦法精神部份地繼承了下來。在此，我們所關注的是，一方面，「故事」乃是漢代「政治運作的常態」〔註 59〕，從現實出發，不能不加以承接；另一方面，在制度中如果任由秦法精神獨佔，日久必遭不滿乃至厭棄，誰能保證西漢晚期以來的改制運動不會重演呢？基於此，東漢之「故事」並非對西漢的全盤繼承，而是有所改造。可見的事實是，西漢時期的「故事」多附著於法之上，總體上與儒學、經學呈對立狀態。〔註 60〕而東漢時這一狀況完全改變，史載，大臣上奏彈劾宦官，尙書召問道：「經典、漢制有故事乎？」遂以經書及漢家舊

〔註 57〕 甘懷眞說：「（至東漢時），漢代統治集團認爲經典本身，包括讖緯，可以直接作爲當代的制度依據，或謂國法，……這種認爲經典可以直接爲國法的政治文化態度爲「經典主義」。……另一派儒者主張制定漢朝本身的禮典，他們當然不是否定經典者，但在做法上，視經典爲法源。」（氏著：《皇權、禮儀與經典詮釋：中國古代政治史研究》，上海，華東師範大學出版社，2008 年，第68～69 頁）

〔註 58〕 邢義田：《漢代「故事」考述》，許倬雲等著：《中國歷史論文集》，臺北，臺灣商務印書館，1986 年，第 399 頁。

〔註 59〕 邢義田：《漢代「故事」考述》，《中國歷史論文集》，第 371、399 頁。

〔註 60〕 據《漢書·蕭望之傳》，宣元時代，習文法者持「故事」與大儒蕭望之對立；在《漢書·朱博傳》中，哀帝時朱博以「故事」爲由反對設三公；西漢晚期的改制風潮中，習文法者亦多以「故事」反對改革。

製作答。〔註 61〕可見此時的「故事」已包含了經學與漢制兩大部份，而非西漢時的對立景況。

這種改變，以劉秀時代為分水嶺。留心於「建武故事」，可以發現，劉秀特別注意經典與舊制的結合，《後漢書・伏湛傳》載：「知湛名儒舊臣，欲令幹任內職，徵拜尚書，使典定舊制。」寵臣梁松「博通經書，明習故事，與諸儒修明堂、辟雍、郊祀、封禪禮儀，常與論議，寵幸莫比。」〔註 62〕基於以上事實，完全可以得出這樣的認識：劉秀在承接「漢家舊制」的過程中，重視「故事」，並將經學引入於此，使得意識形態與吏事脫節的狀態得以改觀，王、霸融合大體得以實現，遂在不動聲色中實現了制度的「因革損益」，最終形成了獨具特點的建武政治。而在劉秀承接、利用和創造「故事」的進程中，就經典與「故事」的關係而言，《尚書》學由此大興，東漢的經典政治翻開了新的一頁。

「故事」有一基本要素，即「事」，有「事」才有類比性，如此才能形成所謂的政治慣例。經籍中最具「事」要素的典籍為《春秋》與《尚書》，按照《史記・太史公自序》的說法，孔子作《春秋》，在於「是非二百四十二年之中」，「見之行事之深切著明也。」而《尚書》則是「記先王之事，故長於政。」

《春秋》學受政治重視早於《尚書》，其鼎盛期在西漢，採《春秋》之事於政治，曾為一時風尚。如《漢書・雋不疑傳》載，昭帝初年，在京城有人冒充衛太子，當時吏民不知所措，雋不疑引《春秋》經義說：「諸君何患於衛太子？昔蒯聵違命出奔，輒踞而不納，《春秋》是之。衛太子得罪先帝，亡不即死，今來自詣，此罪人也。」結果將冒充者下獄，避免了一場政治危機。此外，發端於董仲舒的「《春秋》決獄」歷來被視為以事斷案的典型，被列入律令系統的「比」或「決事比」之中，學界一般認為屬於判例法性質。〔註 63〕然而，《春秋》作為政治成例有著天然的不足，主要體現在兩方面：一是《春秋》所記為亂世之事，一般來說，援引其例只能適用於非常態，在處理危機時可供借鑒，一旦涉及常態的制度建設時，可措手處就不多了。二是其文隱晦，所謂「微

〔註61〕《後漢書》卷五四《楊震傳附子秉傳》，第 1774 頁。
〔註62〕《後漢書》卷三四《梁統傳附子松傳》，第 1170 頁。
〔註63〕如沈家本說：「若今時之成案也。」（〔清〕沈家本著，鄧經元、駢宇騫點校：《歷代刑法考》，北京，中華書局，1985 年，第 1767 頁）張建國：《中華法系的形成與發達》（北京，北京大學出版社，1997 年，第 27 頁）說：「通俗一些說就是一種判例法。」

言大義」，是不可以明白示人的。所以撰之於史，《春秋》的「故事」功效極為有限，且不論前引「衛太子事」為突發特例，即便是司法領域的《春秋》決獄，其「故事」效應也被後世高估，董氏《春秋決獄》已佚，沈家本《歷代刑法考》中輯錄了9則，其中1則是以《尚書》決獄，1則根本未見《春秋》之文，剩下的7則也多以所謂《春秋》大義推出，非以援引事例為基礎。〔註64〕《春秋》之事在常態的政治生活中難以為據，於此可見。事實上，《春秋》學在漢代所享有的地位，主要來自於「義」而非「事」，《孟子‧離婁下》在論及《春秋》時，曾這樣說道：「其事則齊桓、晉文，其文則史，孔子曰：『其義則丘竊取之矣。』」此處「文」且不論，顯見的是，《春秋》「其事」圍繞爭霸展開，為「霸道」所主，隨著「霸王道雜之」的淡化和轉型，越來越難於為憑，而「其義」則不同，是孔子義理所在。所以考之史籍可以發現，在指導政治時，漢人屢屢提及的多為「《春秋》大義」，《春秋》之事絕非重點。所謂「《春秋》以斷事」〔註65〕，主要是以「義」決斷，而非以事比類也。

然而，在光武朝重「故事」的政治氛圍裏，這成為了《春秋》學的短板，《尚書》學則正可大展其長。概言之，其優勢主要有二：

一是《尚書》所述「故事」對政治更具參考性。由前可知，太史公在評價《尚書》時，認為它「長於政」，理由是「記先王之事。」為何「記先王之事」就能「長於政」呢？答案是，此「事」非一般之事，而是重要的政事，是聖王所為，是垂為典範的大事，這是與《春秋》大異其趣的。清儒說：「《書》以道政事，儒者不能異其說。」〔註66〕宋儒則說：「二帝三王治天下之大經大法，皆載此書」，「敘其君臣之嘉言善政。」〔註67〕質言之，「事」後有「經法」，當下可通過對這些「嘉言善政」的吸收，化古入今，以完善政治。在東漢初年，這一點表現得尤為突出。《後漢書‧侯霸傳》載：「時無故典，朝廷又少舊臣，（侯）霸明習故事，收錄遺文，條奏前世善政法度有益於時者，皆施行之。」既要採擇「故事」，又要「前世善政法度有益於時者」，這其間是少不了《尚書》參與的。

〔註64〕沈家本：《歷代刑法考》，第1770～1779頁。
〔註65〕《漢書》卷三〇《藝文志》，第1723頁。
〔註66〕〔清〕紀昀等總纂，四庫全書研究所整理：《四庫總目提要‧經部‧書類》序，北京，中華書局，1997年，第164頁。
〔註67〕〔宋〕蔡沈：《書經集傳》序、《大禹謨》注引林氏語，上海，上海古籍出版社1987年影印版。

　　二是《尚書》的「稽古」與天命密切結合。自經學政治盛行以來，有一重要理念，明君應承接聖王道統，而聖王們恰恰又是天命所歸者，因而接道統即是承天命，它們二面一體，不可分離。基於此，漢武帝在詔令中作出了「朕承天序，惟稽古」〔註68〕的表態，而在西漢後期「奉天法古」更成爲一股強大思潮，推進了改制運動。這一思想主調在東漢繼續綿延，而焦點則開始指向了《尚書》。由前可知，在東漢時《尚書》已神話爲所謂的「天書」、「天經」，然而由於《尚書》中「史」和「事」的性質，「稽古」的一面在現實政治中也無時不在，二者的結合構成了《尚書》學的一體兩面。《論衡·正說》云：「上古帝王之書，或以爲上所爲，下所書。」尤爲重要的是，劉秀承接和鼓吹「堯後」之論，使得這種「稽古」更具政治正統性，所謂「展放唐之明文，茲事體大。」〔註69〕故而，臣下建議封禪時，也以「遵唐帝之典，繼孝武之業」〔註70〕爲說辭，這些最終累積出了「主不稽古，無以承天。臣不述舊，無以奉君」〔註71〕的政治氛圍，於是《尚書》不僅成爲了漢家「敬天法祖」的第一「故事」書，更是「奉天法古」的首選載籍。

　　總之，通過《尚書》之「稽古」，東漢經典政治步入了一個新階段。然而，劉秀從來不是一個墨守成規之人，爲「稽古」而「稽古」絕非這個理性政治家所爲，由「稽古」中見「開新」，才是歸宿所在。

　　考察光武時代的《尚書》學，這種「舊中見新」可從兩個方面加以考察：一是從禮制建構來看，《尚書》學雖爲依憑，〔註72〕卻往往暗用前朝制度，甚至近承新莽時代的設計，呂思勉批評道：「光武亦非知禮樂之人，其勤於建立，或轉以承新室之後，聞見所習耳。」〔註73〕呂氏之論不能說毫無道理，然而，如果換一種思路，以理性主義原則來看劉秀，則《尚書》「稽古」只是一個基本原則，如果不與現實相結合，劉秀豈不成了王莽第二？所以劉秀既有讚賞

〔註68〕《漢書》卷六三《武五子傳·齊懷王閎》，第2749頁。
〔註69〕班固《典引》，《文選》卷四八《符命》，第2165頁。
〔註70〕《後漢書》卷三五《張純傳》，第1197頁。
〔註71〕《後漢書》卷三六《范升傳》，第1228頁。
〔註72〕如前述劉秀時代「國之大典」中多用《尚書》，張純爲當時的禮學第一名家，但在建議設明堂、辟雍時，光武卻以《尚書》家桓榮的意見爲準，史載：「純議同榮，帝乃許之。」（《後漢書》卷三五《張純傳》，第1196頁）
〔註73〕呂思勉：《秦漢史》，第229頁。卜憲群亦指出，劉秀制度中有繼承莽制的一面（氏著：《秦漢官僚制度》，北京，社會科學文獻出版社，2002年，第103頁）。

「依經附古」〔註74〕的一面，也有「不用舊典」〔註75〕的另一面，但其原則卻是一個，即經典和舊制都必須服從現實的需要，以建構理性的制度。二是政治制度中藉故出新的問題。光武時代為加強中央集權，以「舊制」和「經典故事」為依託，進行了大量的因革損益。其中兩大重要舉措值得我們關注，首先是架空三公權力，事歸臺閣，他先是授意臣下，「宜令三公並去『大』名，以法經典。」〔註76〕然後則下達詔令道：「昔契作司徒，禹作司空，皆無『大』名，其令二府去『大』。」〔註77〕此處的經典依據是《尚書·堯典》。其次，嚴格官吏察舉，要求試之以職事，他在詔令中反覆強調道：「堯試臣以職，不直以言語筆箚」；「務授試以職。」〔註78〕此處亦典出《堯典》：「明試以功。」如果細加核實不難發現，劉秀所用的《尚書》之事，實在不足為憑，它不過是為「建武故事」中的新舉措作一「稽古」儀式而已，然而，這恰恰是當時政治的需要，也是《尚書》功用的一個重要方面。

　　進一步言之，以上所為根本就是「霸道」之延伸，既是光武「吏化」的核心所在，更是理性政治的需要，是將根子紮在西漢制度之上的一種改進和更化。尤為重要的是，所謂漢家舊制，其基礎實為秦制，一個重要的事實是，自帝制以來，雖秦法嚴酷，但秦制不可不用，《新唐書·禮樂志》說：「及三代以亡，遭秦變古，後之有天下者，自天子百官名號位序、國家制度、宮車服器一切用秦。」這就與「稽古」的要求發生了衝突，西漢的改制及王莽之敗皆在於沒有協調好這種關係。而劉秀時代以「《尚書》故事」為依託，古制與漢之「舊制」，也即秦法之間實現了溝通，西漢時代相互衝突的一幕不僅不再，「舊制」反被改造成了「王道」之治〔註79〕，在文質彬彬的「稽古」之風下，制度文化出現了新的氣象，並一直綿延影響著後世。

〔註74〕《後漢紀》卷七《光武皇帝紀》，袁宏撰、張烈點校，北京，中華書局，2002年，第136頁。

〔註75〕《後漢書》卷三三《朱浮傳》，第1143頁。

〔註76〕《後漢書》卷二二《朱祐傳》，第771頁。

〔註77〕《後漢書》卷一下《光武帝紀下》，第79頁。

〔註78〕《後漢書》卷三《章帝紀》，第140頁；《續漢書·百官志一》注引應劭《漢官儀》，第3559頁。

〔註79〕當然，這種「舊制」是有選擇性的，如三公制並非高祖之制，而是西漢改制的成果，劉秀不僅因之，更去其尊號，進一步深化皇權。由此也可見，所謂「承舊」完全是從現實的需要出發。

四、從《春秋》學到《尚書》學：由太子改立看建武時代的政治轉型

建武政治有兩個不同的面相，它們相反相成、共存互依。一是寬容的「柔道」，即劉秀所宣稱的「吾理天下，亦欲以柔道行之。」〔註80〕二是「頗以嚴猛爲政。」〔註81〕總的來看，寬嚴相濟的政治原則貫穿於整個建武朝。然而，寬、嚴兩端並非均衡用力，如果將建武政治分爲早、晚兩期，在寬、嚴取向上就各有偏向，具體說來，建武政治有一個由「猛」入「柔」的發展進程。〔註82〕這種趨勢的演進及因果，深埋著許多不爲人知的文化因素。就論題所及，一個極爲重要的方面是，《尚書》學成爲了變化的理據所在，並參與到了建武時代的政治轉型之中。而轉換的關鍵點，須從改立太子事件中加以尋求，就背後的文化依託來說，則存在著《春秋》學與《尚書》學之間的一場理論博弈。

建武十九年，原太子劉強被廢，新皇后陰麗華的兒子劉莊成爲了太子。太子改立並非突然變故，實爲一場蓄積已久的運動。陰麗華是劉秀最寵愛的女人，在更始元年結爲夫妻，但由於政治的需要，一年後劉秀與河北郭氏成婚，並於建武二年立其爲皇后，兒子劉強成爲太子，陰麗華降爲了次妻。立郭氏本非劉秀初衷，隨著權力掌控的加深，不斷抑郭揚陰，終於在建武十七年廢后，兩年後，太子亦遭更換。太子更立是國之大事，無大過而廢，有悖於情理，〔註83〕在那個時代不啻於一場政治地震。劉秀雖以強力壓制，但人心不服者多有，史稱「海內深痛，觀者鼻酸。」〔註84〕此前，劉秀政治偏於「嚴猛」，位極人臣的三公都或免或死，大司徒韓歆更以直諫而亡，一時人心

〔註80〕《後漢書》卷一下《光武帝紀下》，第68頁。

〔註81〕《後漢書》卷四一《第五倫傳》，第1400頁。

〔註82〕與筆者觀點不同的是，曹金華：《東漢前期統治方略的調演變與得失》（《安徽史學》2003年第3期）認爲，劉秀早年奉行「柔道」，到晚年轉爲嚴猛政治。因本文的具體理據已存於正文論述中，故不展開專門討論。

〔註83〕太子爲國本，中國古人極爲重視，漢人自不例外，《後漢書·李固傳》說：「悠悠萬事，唯此爲大。」太子廢立可謂牽動所有人的神經，袁宏說：「今太子之德未虧於外，內寵既多，嫡子遷位，可謂失矣。」（《後漢紀》卷七《光武帝紀》，第131頁）

〔註84〕《後漢書》卷四二《光武十王列傳·廣陵思王荊》，第1446頁。在當時的「嚴猛」政治下，對於廢立太子之舉，朝堂之上很多人敢怒不敢言，如太子太傅張湛素以嚴正著稱，劉秀亦畏之三分。然而在強大的壓力下，郭后被廢後，開始稱疾不朝，劉秀強行要求爲大司徒，遂「遺失溲便」，以自損自虐的形式逃此朝命。（參見《後漢書》卷二七《張湛傳》）

浮動，所謂「死非其罪，眾多不厭」〔註85〕，此刻，「嚴猛」政治再加砝碼，在當時的情勢下，劉秀面對的局勢一度相當緊張。據《後漢書·臧宮傳》，建武二十七年，臧宮上書要求討伐匈奴，遭拒。光武在詔報中引孔子言：「吾恐季孫之憂，不在顓臾。」建武二十年，劉秀更在詔書中明言：「百姓怨氣滿腹。」〔註86〕對內患的擔心遠遠超過了一般君王。

劉秀擔心什麼？哪裏是蕭牆之內的爆發口？〔註87〕不管怎麼說，劉氏江山已經大定，經濟生活日漸恢復，民心趨穩，皇權不斷加強。此刻，最大的內部危機莫過於新太子地位的牢固。如何達成目標？靠強制手段固然可起作用，事實上，「嚴猛」的一手劉秀也從未放棄，但是，這已不能成為主流，光靠壓服，根基必定不穩。劉秀不是個迷信武力的人，深受儒學影響的他開始大幅度地調整統治方略了。建武十七年，剛剛廢立皇后的劉秀來到了南陽，按照步驟，下一步該改立太子了。〔註88〕然而，隨之而來的並不是「山雨欲來」的政治高壓，劉秀在家鄉高調提出了「柔道」問題，在當時的背景下作出這種表態絕非偶然，它完全可以視為一道重要的政治宣言。

著眼於論題，可注意的是，伴隨著太子事件的深入，就與政治的關係而言，經學內部悄悄地發生了調整。具體言之，原來發揮重要效應的《春秋》學影響在減縮，而《尚書》學的政治功用得到了又一輪的擴展。由前可知，在意識形態的建構中，《尚書》學已發揮了巨大效應，但那主要停留於「天命」解釋權之上，至於「人事」，即具體的政策實施上，其指導作用一開始並不顯著。雖前已言之，《春秋》之「故事」性不如《尚書》，但《春秋》大義畢竟沿用已久，對政治的作用亦多有成效和影響，在其「大義」沒有受到挑戰之前，在光武朝初期，對政策發揮實際指導作用的主要還是《公羊春秋》學。

眾所周知，漢代第一儒董仲舒為《公羊》學大師，自獨尊儒術以來，《公羊》學在漢代政治中就佔據了獨特位置，西漢時代，更是一度獨尊，〔註89〕

〔註85〕《後漢書》卷二六《侯霸傳》，第 902 頁。

〔註86〕《續漢書·祭祀志上》，第 3161 頁。

〔註87〕《論語·季氏》說：「吾恐季孫之憂，不在顓臾，而在蕭牆之內也。」

〔註88〕郭后一廢，目標直指皇太子，這在當時已為人所窺破，所以郅惲委婉地勸說劉秀：「願陛下念其可否之計」，並勸太子自退保身。（《後漢書》卷二九《郅惲傳》，第 1031 頁）

〔註89〕陳其泰說：「《春秋》在當時（西漢）兼有最高理論權威和法律標準雙重作用，儼然是一部『聖經』。」（氏著：《史學與中國文化傳統》，北京，學苑出版社，1999 年，第 189 頁）

歷史轉入東漢後，其影響依然強大。在當時，承西漢流風，發揮政治作用的《春秋》學基本上指的就是《公羊》，〔註90〕在一定程度上，言《公羊》即是言《春秋》。有學者說：「（東漢）將《公羊》學重新推上獨尊的寶座。」〔註91〕是否獨尊可以商討，但至少在東漢初年，其影響力之大是不爭的事實。結合本論題，我們先看一段《後漢書・儒林傳》的記載：

> 鍾興少從少府丁恭受《（公羊）嚴氏春秋》，……以授皇太子，又使宗室、諸侯從興受章句，封關內侯。興自以無功，不敢受爵。
>
> 帝曰：「生教訓太子及諸侯王，非大功耶？」

在武帝時代，也有類型的例子，那時漢武帝詔太子受《公羊》，以繼續自己的政策。毫無疑義，太子的經學學習有著相當的政治意義，有學者指出：「東漢人十分清楚『詔太子受《公羊》』一事的含義，……劉秀此舉無疑於宣佈東漢也尊《公羊》家。」並進一步推論道：「它表明東漢王朝將用《公羊》家的政治學說……來指導自己的政治實踐。」〔註92〕

然而此論有誤，其存在的最大問題是，此太子非明帝，而是廢太子劉強。

細心審讀《儒林傳》，可以注意到一個細節，鍾興拒絕封賞時，將功勞歸之於老師丁恭，「於是復封恭」，即給丁恭加爵位。據《儒林傳》，丁恭「建武初，為諫議大夫、博士，封關內侯。十一年，遷少府。」丁恭受爵為關內侯應在建武十一年之前，此時，太子還是劉強，而非後來的明帝劉莊。這樣，我們就有理由質疑，建武朝是否一以貫之地獨尊《春秋》學，或者說，這種獨尊如果存在的話，也只能發生在更立太子之前。當然，此前《春秋》學的影響巨大也是事實，據《明帝紀》，「明帝十歲能通《春秋》，光武奇之。」當時的經籍修習非限一門，但光武卻只以《春秋》學（即《公羊春秋》）來衡量皇子的資質，加之《春秋》經師竟可封侯，他經未聞此事，《春秋》受重視的程度可想而知。然而，建武十九年太子改立後，這一情況完全改觀。劉秀選拔桓榮為太子授《尚書》，從此，不僅桓氏一門封侯加爵，尊崇無比，遠非《春秋》經師可以比擬，也開啓了漢帝世習《尚書》之風。尤可注意的是，廢太

〔註90〕在東漢官方經學系統中，《穀梁》被排擠，《左傳》被認為不傳《春秋》，唯有《公羊》是唯一代表。雖說此後在民間，兩傳尤其是《左氏》得以大興，但一則其非官方學術立場；二則其興盛主要在建武之後，故而本文不加詳論。

〔註91〕陳蘇鎮：《漢代政治與〈春秋〉學》，北京，中國廣播電視出版社，2001年，第415、418頁。

〔註92〕陳蘇鎮：《漢代政治與〈春秋〉學》，第415、417頁。

子劉強被「重選官屬」後，《尚書》大師杜林被選派爲王傳。〔註93〕新舊兩任太子同時由修習《春秋》轉入《尚書》，比之當年皇太子修習《春秋》，標誌性意義應該更大更強，它反映了一個不爭的事實：以改立太子爲契機，建武晚期以來，在政策指導性上，《公羊春秋》一家獨大的優勢地位正在逐漸喪失，《尚書》學日益強勢地進入了政治場域。所以，此後一方面是皇帝世習《尚書》，另一方面，自東漢以來，不僅各部經學之間，就是在《春秋》學內部，《公羊》學也遭到了《左氏》和《穀梁》的挑戰，正宗地位岌岌可危。最後直至連本門大師都認爲「多非常異議可怪之論」，這正說明學風不變之下，《公羊春秋》的思維越來越得不到時人的崇信，甚至於出現了「治古學貴文章者謂之俗儒」的境況。〔註94〕

《春秋》與《尚書》的陞降，有著深遠的政治文化意義。

眾所周知，《公羊學》以「大一統」理論爲核心，自西漢以來席捲政、學兩界，可謂勢頭強勁。但是，漢制承秦法而來，在這種利用和改造中，遂使漢代的《公羊》學夾雜了太多的法家痕跡。〔註95〕由於解釋空間過於隨意，一部「斷爛朝報」的典籍居然可以無所不包，嚴密不已。《論衡・對作》說：「所以檢柙菲薄之俗者，悉具密緻。」這種「密緻」用於政治生活中，帶來的就是嚴密控制甚至是殺戮。與之相對的是，《尚書》學素以寬厚著稱，《堯典》說：「敬敷五教，在寬。」所以早年天下尚亂時，「光武鑒前事之違，存矯枉之志。」〔註96〕《公羊》學作用顯著；政治基調調整之後，如何以《尚書》學之寬與正，去《春秋》學之密與詐，成爲了一個重要的政治方向。

更具現實針對性的是，光武朝因太子廢立而使皇權之爭複雜化，將政局推到了一個危險的境地。隨著年事日長，劉秀最爲擔心的問題是，如何既確保太子順利登位，兄弟之間又不至於反目殘殺。如繼續沿用《公羊春秋》理

〔註93〕《後漢書》卷二七《杜林傳》，第 938～939 頁。
〔註94〕〔漢〕何休：《春秋公羊經傳解詁》序，《十三經注疏》本，第 2190、2191 頁。
〔註95〕〔清〕俞正燮：《癸巳存稿》卷一《公羊傳及其注論》說：「《公羊》集酷吏、佞臣之言附之經義，漢人便之，謂之通經致用。」(瀋陽，遼寧教育出版社，2003 年，第 37 頁) 楊向奎則認爲：「是儒家而接近法家。」(《〈公羊傳〉中的歷史學說》，氏著：《繹史齋學術文集》，上海，上海人民出版社，1983 年，第 87 頁)
〔註96〕《後漢書》卷二二《朱景王杜馬劉傅堅馬列傳》，第 787 頁。

念，是無法解決這一問題的，因爲它的方針是斬釘截鐵的「大義滅親」。這一理念運之政治，在武帝時期曾發生了兩次著名的政治事件，一是淮南之獄，二是「巫蠱之禍」，皇族成員慘遭殺戮，牽連者數萬人，有學者說：「這種大義滅親的精神，既是法家傳統的存續和發展，也是『公羊春秋學』的基本精神。」〔註97〕時至東漢，這種理念依然頗有號召力〔註98〕。尤需指出的是，在劉秀時代，時人已將劉強比擬於當年「巫蠱之禍」中的戾太子，據《漢書‧戾太子傳》，當太子被誣時，有人提醒道：「太子將不念秦扶蘇事耶？」一百多年後，亦有人勸劉強「無爲扶蘇、將閭呼天之事！」〔註99〕此外，太子非孤立一人，背後皆有母族爲依託，戾太子爲衛氏；劉強爲郭氏。關於戾太子事件，田餘慶曾指出：「都是針對衛氏而發。」〔註100〕而劉秀爲輔立新太子，一方面大肆重用陰氏，〔註101〕另一方面對郭氏勢力進行嚴密控制和打壓，〔註102〕這些手法和武帝時代如出一轍。

然而，光武帝畢竟不是漢武大帝，他有自己的行事風格。其中最爲核心的是，他常常借助儒學理念，對下屬進行君臣大義的激勵和教育，顧炎武評價爲：「尊崇節義，敦厲名實。」〔註103〕而在這一理念裏，他又特別看重君父同構、家國一體。《後漢書‧馮異傳》載，建武初年，大將馮異長年統兵在外，

〔註97〕金春峰：《漢代思想史》（修訂增補版），北京，中國社會科學出版社，1997年，第 208 頁。「大義滅親」雖典出《左傳》，但此觀點在漢代《春秋》學各傳中頗爲同調，但眞正將其運諸政治，則是《公羊》學。當然，《公羊春秋》不是不講「親親」之情，但是由於對君權的過份強調，發展到漢代，在理論上完全於凌駕親情之上，《後漢書‧宋均傳附意傳》說：「《春秋》之義，諸父昆弟無所不臣，所以尊尊卑卑，強幹弱枝者也。」而《尚書》中雖也宣揚周公誅管、蔡，但卻是以維護宗法親情爲基礎。二者的基調是很有些不一樣的。

〔註98〕如建武年間，朝臣奏言道：「《春秋》之誅，不避親戚。」（《後漢書》卷三四《梁統列傳》，第 1168 頁）；甚至許多年之後，號稱寬厚的章帝在改立太子詔中，也提出了「大義滅親」的問題（《後漢書》卷五五《章帝八王傳‧清河孝王慶》，第 1800 頁）。

〔註99〕《後漢書》卷四二《光武十王傳‧廣陵思王荊》，第 1447 頁。

〔註100〕田餘慶：《論輪臺詔》，《秦漢魏晉史探微》（重訂本），第 39 頁。

〔註101〕〔清〕王夫之說：「日慮明帝之不固，而倚陰氏以爲之援，故他日疾作，而使陰興受顧命領侍中，且欲以爲大司馬而舉國授之。」（《讀通鑒論》卷六《光武》，北京，中華書局，1975 年，第 152 頁）

〔註102〕如建武二十八年，「郭氏薨，因詔郡縣捕王侯賓客，坐死者數千人。」（《後漢書》卷一下《光武帝紀下》，第 80 頁）

〔註103〕顧炎武：《日知錄》卷一三《兩漢風俗》，第 469 頁。

被人訐奏不軌，馮氏急急表達了一通「上尊下卑」的忠心，劉秀詔報導：「將軍之於國家，義爲君臣，恩猶父子。何嫌何疑，而有懼意？」劉秀是極有心計的帝王，以詔書形式公佈一封私函，絕非隨性爲之，這裡面既體現了劉秀高明的御臣之術，更是一種理念的宣明。其要義是將君父大義公之於眾，君臣間須推心置腹，猶若家人。而如今，倘若自己的家人之間都勢如水火，如何面對臣下？

這一次，他的眼光又放到了《尚書》學之上。《論語・爲政》載：

　　　或問孔子曰：「子奚不爲政？」子曰：「《書》云：『孝乎爲孝，
　友於兄弟，施於有政。』是亦爲政，奚其爲爲政？」

將居家孝友看成爲政之舉，是《尚書》學的一大特色。劉秀一直以追蹤堯舜爲重要目標，而據《堯典》，堯「克明俊德，以親九族，九族既睦，平章百姓。」爲先齊家而後國治的典型；舜則孝友家人，最終統御天下。孝，是《尚書》學重要的政治主題。〔註104〕故而，太子受《尚書》時有一核心暗示，維護家族團結穩定，此爲政事之首。此後這一理念深入人心，〔註105〕並在政治生活中得以全面貫徹。劉秀首先既打又拉，待廢后、廢太子以殊禮，《後漢書・皇后紀》載：「禮待陰、郭，每事必平。」晚年還破除常規，褫奪呂后配享高廟的資格，改由「慈仁」的薄太后受祭。有學者認爲，這一舉措有兩大目的，「一是告誡外戚切勿擅權亂政；二是重申皇后陰氏和太子劉莊之正統地位。」〔註106〕我們以爲，還有一個更重要的意義在於，向天下宣告，漢宗室中無論何人，凡不善待家族成員者，就失去了正統資格，必逐出門外。劉秀的苦心應該說有所收穫，明帝一朝雖諸王之亂不斷，但大體上維繫了至少是表面的團結，趙翼說：「蓋自光武及明、章二帝，皆崇儒重道，子弟皆習於孝友之訓者深，故無骨肉之變也。」〔註107〕再進而推之，自開國以來，歷代帝王以婚姻維繫著皇室與功臣之間的親密關係，世族大家作用顯著，家族政治彌漫於東漢一

〔註104〕《尚書・康誥》也說：「元惡大憝，矧惟不孝不友。」這種觀念對後世影響很深。

〔註105〕班固《典引》說：「陛下仰監唐典，中述祖則，俯蹈宗軌，恭奉天經，敦睦辨章之化洽。」《後漢書・馬融列傳》中說：「皇太后體唐堯親九族篤睦之德，陛下履有虞烝烝之孝。」皆秉持這一理念。

〔註106〕張小峰：《薄太后配食「高廟」與光武晚年政局》，《清華大學學報》（哲社版）2010年第1期，第156頁。

〔註107〕趙翼：《廿二史箚記》卷四《東漢廢太子皆保全》，第97頁。

朝。而這些對於整個東漢社會性格的發生和推進，對於後世的歷史走向，都起到了舉足輕重的作用，治史者不可不仔細省察。

五、結語

劉秀時代以「經術之治、節義之防」〔註108〕著稱於世，毫無疑義，這一時期的經學政治達到了一個新的高度。本文立足於這一關鍵時期，以《尚書》學爲個案，深入到歷史的具體情境中，意在通過對經學與政治之間的細部關聯，管窺古代世界的學術性格與政治演進，考察在「學與政」的互動互用中，具體的歷史如何得以銜接、構建，政治文化走勢如何演進、實現。我們認爲，《尚書》學在光武朝政治中有著特別的意義，其影響是廣泛而深入的。它既受政治因素的拉動，又推引著政治的方向，它們之間絲絲入扣，互依互存，共同建構了光武朝及東漢政治的基本面貌。

本文主要從三個方面加以考論：

首先，經由漢人的詮釋和改造，《尚書》作爲神聖的「帝典」，承載著漢家「天命」與「堯統」，在東漢初年極端複雜的正統天命之爭中，成爲了最有力的思想工具。在尋找天命依據的過程中，劉秀集團利用自身的個性事件，積極參用《尚書》的知識成果，曲爲解釋和附會，其中最爲值得注意的是，東漢朝廷利用甚至改造劉秀年齡，以合星象與經義。具體言之則是：1、以對應二十八星宿尋找到與「高祖同符」的天命徵兆，並對應「天經」《尚書》，以經學爲依託，突出「二十八載興兵」的意義，使「敬天法祖」得以實現。2、對堯舜理念加以釐清與拓展。一方面，以「始正火德」爲標誌，使得高祖及大漢政權與堯統、堯運正式合爲一體，在意識形態上結束混亂的局面。另一方面，在將「再受命」作爲漢室復興的標誌時，特意強調自己三十歲即帝位，以合於《尚書》所載的舜之數，這樣就使得漢家王朝既有堯統，更具舜性。

其次，在制度建設上實現了經義與史事的內在融合，使得經典或經典主義開始在制度建構中真正發揮效用。具體言之，則是將經義，尤其是《尚書》學引入「故事」系統，潛默地推進了制度建設，從而完成了從「漢家舊制」到「建武故事」的轉換。由於《尚書》故事成爲制度依託，古制與漢之「舊制」，也即秦法之間實現了溝通，使得意識形態與史事脫節的狀態得以改觀，

〔註108〕顧炎武：《日知錄》卷一三《兩漢風俗》，第469頁。

王霸融合大體得以實現，在不動聲色中實現了制度的「因革損益」，最終形成了獨具特點的建武政治。其名爲「稽古」，實是開新。

第三，建武晚年的政治轉型中，《尚書》學作用凸顯。具體說來，建武政治有一個由「猛」入「柔」的發展進程。《尚書》學成爲了變化的理據所在，並參與到了建武時代的政治轉型之中。而轉換的關鍵點，須從改立太子事件中加以尋求，就背後的文化依託來說，則存在著《春秋》學與《尚書》學之間的一場理論博弈。以改立太子爲契機，建武晚期以來，在政策指導性上，「大義滅親」式的思維方式逐漸隱退，家族團結及家族政治盛行於東漢，在這一進程中，《公羊春秋》一家獨人的優勢地位不斷喪失，《尚書》學日益強勢地進入了政治場域。這對東漢以及此後政治的走向，都帶來了深刻的影響。

總之，《尚書》學在光武朝政治中發揮著樞紐型的作用，與各政治要素之間有著深且巨的關聯。通過對它的研討，我們不僅可以對漢代以來的經典政治及光武政治的個性特點，有一具體的瞭解，更可由此窺見歷史走嚮之伏線，深入體會中國古代政治的獨特性格。

原稿提交於中國秦漢史研究會主辦，南陽師範學院承辦的「中國秦漢史研究會第十三屆年會暨國際學術研討會」（2011 年 8 月 19～22 日），後收錄於中國秦漢史研究會編：《秦漢史論叢》（鄭州大學出版社 2014 年）第十三輯。

《赤伏符》與劉秀的帝業道路

一、前言

公元 25 年 6 月，借助於一道《赤伏符》，劉秀在群臣的擁戴之下登基即位，建元建武。《後漢書・光武帝紀上》載：

> （公元 25 年 5 月），行至鄗，光武先在長安時同舍生強華自關中奉《赤伏符》，曰：「劉秀發兵捕不道，四夷雲集龍鬥野，四七之際火為主。」群臣因復奏曰：「受命之符，人應為大……」光武於是命有司設壇場於鄗南千秋亭五成陌。

> 六月己未，即皇帝位。燔燎告天，禋於六宗，望於群神。其祝文曰：「皇天上帝，後天神祇，眷顧降命，屬秀黎元，為人父母，……讖記曰：『劉秀發兵捕不道，卯金修德為天子。』秀尤固辭，至於再，至於三。群下僉曰：『皇天大命，不可稽留。』敢不敬承。」於是建元為建武，大赦天下，改鄗為高邑。

檢視上文，所謂「受命之符」、「眷顧降命」云云，皆圍繞著《赤伏符》而展開，就當時的意識形態而言，這是劉秀得以稱帝的基本根據。綜觀史事，這一符命在劉秀的政治生活中可謂舉足輕重，不僅對其稱帝發揮了關鍵性作用，日後對於統一天下、中興漢室，亦有著不可估量的價值。故而有學者說：「光武之興，以劉秀名應圖讖，先聲奪人，不五載而成帝業。」〔註1〕

〔註 1〕 程樹德：《國故談苑》卷 2《東漢圖讖之學》，商務印書館，1939 年，第 55 頁。林劍鳴說：「這就是『天』令劉秀當皇帝的證據。」氏著：《秦漢史》（下冊），上海人民出版社，1989 年，第 167 頁。

　　就史學層面而言，毫無疑義，對《赤伏符》的深入研究，必將成爲解讀兩漢，尤其是劉秀時代政治文化的關鍵。然而，這道符命又是充斥著各種問題的文件，有學者直斥爲：「來歷不明的『符』。」〔註2〕在兩漢之際波譎詭異的歷史風雲中，它時隱時現，與各種複雜的軍政鬥爭糾葛在一起，要進行徹底的清算難度極大。筆者以爲，對《赤伏符》進行解讀的一大關鍵在於劉秀之帝業。換言之，討論《赤伏符》問題，需將其放置在劉秀帝業建構的動態進程之中，歷史性地加以考察。這種研究路向學界不乏其人，其中前輩學者陳槃居功甚偉，在《古讖緯研討及其書錄解題》〔註3〕中，他對於《赤伏符》及相關問題多有論及，發前人所未發，爲後人的深入研究提供了堅實的基礎。近年來，黃復山、楊權、陳蘇鎮等學者對此問題紛紛作出專題研討，使研究層面更進一步。〔註4〕然而，由於史事之隱晦，論題之複雜，研究者雖各有貢獻，時至今日，一些關鍵性的問題不僅沒有得到根本破解，甚至還產生了一些新的誤區。故而，在前賢時彥的研究基礎之上，對《赤伏符》與劉秀帝業問題作更深一步的專題性研討，成爲勢所必然。

二、帝業視野下的《赤伏符》本事再考辨

　　《赤伏符》說到底是替劉秀稱帝而大造輿論的工具。從這個意義上來說，對其本源的探究應從帝王身份問題開始。〔註5〕

　　《赤伏符》文句以「劉秀發兵捕不道」爲核心，它最爲鮮明地揭示出了劉秀的帝王之兆。然而，此句與古代中國的政治文化習慣卻頗有牴牾。理由在於，劉秀之名不得隨意直呼，按照「冠而字之，敬其名也」〔註6〕的慣例，

〔註2〕 林劍鳴：《秦漢史》（下冊），第 221 頁。

〔註3〕 國立編譯館，1991 年。

〔註4〕 具體成果可參看黃復山：《東漢讖緯學新探》（臺灣學生書局 2000 年）、楊權：《新五德理論與兩漢政治：「堯後火德」說考論》（中華書局 2006 年），陳蘇鎮：《兩漢之際的讖緯與公羊學》，北京大學中國古代史研究中心編：《未名中國史（2001～2007）》上冊，北京大學出版社 2009 年。又，陳蘇鎮：《漢代政治與〈春秋〉學》（中國廣播電視出版社 2001 年）中亦有相關討論。關於這一問題，其它學者亦有涉及，所引成果，隨文注出，不再贅述。

〔註5〕 對於《赤伏符》本事的考辨，黃復山《東漢讖緯學新探》有「東漢圖讖《赤伏符》本事考」一節；楊權《新五德理論與兩漢政治：「堯後火德」說考論》有「《赤伏符》考辨」一節，然皆意有未達，或猶有可訂正、補足之處，僅就論題所及，作再考辨。

〔註6〕 《儀禮》卷2《士冠禮》，阮元校刻《十三經注疏》本，中華書局，1980 年影

中國成年男子自稱其名，他人則當稱字不稱名，何況是貴爲帝王者？尤爲重要的是，在漢代，臣民不言君王名諱乃是嚴格遵守的禮法〔註7〕，君王及孔子，除非是自稱，一般是不稱名的。而此處之「劉秀」顯然不是自稱，爲他稱之詞。所以，若是指稱光武，當敬諱其名，稱其字文叔，它的正常表達應爲「文叔發兵捕不道」，或簡並姓字爲「劉文發兵捕不道」、「劉叔發兵捕不道」。若以地望或官位來指稱，雖效果稍有折損，也遠勝於直呼其名。簡言之，此處以「劉秀」指稱光武乃下下之選。〔註8〕揆之實例，亦是如此。在現存讖緯中，「帝王受命之符主要以漢高祖與光武帝爲多。」〔註9〕高祖因其字「季」，故而在讖緯中，「劉季」成爲最慣用的稱謂，幾乎無稱「劉邦」者。〔註10〕血統

〔註7〕 印本，第 958 頁。《禮記·冠義》：「冠而字之，成人之道也。」孔疏曰：「人二十有爲人父之道，不可復言其名，故冠而加字之也。」第 1680 頁。

〔註7〕 王鳴盛曾批評司馬遷和班固在史書中不書漢帝名諱，違背史書「記實」性質。《十七史商榷》卷2《高祖記不書諱》云：「《史記》於高祖云字季，不書諱，餘帝則諱與字皆不書，《漢書·本紀》因之，馬、班自以爲漢臣故也。」（黃曙輝點校，上海書店出版社，2005 年，第 14 頁）從另一個角度來看，不言帝王名諱正是兩漢的政治習慣，甚至連「良史」亦不例外，可見此風之盛。考之史籍，稍屬特殊的是王莽時代的一例，據《漢書·王莽傳下》，爲從心理上震懾綠林軍，莽臣引《周易》中的「伏戎於莽，升其高陵，三歲不興。」附會道：「莽，皇帝之名；升謂劉伯升，高陵謂高陵侯子翟義也。言劉昇、翟義爲伏戎之兵於新皇帝世，皆殄滅不興也。」然而，且不說此爲唯一特例，尤爲重要的是，一、此時王莽已四面楚歌，正可見其黔驢技窮，慌不擇路。二、嚴格地說起來，此處所引爲經書，非有針對性造設的讖文。三、在其它正規讖文中，王莽名號或稱「安漢公」，或稱「假皇帝」，還是完全吻合稱字號不稱名的習慣。

〔註8〕 對於「劉秀」之名，孫家洲認爲：「秀有出類拔萃之意。如此，漢家宗室中，任一傑出人物，都可視爲『劉氏之秀』，而不必坐實即以劉秀爲姓名。」（氏著：《兩漢政治文化窺要》，泰山出版社，2001 年，第 226 頁）此說雖可備一家之言，但就當時的語境來說，頗有難合之處。《白虎通·總論聖人》云：「五人曰茂，十人曰選，百人曰俊，千人曰英，倍英曰賢，萬人曰傑，萬傑曰聖。」因避光武之諱，文中所謂「茂」即爲「秀」，而《禮記·王制》中說：「命鄉論秀士，升之司徒，曰選士。」可見「秀」在當時雖有突出者之義，但不具帝王之資，帝王應是「萬傑」之「聖」，所謂「非聖不能受命」（《白虎通》卷7《古聖人》，陳立撰，吳則虞點校：《白虎通疏證》，中華書局 1994 年，第 336 頁）才是當時的通識。故而，如選一泛指之詞，當以「聖」爲上選，而不應該是「秀」。

〔註9〕 徐興無：《讖緯文獻與漢代文化建構》，中華書局，2003 年，第 2～3 頁。

〔註10〕 對於「季」本是排行還是名，歷來有所爭論，但是自高祖爲帝後，「邦」爲大名，「季」爲字已成爲一般通識。

一脈相承，又同為開朝君王，自當同類指稱，兩相比較，「劉秀」之名不是很有些反常嗎？

文句既反常，疑竇自然滋生，然而正因其可疑，卻有一點無可置疑：此符非為劉秀量身定做。這樣則推翻了學界一般所認為的：「有可能是劉秀授意他人炮製的，也有可能是他人為了攀附劉秀而炮製的⋯⋯量體裁制的政治讖言。」〔註11〕

這一說法無法成立，還可由以下事實加以輔證：《赤伏符》分別得自於兩處：即河北的中山地區和關中的長安地區，它們在文句上大體相同。據《宋書・符瑞志上》：

> 光武平定河北，還至中山，將軍萬修得《赤伏符》，言光武當受命。群臣上尊號，光武辭。前至鄗縣，諸生強華又自長安詣鄗，上《赤伏符》，文與修合。

細加分析，不難看出，如果劉秀君臣要自造符命，沒有必要將其分置於相隔千里之遙的兩地，更何況當時強華所在的關中地區並不在劉秀控制之下，且局勢極為混亂。如進行一場這樣的政治表演，不僅沒有必要，也是愚蠢的冒險，更別說不吻合劉秀沈穩之個性。正因為如此，臣下在進行勸進時，特別以「萬里合信，不議同情」〔註12〕為說辭。亦可見兩地同出的符命能相互映證，其真實性為群體心理所接納。

這一預言既然一開始不是為劉秀所造，那麼，所指為誰呢？答案是劉邦。〔註13〕

除了《後漢書》的相關記載，《赤伏》一名還見於《琴操》，原書已佚，但通過《藝文類聚》，我們可見其原貌，其文字為：

> 魯哀公十四年，西狩。薪者獲麟，擊之，傷其左足，將以示孔子。孔子道與相逢見，俛而泣，抱麟曰：「爾孰為來哉？孰為來哉？」反袂拭面，仰視其人，龍顏日角。夫子奉麟之口，須臾吐三卷圖，

〔註11〕 楊權：《新五德理論與兩漢政治：「堯後火德」說考論》，第231頁。按：此說應本之於陳槃，陳氏指出：「由其本人抑或臣屬故造此《符》，隨之流傳長安。」氏著：《古讖緯研討及其書錄解題》，第73頁。

〔註12〕 《後漢書》卷1上《光武帝紀上》，中華書局點校本，1965年，第21頁。

〔註13〕 陳蘇鎮曾指出：「『劉秀發兵捕不道』原來很可能就是『劉季發兵捕不道』，後來才被人竄改。」（氏著：《兩漢之際的讖緯與公羊學》，《未名中國史（2001～2007）》上冊，第36頁）惜未深論。

一爲《赤伏》，劉季興爲王；二爲周滅，父子將終；三爲漢製造，作

《孝經》。夫子還謂子夏曰：「新主將起，其人如得麟者。」〔註14〕

這是根據《春秋》哀公十四年因「獲麟」而孔子絕筆，從而附會出來的文字。習漢史者皆知，在西漢讖緯系統中，孔子和漢高祖是最具特殊身份的政治人物，其事蹟不斷被神化。前者以「素王」身份爲漢製法；後者則是應天受命的聖人。特別是《公羊》家們，抓住「獲麟」之事大做文章，在這一話語系統中，「獲麟」的主人被定格爲「薪采者」，孔子則成爲預言家，暗喻在幾百年後，劉邦將以布衣興兵爲天子。這是漢意識形態裏的核心觀念，在各種讖緯中被反覆提及。〔註15〕《赤伏》當爲由此衍生而出的受命之符，〔註16〕所作時間應是漢火德說開始盛行的西漢中後期。而符命者，有廣狹二義，廣義的符命指各種讖言，狹義的符命乃君王得天下之直接依據，當年王莽就曾以《符命》昭示自己統治的正當性，它非一般讖言可比，在讖緯系統中佔據著核心位置。〔註17〕

〔註14〕歐陽詢撰，汪紹楹校：《藝文類聚》，上海古籍出版社，1982年，第185～186頁。

〔註15〕《公羊傳》哀公十四年曰：「然則孰狩之？薪采者也。薪采者則微也。曷以爲狩言之？大之也。……有王者則至，無王者則不至。」何休注云：「夫子素案圖錄，知庶姓劉季將代周。見薪采者獲麟，知爲其出。何者？麟者木精，薪采者庶人。燃火之意，此赤帝將代周居其位。故麟爲獲薪者所執，西狩獲之者，從東方王於西也。東如西，金象也，言獲者，文戈文也，言漢姓卯金刀，以兵得天下。」（阮元校刻《十三經注疏》本，第2353頁。）又，何休所引故事見《尚書中候・日角》（安居香山、中村璋八輯：《緯書集成》，河北人民出版社1994年，第451頁），在《孝經援神契》、《孝經中契》、《孝經右契》中其文字大同小異。（分見《緯書集成》第992、995、1000～1001頁）此外，《春秋演孔圖》亦云：「經十有四年春，西狩獲麟，赤受命，蒼失權，周滅火起，薪采得麟。」（《緯書集成》，第579頁）

〔註16〕《春秋繁露・符瑞》說：「有非力之所能致而自至者，西狩獲麟，受命之符是也。」《說苑・至公》：「上通於天而麟至，此天之知夫子也。」

〔註17〕在漢代讖緯系統中，「符」或者「符命」是擁有特殊意義的語詞。概而言之，它是帝王受命的證明。據《漢書・王莽傳》（中華書局點校本1962年），王莽得天下後，將讖緯進行結集，以此來統一思想。他一方面樹立讖緯中央系統的權威性，開始禁止民間私造讖言；另一方面，擇其重要者曉諭天下，這就是所謂的「大歸言莽當代漢有天下」的「《符命》四十二篇」。《漢書・王莽傳中》載：「遣五威中郎將王奇等十二人班《符命》四十二篇於天下，德祥五事，符命二十五，符應十二，凡四十二篇。」如果仔細考察這「四十二篇」，可以發現，廣義的《符命》爲一總稱，狹義的「符命」則是直接說明受命依據的神學文件，有學者指出：「所謂『符命』，主要係以王者受命之徵驗爲主。」（陳

要之，所謂《赤伏》原為劉邦受命所造，其核心句應為「劉季發兵捕不道」。讖緯本存於民間，俗字、別字極多，《後漢書・儒林列傳・尹敏》載：「讖書非聖人所作，其中多近鄙別字。」顧炎武解釋道：「近鄙者，猶今俗用之字；別字者，本當為此字，而誤為彼字也。」加之漢為寫本時代，輾轉傳抄之時，因其形似，「季」訛為「秀」字，這是完全符合情理的。〔註18〕

而「四夷雲集龍鬥野」者，也與高祖時代有相合處。自漢建立以來，少數民族的軍事力量就與之相始終，「四夷」在兩漢資料中所見極多，並大多與軍事鬥爭發生聯想，故而《漢書・藝文志》雜賦類中有《雜四夷及兵賦》。簡言之，在當時的意識形態中，凡有兵爭，莫不聯繫到「四夷」及「胡兵」。而漢時的一般意識又認為，兵爭皆有天兆，此天兆就是彗星。《河圖帝覽嬉》說：「彗星出虛，兵大起，天子自將兵於野，大戰流血。」又云：「彗星在月，胡兵大起。」〔註19〕驗之史籍，高祖時代具備了以上各種歷史要素，白登山之圍眾所皆知，而據《漢書・高帝紀上》，漢王三年「秋七月，有星孛於大角。」顏注引李奇曰：「孛，彗類也，是謂妖星，所以除舊布新也。」故而漢人將此作為高祖應命的一個重要標誌，贊之為「奮彗光，掃項軍」。〔註20〕於是，「四夷雲集龍鬥野」應可落實於此。

至於「四七之際火為主」，固然與劉秀的聯繫極為密切，但這是後來的附會，就歷史溯源來說，恐怕一開始還是以漢高祖為本。它應指獲麟之後至高祖興起的二百八十年間，而不是一般所認為的西漢至中興之間的二百二十八年或其它，關於此點，陳蘇鎮氏已作了精闢闡釋。〔註21〕此處我們還需加以

明恩：《東漢讖緯學研究》，臺灣師範大學國文學系博士論文，2005年，第42頁）而漢為火德，《赤伏符》者，則當為漢帝受命之征驗了。（陳槃指出：「漢末有火德之說，故曰『赤』，符者，帝王受命之信物。」氏著：《古讖緯研討及其書錄解題》，第452頁）

〔註18〕顧炎武：《日知錄》卷18《別字》，秦克誠點校：《日知錄集釋》，嶽麓書社，1994年，第645頁。在讖緯中出現誤字、別字是十分常見的，如劉秀時代的《河圖會昌符》，在《續漢書・祭祀志》中，一作「赤劉之九」，一作「帝劉之九」，邢義田在《東漢光武帝與封禪》（氏著：《天下一家：皇帝、官僚與社會》，中華書局2011年，第193頁）中指出：「我猜想赤劉、帝劉或因『赤』、『帝』二字形近而傳抄有訛。」

〔註19〕《緯書集成》，第1142頁。

〔註20〕《後漢書》卷80上《文苑列傳・杜篤》，第2599頁。

〔註21〕陳蘇鎮：《兩漢之際的讖緯與公羊學》，《未名中國史（2001～2007）》上冊，第35～36頁。此處值得補充的是，漢人以獲麟之年（公元前481年）至漢元

辯證的是兩句事後被刪削的句子：「卯金修德爲天子」、「王梁主衛作玄武」。

翻檢史籍，在讖緯系統中，「卯金」天子一般都指劉邦，〔註22〕它出現在《赤伏符》中是題中應有之義。而王梁爲劉秀手下的野王令，因其應讖，一度超拔爲三公之一的大司空。《後漢書·王梁傳》載，「帝以野王衛之所徙，玄武水神之名，司空水土之官也，於是擢拜梁爲大司空。」劉秀之舉，在於將衛、玄武與空間、方位作對應。學界多認爲，此句乃劉秀時代篡削而成。讖緯本就處於動態之中，修改自是常有之事，據《後漢書·儒林列傳》，建武二年，「（光武）帝以（尹）敏博通經記，令校圖讖，使鐲去崔發所爲王莽著錄次比。」而尹敏居然在整理讖緯的過程中將自己的名字添加於內。陳槃以此爲例，認爲，王梁一類的文句必是後世增改而成，他說：「是其時增損圖書以竊冀非望者，蓋已成習見之事矣。」〔註23〕然而，劉秀集團整理讖緯是在建武二年後，〔註24〕劉秀本人是在建武元年六月據《赤伏符》而即位，王梁的任命則是在一個月後，此時還未能改造讖命。更何況，如眞要改造，爲何其它的雲臺二十八將皆不登符命？事實上，與二十八將有關的讖緯一直在進行之中，且爲東漢意識形態中很重要的一環。〔註25〕但此時既未見他們的蹤影，只可說《赤伏符》一開始非劉秀集團所自造，此又正可與前說相映證。

年（公元前 206 年），可推算出 275 或 276 年，陳氏採前者。但以劉邦稱帝年（公元前 202 年）計，則恰爲 280 年。

〔註22〕 如《春秋演孔圖》：「有人卯金，興於豐，擊玉鼓，駕六龍。」（《緯書集成》第 580 頁）《春秋漢含孳》：「劉季握卯金刀，在軫北，字季，天下服。」（《緯書集成》第 812 頁）《孝經右契》：「寶文出，劉季握。卯金刀，在軫北，字禾子，天下服。」（《緯書集成》第 1001 頁）

〔註23〕 陳槃：《古讖緯研討及其書錄解題》，第 454 頁。

〔註24〕 《續漢書·祭祀志上》引光武中元元年二月的封禪詔書云：「建武元年已前，文書散亡，舊典不具，不能明經文。以章句細微相況八十一卷，明者爲驗，又其十卷，皆不昭晳。」又《後漢書·光武帝紀下》載，此年，朝廷「宣佈圖讖於天下」。由此可知，劉秀集團在建武年後開始整理讖緯文書，至中元元年整理完成，欽定爲八十一卷，另有十卷爲存目。又《後漢書·儒林列傳》載：「（薛漢）建武初爲博士，受詔校定圖讖。」有學者指出：「如果尹敏、薛漢是在建武二年受詔校定圖讖的話，到這時正好 30 年，所謂『校定』，那是有所側重和傾向的，定爲主，校爲次。這就是說，尹、薛等人受詔校定圖讖的主要任務，是要爲東漢王朝制定一部爲其服務的適合於劉家政治的、經濟的、利益的統一的讖緯神學。」（王步貴：《神秘文化：讖緯文化新探》，中國社會科學出版社 1993 年，第 35 頁）

〔註25〕 《後漢書·馮異傳》：「披圖案籍，建武元功二十八將，佐命虎臣，讖記有徵。」

　　既如此，則王梁入讖文，非劉秀時代改造的後果，還應該是沿用舊文。黃復山提出，「王梁」即為「王良」，為傳說中之善馭者，在秦漢時已升為星宿。在先秦兩漢典籍中，「王梁」與「王良」常通用，此說可謂發前人所未發。但是，黃氏在後續論證中，依然將「王良」僅對應於星宿及地理方位，竊以為，此乃再入劉秀君臣之窠臼，故旨有未達也。〔註26〕

　　「王良」或「王梁」在兩漢時代為常用名詞，《史記‧天官書》載：「漢中四星，曰天駟。旁一星，曰王良。王良策馬，車騎滿野。」其中「王良策馬，車騎滿野」一句，《論衡‧變動》亦引，可見其為當時的習用語。《史記索隱》云：「天子奉御官也，其動策馬，則兵騎滿野，……皆兵之憂。」「王梁主衛」一句，如跳出方位範疇，理解為替天子拱衛、奉駕，加之「車騎滿野」這一習用語中所含有的兵事、原野等元素，則正可與「發兵捕不道」、「龍鬥野」等互為發明、映證。而「作玄武」一句，亦非僅有方位之寓意，還有服制威嚴之義，《春秋繁露‧服制像》云：「蓋玄武者，貌之最嚴有威者也，其像在後，其服反居首，武之至而不用矣。」則「作玄武」，威嚴者也。不僅如此，由於它具有「武之至而不用」的隱喻，正與前面所說的「獲麟」相映證。《公羊傳》哀公十四年何注曰：「設武備而不害，所以為仁也。」蘇輿指出，前引《春秋繁露》文句正與此義同，皆是發明「說麟」之義。〔註27〕

　　要之，《赤伏符》所言與「獲麟」、高祖之事層層映證，句句皆得落實，它為劉邦受命之符應無疑問。然而，在雲波詭譎的兩漢政治演進中，最後居然轉而成為劉秀的天命資源，這其中不僅有偶然，更是人事拉動的後果，亦是軍政鬥爭的需要。這一切是如何發生的？又如何一路演進？下面，我們就此作進一步探研，以窺東漢政治走嚮之一斑。

三、從「復高祖之業」到「同符高祖」：劉秀集團崛起中的「人謀」與符命

　　王夫之曾評價道：「光武之得天下，較高帝而尤難。」〔註28〕理由是，劉邦時代主要是楚漢爭雄，而兩漢之際局面極亂，各種政治勢力可謂犬牙交錯。劉秀能得天下，在軍政鬥爭中舉措得當是首要因素，所以陳亮說：「自古中興

〔註26〕黃復山：《東漢讖緯學新探》，第61～67頁。
〔註27〕蘇輿撰、鍾哲點校：《春秋繁露義證》，中華書局，1992年，第152頁。
〔註28〕王夫之：《讀通鑒論》卷6《光武》，中華書局，1975年，第133頁。

之盛，無出於光武矣。……此雖天命，抑亦人謀也。」〔註29〕然而，「人謀」之外，善用「天命」，以「人謀」和符命的結合及互動來奠定自己的優勢和勝勢，恐怕就是劉秀集團特有的政治風格了。

從根本上來說，劉秀是個理性的帝王，符命之用其實只是政治的需要，所以，劉秀使用卻不依賴符命，這也正是他高於王莽之處。或者可以這麼說，人謀爲本，符命爲用，順應形勢的變化，一步步地拉動局面向著有利於自己的方向轉化，這是劉秀能夠開創帝業的關鍵所在。

與其它帝王不同的是，早年的劉秀是一個沒有太大野心的人。他「性勤於稼穡」，最高理想也不過是「仕宦當作執金吾，娶妻當得陰麗華。」〔註30〕所謂求田問舍，娶妻得官，如此而已。張蔭麟評價道：「劉秀本是一個沒有多大夢想的人。」〔註31〕而其兄劉縯則不同，他「性剛毅，慷慨有大節。自王莽篡漢，常憤憤，懷復社稷之慮，不事家人居業，傾身破產，交結天下雄傑。」這是一個志存天下，以高祖自居的人，起兵之初，遂明確提出「復高祖之業，定萬世之秋。」所以他常常笑話自己的這個弟弟「事田業，比之高祖兄仲。」〔註32〕將光武比作漢高祖那個同樣好田業的兄弟，的確，如果劉縯不死，劉秀只能是該集團中的得力干將，將輔佐兄長成就大業。

然而，劉縯終究沒有成爲漢高祖，在綠林軍擁立漢家宗室的鬥爭中，雄才大略的劉縯不僅受到排擠，懦弱的劉玄被強立爲帝，甚至不久後還慘遭更始政權的殺害。劉縯之死絕非個人之事，它使劉縯集團面臨著生死存亡，劉秀作爲二號人物，不得不走向前臺，可謂危機重重，殺機四伏，然而，歷史同時也給了他一個新的機遇。此後，劉秀一面韜光養晦，積蓄力量；另一面尋機脫離更始，以圖東山再起。不久後，他受命征戰河北，歷史進入了劉秀時代。

在光武帝業的建立及發展過程中，進入河北是其一生功業的分水嶺。王夫之說：「更始遣光武徇河北，而光武之王業定。」〔註33〕以此爲界，此前雖有昆陽之功，但那時的劉秀畢竟只是未脫離更始政權控制的劉縯集團一份

〔註29〕陳亮：《酌古論·光武》，鄧廣銘點校：《陳亮集》（增訂本），中華書局，1987年，第 51 頁。

〔註30〕《後漢書》卷 1 上《光武帝紀上》，頁 1；卷 10 上《皇后紀上》，第 405 頁。

〔註31〕張蔭麟：《中國史綱》，上海古籍出版社，1999 年，第 224 頁。

〔註32〕《後漢書》卷 14《宗室四王三侯列傳·劉縯》，第 549 頁；卷 1 上《光武帝紀上》，第 1 頁。

〔註33〕王夫之：《讀通鑒論》卷 6《光武》，第 128 頁。

子，而此後，則爲劉秀集團得以獨立形成和發展的階段。這其中至少有兩點值得我們重視，一是劉秀集團是在劉縯集團基礎上發展壯大而來，〔註34〕在策略也即「人謀」上，有著明顯的繼承和發展關係；二是吸取劉縯集團失敗的教訓，在天命問題上加大競爭力度，劉秀本人由不信符讖，轉而大力使用及拉動讖緯爲自己服務。

翻檢史籍，可以發現，劉秀與讖緯早就結下了不解之緣，但他起初根本沒有介意於心。在臨起事之時，李通兄弟曾以「劉氏復起，李氏爲輔」的讖語來遊說劉秀，然而，這並沒有打動他，史載：「光武初不敢當，然獨念兄伯升（劉縯）素結輕客，必舉大事，且王莽敗亡已兆，天下方亂，遂與定謀。」〔註35〕從以上材料可以清楚地看出，劉秀之所以敢於起兵，無外乎兩個原因，一是看到王莽敗局已定，二是劉縯必舉大事，早晚要被拖入反莽鬥爭之中，或者說，劉秀起兵，半是形勢逼人，半是劉縯拖入。在這其間，讖緯幾乎未起絲毫作用。

劉秀的改變與劉縯之死應有重要關聯。

劉縯之死，其原因非一端，然而，沒有天命的明確依託，卻爲極重要的敗因。劉縯雖一直以高祖爲己任，然而，「復高祖之業」者，凡劉氏皆可爲之，當時「劉氏當興」已深入人心，或真或假的劉氏可謂風起雲湧，史載：「十餘年間，中外搔擾，遠近俱發，假號雲合，咸稱劉氏，不謀同辭。」〔註36〕所謂「咸稱劉氏」，實質就是爭奪天下的領導權。所以，當時的問題已不是劉氏該不該復興，而是哪一個劉氏該復興？所以，雖有傾心者認定劉縯爲「眞主」，是「復興劉氏」的不二人選〔註37〕，然而，與之共舉事的李軼也能轉而支持劉玄，並成爲殺害劉縯的主謀之一。畢竟「劉氏復興」非劉縯一人當之，劉玄及他人又何嘗不可呢？當然，更始政權也面臨著同樣的問題，更始三年，方望立前孺子劉嬰爲帝，認爲其爲「劉氏眞人」；〔註38〕《後漢書·耿弇傳》

〔註34〕 劉秀走上反莽道路，直至得天下，與其兄劉縯密不可分，甚至可以說，他的成功就是建立在劉縯基礎之上，劉秀集團乃由劉縯集團轉化而來，《後漢書·劉縯傳》說：「伯升首創大業。」有學者評價道：「劉秀稱帝後，始終不忘『伯升首創大業』之功，一直把劉縯視爲東漢政權的奠基人。」（申春生：《劉縯的歷史功績應當肯定》，《東嶽論叢》1982年第5期，第94頁）

〔註35〕 《後漢書》卷1上《光武帝紀上》，第2頁。

〔註36〕 《後漢書》卷40上《班彪傳》，第1323頁。

〔註37〕 《後漢書·王常傳》載，王常對劉縯極爲欽慕，評價道：「百姓思漢，故豪傑並起。今劉氏復興，即眞主也。」

〔註38〕 《後漢書》卷11《劉玄傳》，第472頁。

載，劉秀初入河北時，耿弇從吏孫倉、衛包不願承認代表更始政權的劉秀，而認爲假託成帝之後的王郎更具合法性，他們聲明道：「劉子輿成帝正統，捨此不歸，遠行安之？」換言之，在當時的軍政環境下，誰是「劉氏眞人」，「劉氏復興」固定於誰才是最爲關鍵性的問題，而在天人感應氛圍濃厚的兩漢之際，「天命」所依託的符命遂成爲了不可或缺的政治要素。

於是，歷史將本應由劉縯承擔的任務轉到了劉秀肩上。

在劉秀征戰河北之前，基本形勢是，更始政權敗象已現，此時正是大力建設自己的軍政集團，紮穩腳跟，從而一步步走向歷史前臺，最終奪取天下的關鍵期。當此之際，選擇何種戰略，實現「人謀」與「天命」的互動，不僅決定劉秀本人的命運，也將決定著歷史的走向。

在這一歷史的關鍵點上，劉秀的同學鄧禹杖策北渡，他與劉秀的一席談話，爲今後的發展奠定了基礎，劉秀集團自此有了明確具體的戰略方向，並開始崛起於群雄間，直至建構出輝煌的中興帝業，鄧禹本人也由此成爲「元功之臣」。〔註 39〕袁宏曾評價道：「鄧生杖策，深陳天人之會，舉才任使，開拓帝王之略。當此之時，臣主歡然，以千載俄頃也。」〔註 40〕鄧禹之策的重要性體現在哪呢？據《後漢書‧鄧禹傳》，鄧禹進說道：

> 更始雖都關西，今山東未安。赤眉、青犢之屬，動以萬數，三輔假號，往往群聚。更始既未有所挫，而不自聽斷。諸將皆庸人屈起，志在財幣，爭用威力，朝夕自快而已，非有忠良明智，深謀遠慮，欲尊主安民者也。四方分崩離析，形執（勢）可見。明公雖欲建藩輔之功，猶恐無所成立。於今之計，莫如延攬英雄，務悅民心，立高祖之業，救萬民之命。

鄧禹之策的基本精神是脫離更始，自謀發展。他立足於形勢，判定了更始政權必敗的命運，故而，即使想依附於更始，「建藩輔之功」，也是愚蠢和不現實的。而要自我發展，則必須注意三個問題，一是「延攬英雄」，通過吸納人才，打造隊伍，致力於本集團的壯大和發展；二是注意民心動向，爭取民眾支持，即「務悅民心」；三是要在正統性之爭中牢牢把握主動，所謂「立高祖

〔註 39〕《資治通鑒》卷 39《漢紀三十一》胡三省注曰：「鄧禹爲中興元功，實本諸此（策）。」上海古籍出版社，1987 年，第 262 頁。《後漢書集解‧鄧禹傳》亦引胡注之說。

〔註 40〕《後漢紀》卷 7《光武皇帝紀》，袁宏撰、張烈點校，中華書局，2002 年，第 120 頁。

之業」，也即是要搶奪高祖繼承人的法統地位。以上三點，互為一體，它們本應是劉縯所致力的事業，然而，當年那個以高祖自居的劉縯因遭不測，已不復存在，更為重要的是，劉縯雖「人謀」過人，「天命」建設上卻乏善可陳。在這樣的背景下，那個曾被兄長認為沒有帝王氣度的劉秀，唯有在「人謀」之上加大天命建設，毫無遲疑地走向「同符高祖」之路，才可能承接和發揚兄長未竟之業，從而超越更始，中興漢室。

我們可以注意到，執著於娶妻、得官、耕田之事的劉秀自此不復存在，他開始大力打造及宣揚自己與高祖的契合性。在當時天下紛擾的情況下，要成為「眞主」，「去偽存眞」，就必然要和高祖在天命上實現銜接。這是劉縯及更始的短板，卻為開創帝業的劉秀全力關注。《後漢書‧光武帝紀下》載，王莽改制時的「貨泉」錢文或被讀為「白水眞人」，因劉秀故鄉為白水鄉，它從而被解讀為劉秀作為「眞主」的預兆。可是我們卻有理由相信，這是劉秀在意識形態上搶奪的後果，因為更始帝劉玄同樣出於南陽白水鄉，他們都是居於此地的舂陵侯之後。〔註41〕但由於劉秀集團的工作，更始的痕跡被刨除，最終演進為「龍飛白水，鳳翔參墟」的意識形態體認，李善指出：「白水，謂南陽白水鄉也，世祖（劉秀）所起之處也。」而「參墟」則指河北地帶，「討王郎於河北，北為參、虛分野」。〔註42〕它所對應的故鄉和龍興之地，正可呼應高祖起於豐沛，興於蜀漢的歷史，於是「高祖從亭長提三尺劍取天下，光武由白水奮威帝海內」〔註43〕，成為了東漢人的共識。有學者認為：「劉秀作為帝王的品行性格是沿著當時叛亂群體期待著出現『眞主』這種《後漢書》的作者范曄所述情節來描寫的。」〔註44〕要之，經過這樣的工作，「求田問舍」的劉秀逐漸被打造成為了與高祖相契合的光武皇帝，是天下之「眞主」。「同

〔註41〕《後漢書‧宗室四王三侯傳‧城陽恭王祉》載：「元帝初元四年，（考侯仁）徙封南陽之白水鄉，猶以舂陵為國名，遂與從弟鉅鹿都尉回及宗族往家焉。」劉回為光武祖父，隨從兄舂陵考侯仁遷居白水，然而史籍中對劉仁親弟，即劉玄祖父劉利卻不作交代，很可能是東漢朝廷故意刊削造成的。但《後漢書‧劉玄傳》云：「使人持喪歸舂陵。」可見劉玄也是居於此地。

〔註42〕 張衡：《東京賦》，蕭統編、李善注：《文選》卷3《賦乙》，上海古籍出版社，1986年，第102頁。

〔註43〕 王充：《論衡》卷19《恢國篇》，黃暉撰：《論衡校釋》，中華書局，1990年，第826頁。

〔註44〕〔日〕五井直弘著，蔣鎮慶、李德龍譯：《中國古代史論稿》，北京大學出版社，2001年，第115頁。

符乎高祖」〔註45〕潛默爲了時人的通識，馬援在擇主之時，最終投奔劉秀，一個極爲重要的理由就是：「今見陛下，恢廓大度，同符高祖，乃知帝王自有眞也。」〔註46〕這種形象的產生與出道前的劉秀迥然有異，其間一定有著劉秀集團人爲的拉動和工作，而啓動的時間節點當爲經營河北之時。它既是當時的「人謀」，更是應和符命的必然要求。

然而，「白水眞人」雖比之「劉氏復興」中的「劉氏」更具確定性，但缺點是沒有唯一對應性，畢竟劉玄也可應讖。雖然可以通過各種工作消除其影響，但畢竟留有「天命」隱患，隨著劉秀集團的日漸壯大，稱帝之時，光靠「白水」等暗示已難以滿足意識形態要求。尤爲值得指出的是，光武稱帝之際，在赤眉的進攻下，更始不知所終，天下尤其是關中一帶亂象紛紛，史載：「更始敗亡，天下無主。」〔註47〕公孫述遂利用「八ム子系，十二爲期」等讖語，在西蜀自號爲成家皇帝。《後漢書·公孫述傳》載：「自更始敗後，光武方事山東，未遑西征。關中豪傑呂鮪等往往擁眾以萬數，莫知所屬，多往歸述。」此外公孫述還不斷向民眾宣示讖緯，「數移書中國，冀以感動眾心，帝患之。」通過以上材料，至少說明了如下問題，公孫述利用讖緯迷惑民眾，不僅拉攏了關中的實力派，而且對劉秀所在的中原地帶也造成了極大危險。應敵之道固非一端，然而，從意識形態上打倒敵手最是當務之急。無論是「白水眞人」還是公孫述的讖命都是以暗喻形式呈現，解釋中有不確定性，故而，劉秀一方面就公孫述的讖命進行新解釋，在意識形態交鋒中，擊碎了其天命迷夢。另一方面，按照「天命」的發展路徑，《赤伏符》的出現和大力利用成爲水到渠成之事，是當時的必然選擇。所以，雖然「劉秀」的指稱不那麼合符規範，但是它畢竟直指光武帝本人，具有唯一確定性，這一點是其它符命及用讖者所無法比擬的。

當然，在當時的軍政環境下，如果沒有《赤伏符》，也可能會有別的同類「符」或符命性質的「天意」出而擔當光武政權的神學護衛，但有一點是不變的，那就是，這種符命只有建立在長期的「人謀」之才可能發揮效應。從這個意義上來說，人謀和「符命」是劉秀集團崛起的兩翼，是帝業依憑的根本所在。

〔註45〕 《後漢書》卷40下《班固傳》，第1361頁。
〔註46〕 《後漢書》卷24《馬援列傳》，第830頁。
〔註47〕 《後漢書》卷17《馮異傳》，第645頁。

四、帝業之固與符命之用：《赤伏符》之修正及再詮釋

建武元年，劉秀以《赤伏符》即帝位，就帝業角度來說，這並非意味著《赤伏符》已完成歷史使命，在以後很長一段時間裏，《赤伏符》不僅繼續為劉秀的「天命」提供精神資源，其自身也在軍政鬥爭中得以動態演進。具體說來，一方面為適應政治的需要，《赤伏符》不斷進行著修正和再詮釋；另一方面，它又為劉秀帝業的穩固提供意識形態支持。《赤伏符》的政治走向和劉秀帝業之間的關係越來越密切，這其中既有現存的歷史條件為其提供基礎，更由劉秀集團有意識的工作所造就。

《赤伏符》的修正和再詮釋當然是為了鞏固帝業，實現中興，這是當時意識形態的緊迫任務。但為何即位後，非要對其進行修正和再詮釋不可呢？理由有三：一、此符命本就不是為劉秀所打造，不修正和再詮釋勢必難以保證在未來的政治契合。二、軍政鬥爭的實踐提出了許多新問題，如果要求實踐強行屈從於「天命」，是走王莽的老路，長此以往，政權必處於飄搖之中，唯有遵從現實的原則，改定理論才可能長治久安。三、即帝位並非意味著帝業已固，恰恰相反的是，新一輪爭鬥才剛剛展開。直至建武十二年後平定公孫述，統一天下，此時帝業之爭才算基本結束。在長期慘烈的軍政環境下，《赤伏符》的詮釋和使用能為劉秀集團爭取到更為有利的地位。

《赤伏符》的修正主要是對其句式進行改進和定型。它的基本工作是刪減和固結於讖緯系統之上。

就句式的刪減來看，《赤伏符》後來定型為三句，但它的原文本絕不止於此，據現有資料，有二句被刪削，其一，「卯金修德為天子」。此句原出現於即位詔書中，即「劉秀發兵捕不道，卯金修德為天子。」從字面上來看，明言為天子，對帝業有利，為何還要去除呢？由前可知，此句往往與劉邦的名姓結合在一起，它本就是劉邦之讖。從建武二年開始，劉秀「校定圖讖」，歷時 30 年公之天下，其重要性和謹慎度不言而喻。在這一欽定讖緯系統中，高祖受命為天子之類的句子必不可少，從現今留存的讖緯文獻來看，「卯金修德為天子」既保留於高祖讖中，則從劉秀讖中將其刪除，也就是必然而然的事情了。不僅如此，我們在其它的圖讖中，再也看不到「卯金修德為天子」與劉秀讖的結合，可見當時在這方面的工作力度。其二，「王梁主衛作玄武。」據《後漢書》《光武帝紀》及《王梁傳》，它確然出於《赤伏符》，王梁並由此在建武元年七月丁丑日被超拔為大司空。光武於六月即位，七月首次任命臣

屬，幾天前，元功之臣鄧禹被任命為了大司徒，王梁是第二位任命的高官，由此可見劉秀對《赤伏符》的重視。然而，王梁雖為佐命之臣，但功業相對微薄，遂引起了重臣們的不滿，六天後，劉秀又欲援用此例，任用另一位功業不顯的孫咸為大司馬，結果遭到眾臣的抵抗。《後漢書·景丹傳》載：「世祖即位，以讖文用平狄將軍孫咸行大司馬，眾咸不悅。」李賢注引《東觀記》所載讖文曰：「孫咸征狄。」可見任命孫咸也是以讖緯行事。劉秀畢竟是個講求現實的人，最終理性精神佔據了上風，在自己的做法遭到重臣抗拒後，沒有一意孤行，而是改變策略，讓屬下推舉人選，在尊重眾議的基礎上，遂於壬午日「以大將軍吳漢為大司馬。」〔註48〕值得我們注意的是，據《後漢書·王梁傳》，建武二年，在征戰中，王梁與大司馬吳漢等不能相合，光武立刻褫奪王梁官職，甚至下達了極刑的指令。雖然不久復為他官，但卻再也沒有能夠成為大司空這樣的頂級官員，最終黯然遠離權力核心。王梁的命運轉折看起來不是一種偶然，很可能是功臣集團間的一場爭鬥，其根源應是軍功重臣與讖命之臣之間的齟齬所至。也正因為如此，為了更好地「延攬英雄」，保持本集團的健康發展和帝業的穩固，這條讖文最終被捨棄，到「宣佈圖讖於天下」的時候，遂定型為三句。要之，刪削的基點和依據是帝業需要及政治理性精神。

至於固結於讖緯系統，其目標在於建構出理論化、系統化的符命解釋，以表現帝業之合法性及天命性。此前王莽曾以《符命》四十二篇為基礎建構了這樣一個神學意識形態，劉秀沒有完全仿傚，而是借用所謂的河圖、洛書系統，以說明自己的天命正當性。據《續漢書·祭祀志上》載，在中元元年的封禪文中，劉秀明白宣示道：「皇帝唯慎河圖、雒書正文。」並列舉了一連串與河洛圖書有關的讖文，定型後的《赤伏符》被排在第一位，但已更名為《河圖赤伏符》，改造成了河洛圖書系統的首要符命。〔註49〕此時距劉秀即帝位已經33年了，意識形態建設已開始成熟和定型，劉秀進行這樣的宣示和調整，如加揣測，有兩大原因，一是依傍經學。按照封禪文中所說的：「河雒命后，經讖所傳。」河洛圖書的說法不僅存於讖緯系統中，在《周易》、《尚書》、《論語》中也隱約可覓。這就為劉秀政權增加了經學

〔註48〕《後漢書》卷1上《光武帝紀上》，第23頁。
〔註49〕為了彌補刪削「卯金修德為天子」的不足，在這一系統的《河圖合古圖》中亦說道：「帝劉之秀，九名之世。」

依據，比之王莽生造出的四十二篇《符命》其權威性更強、更大。二是與高祖讖劃清界限。一個很可能的原因在於，《赤伏符》本脫胎於《春秋公羊傳》，而河洛之學更接近於《周易》、《尚書》等經籍，盡力脫離《公羊》的「獲麟」理論去重新立說，從此不再是孔子爲劉邦預言，而是切實成爲劉秀的「天命」話語。

修正之外，《赤伏符》的再詮釋則是結合當時的軍政環境，提出和拉動對自己有利的新解釋，從而徹底覆蓋原來的「獲麟」之說，使之成爲獨立的劉秀之讖。應該說，這種再詮釋進行得極爲成功，數千年來視聽皆爲轉移，幾乎無人懷疑《赤伏符》本非劉秀之讖。

在這種再詮釋中，「劉秀發兵捕不道」中的「劉秀」爲誰最是關鍵。

習漢史者皆知，兩漢之際有兩個劉秀，一個是光武帝，另一個則是投靠王莽的國師劉歆，後更名爲劉秀。東漢以來，人們一般都認爲，劉歆更名是爲了迎合《赤伏符》。《漢書·劉歆傳》載：「歆以初平元年改名秀，字穎叔。」應劭注曰：「《河圖赤伏符》云『劉秀發兵捕不道，四夷雲集龍鬥野，四七之際火爲主。』故改名，幾以趣也。」通過前輩學者的研究，劉歆改名應讖之事現已被完全推翻，〔註 50〕但即使如此，劉歆與《赤伏符》的關係依然若斷若續，成爲兩漢之際的一大政治焦點。劉歆與《赤伏符》的關聯主要有二條材料，一是術士西門君惠的讖記，二是蔡少公的讖言。

第一條材料見於《漢書·王莽傳下》：

> 衛將軍王涉素養道士西門君惠。君惠好天文讖記，爲涉言：「星孛掃宮室，劉氏當復興，國師公姓名是也。」

因西門君惠之言，更始元年，王涉遂與大司馬董忠聯合劉歆謀誅王莽，事泄被殺。學界一般認爲西門所說的讖記就是《赤伏符》，如陳槃認爲：「西門君惠引《讖記》言：『劉氏當復興，國師公姓名是也。』此讖記亦指《赤伏符》，國師公謂劉歆。」〔註 51〕

第二條材料見於《後漢書·鄧晨傳》：

> （劉秀起事前），光武嘗與兄伯升及（鄧）晨俱之宛，與穰人蔡

〔註 50〕 錢穆首先指出劉歆更名與讖緯無關，見《劉向歆父子年譜》，氏著：《兩漢今古文平議》，商務印書館，2001 年，第 83 頁。具體考訂，則以陳槃論之最詳。見氏著：《古讖緯研討及其書錄解題》，第 70～73 頁。

〔註 51〕 陳槃：《古讖緯研討及其書錄解題》，第 453 頁。

少公等讖語，少公頗學圖讖，言劉秀當爲天子。或曰：「是國師公劉
秀乎？」光武戲曰：「何用知非僕耶？」坐者皆大笑。

這條材料中所出現的讖言也一般被人視爲《赤伏符》中的內容，如陳蘇鎮說：
「地皇三年後始流傳開來的『言劉秀當爲天子』的讖，很可能就是《赤伏符》。」
〔註52〕

然而，如果我們仔細考察，不難發現，《赤伏符》中沒有「劉氏復興」，
亦沒有「劉秀爲天子」的字樣，前一條，在劉秀起兵之時曾由李通兄弟加以
利用，來自於其父李守，其文爲「劉氏復興，李氏爲輔。」〔註53〕後一條則
應是「劉季」的訛寫，一如《赤伏符》之例，在兩漢讖緯中，本源應是《河
圖玉英》中的：「劉季爲天子」，與《赤伏符》應是不同的系統。〔註54〕而最
後它們糾結在一起，除了本在的密切關係，更爲主要的是，劉秀集團很可能
在其中作了輿情的推動工作，使之增改爲有利於光武的內容。

這種增改主要體現在兩點：一是將「漢家復興」與「劉秀爲天子」進行混
淆，《後漢書·光武帝紀下》說：「初道士西門君惠、李守亦云劉秀當爲天子。」
這應是東漢以來所流行的觀念。然而，比照西門君惠和李守之言，他們的原話
無一不是「漢家復興」，與「劉秀爲天子」這樣確定性的說法語詞有隔，不可輕
易等同。二是借助劉歆改名之事，以其爲橋梁，讓應讖者最終落實到光武身上。
我們可注意的是，不僅劉歆改名與讖命無關，劫殺王莽亦無應讖之想，據《王
莽傳》，劉歆等人最終的打算是「東降南陽天子」，即向更始政權納降，誠如有
學者所指出的：「起事既以『東降南陽天子』爲目的，又僅以『興漢』爲辭，而
非自立爲天子，可見已視『南陽天子』更始爲正統，未有『劉秀爲天子』之意
也。」〔註55〕換言之，就主觀而言，劉歆從未作受命爲天子之想。那麼從客觀
而言，又是否如有學者所說的，雖劉歆無此意，但《赤伏符》的出現，表明「人
們曾將漢室復興的希望寄託在劉歆身上」〔註56〕呢？

〔註52〕陳蘇鎮：《兩漢之際的讖緯與公羊學》，《未名中國史（2001～2007）》上冊，
第 34 頁。

〔註53〕此讖文亦見於《漢書·王莽傳下》，卜者王況言：「漢家當復興，（李氏）當爲
漢輔。」

〔註54〕《緯書集成》，第 1193 頁。《琴操》中說：「一爲赤伏，劉季興爲王。」但在
兩漢之際的《赤伏符》文句中，應該沒有由「劉季興爲王」訛寫而來的「劉
秀爲天子」，因爲如果有這樣的表達，劉秀集團不可能不加以利用。

〔註55〕黃復山：《東漢讖緯學新探》，第 35～36 頁。

〔註56〕陳蘇鎮：《漢代政治與〈春秋〉學》，第 402 頁。

這種看法從邏輯上似乎可通，但不合情理之處頗多。首先，劉歆以漢家宗室助莽簒漢，有學者說：「王莽攝政的『安漢』、『宰衡』尊號，以及稱帝前『符命』的製造，都是得計於劉歆而成的。」〔註57〕宋人陳亮曾嚴厲斥責道：「自古大臣之無恥，莫甚於（劉歆），」「歆之罪過於王氏。」〔註58〕可以想見的是，對於當時的擁漢者來說，劉歆幾乎無人望可言，如要造作讖命，將希望寄託於此人身上實在是不可想像。其次，劉歆一直「典儒林史卜之官」〔註59〕，作爲王莽集團的核心成員，亦以「典文章」〔註60〕服務莽朝，讖緯爲其執掌範圍。爲劉歆造符命猶如班門弄斧，難有權威性，一般人所不願爲。其三，劉歆在讖文中應屢見不鮮，但他的角色不是做皇帝，而是輔佐新皇帝王莽。《漢書‧王莽傳中》載：「嘉新公國師（劉歆）以符命爲予（王莽）四輔。」必須注意的是，此時劉歆已改名，他是以劉秀的名目，以新莽重臣的身份出現在符命中。王莽時代四處宣示這種「天意」，「劉秀」輔莽的讖文應早已深入人心。如加歸納，在兩漢之際，有關劉秀的讖文，應有三類，一是劉歆讖，其目的是爲莽朝服務；〔註61〕二是由「劉季」訛寫而來的「劉秀」受命之讖，《赤伏符》及劉秀爲天子之說大致都是此類；三是劉秀即位後所造的讖文。第三類後起，當時眞正起作用的是一、二類讖緯，當它們交雜在一起的時候，要大家確信那個敗漢助莽的「劉秀」會興復漢室，成爲天子，大概會被視爲奇譚。故而蔡少公之言引來的只能是「坐者皆大笑」，當時大概沒有誰會去重視它，否則在綠林軍中最遭忌的就不是劉縯，而是要做天子的劉秀了。

然而，當光武羽翼漸豐的時候，劉秀受命之讖就不再是一個笑話，而可轉爲強大的精神資源了。由前可知，劉歆與《赤伏符》等讖文本無關聯，更始元年，劉歆死後不久，其曾經的屬下隗囂擁漢割據，在討莽檄文中，也只說到「大臣反據，亡形已成。大司馬董忠、國師劉歆、衛將軍王涉皆結謀內潰。」〔註62〕然而，劉秀即帝位後，故事的細節卻發生了變化。當隗囂勸割

〔註57〕 馬彪：《兩漢之際劉氏宗室的「中衰」與「中興」》，《北京師範大學學報》（社科版），1995 年第 5 期，第 100 頁。

〔註58〕 陳亮：《漢論‧平帝朝》，《陳亮集》（增訂本），第 233、234 頁。

〔註59〕 《漢書》卷 36《楚元王傳附劉歆傳》，第 1972 頁。

〔註60〕 《漢書‧王莽傳上》：「王舜、王邑爲腹心，甄豐、甄邯主擊斷，平晏領機事，劉歆典文章，孫建爲爪牙。」

〔註61〕 現今文獻中有關劉歆的讖文幾乎無存，這應該是東漢朝廷特意刪削的後果。

〔註62〕 《後漢書》卷 13《隗囂傳》，第 518～519 頁。又，此處「劉歆」原應作「劉秀」，因光武緣故而改。又，在《漢書》中，哀帝之後，凡「劉歆」者，原皆

據河西的竇融離漢自立時，竇融手下竟以劉歆故事來說明劉秀的天命，據《後漢書·竇融傳》：

> 今皇帝姓號見於圖書，（李賢注云：謂《河圖赤伏符》曰「劉秀發兵捕不道」）。自前世博物道術之士穀子雲、夏賀良等，建明漢有再受命之符，言之久矣。故劉子駿（劉歆）改易名字，冀應其占。
> 及莽末，道士西門君惠言劉秀當為天子，遂謀立子駿。事覺被殺，出謂百姓觀者曰：「劉秀真汝主也。」皆近事暴著，智者所共見也。

比照前引幾種材料，此處多出了「劉秀當為天子，遂謀立子駿」，而後世豔稱的劉歆改名應讖也成為了定說。此時劉歆已死，名為劉秀的重要政治人物僅光武一人，各種材料相串聯，很容易給人一種誤識：因《赤伏符》中宣明「劉秀為天子」，劉歆改名以應讖，並為此發動誅莽行動，最後敗亡，所以真正的應命者乃是光武。〔註63〕然而，由前可知，劉歆既無藉重《赤伏符》改名應讖之事，「劉秀為天子」等讖言也應非來自《赤伏符》，加之劉歆在莽朝符命中早已定格為新臣，無論是主觀還是客觀條件，都無法實現其作天子之想及行為。劉歆故事的增改發生在光武即位前後，最大的得利者自然是光武集團，推動這種變化的人為因素，如果要追究起來，大概除了光武帝及其臣屬，不會有第二種勢力去做這樣的工作了。故而，關於「劉秀為天子」的種種因緣際會及令人唏噓的曲折，與其說是歷史的偶然，倒不如說更多地來自於光武集團的謀定而後動。

「劉秀」改造定型後，在群雄並起，少數民族騷擾頻繁的兩漢之際，〔註64〕「四夷雲集龍鬥野」也就順理成章地成為了光武夷滅各種軍政勢力的寫照。《後漢書·盧芳傳》贊云：「天地閉革，野戰群龍。」李賢注：「喻英雄並起也。」在《後漢書·文苑列傳》中，一段寫於建武年間的文賦這樣說道：「海內雲擾，諸夏滅微；群龍並戰，未知是非，於時聖帝，赫然申威。荷天人之符，兼不世之姿。」李賢注云：

稱「劉秀」，為班固所改。楊樹達：《漢書窺管》（上海古籍出版社 1984 年，第806頁）引李慈銘云：「歆自哀帝建平元年已改名秀，此傳皆作歆，班避光武諱也。」

〔註63〕 姜忠奎說：「至云『劉秀為天子』，初亦或指劉歆而言，以其尊為國師。莽如不終，秀當繼立，而因緣妙合，又熟料其為南頓令之子（光武）哉？」氏著，黃曙輝、印曉峰點校：《緯史論微》，上海書店出版社，2005年，第194頁。

〔註64〕 眾所周知，由於王莽推行錯誤的民族政策，不斷挑起事端，致使少數民族壓迫邊境，向中原地帶推進。《後漢書·隗囂傳》載：「（王莽）既亂諸夏，狂心益悖。北攻強胡，南擾勁越，西侵羌戎，東摘濊貊。使四境之外，併入為害。」

《赤伏符》曰：「四夷雲擾，龍鬥於野。」《易》曰：「龍戰於野。」謂更始敗後，劉永、張步等重起，未知受命者爲誰也。聖帝，光武也。天人符謂強華自關中持《赤伏符》也。

又據《後漢書・光武帝紀上》，在《赤伏符》出現前後，更始面臨敗亡，群臣請上尊號，其中說道：「天下無主。」而光武本人則在此後不久以「昨夜夢乘赤龍上天」來暗示自己的天命。〔註65〕由以上材料，至少可得以下認識，經劉秀集團的改造後，一、「龍戰於野」表示兩漢之際，尤其是更始敗亡之後「天下無主」的情形，在建武年間已經定型，這種意識形態的解釋想來應由中央統一口徑，代表的是東漢朝廷的聲音。二、這種解釋話語的定型從劉秀「夢乘赤龍上天」開始，已爲其定下了基調，此後只是工作的細密化而已。三、「群龍」爲英雄，劉秀則爲駕馭「群龍」，統一天下之人，所謂「乘赤龍上天」者也。

至於「四七之際火爲主」，其關鍵點在「四七」這一數字的解釋。《後漢書・光武帝紀上》李賢注云：「四七，二十八也。自高祖至光武初起，合二百二十八年，即四七之際也。漢火德，故火爲主也。」

這裡所謂「四七」二百二十八年的算法，是從西漢中後期極盛的「三七」演化而來，與高祖應命的本義已相去甚遠。《漢書・王莽傳中》說：「新室之興也，德祥發於漢三七、九世之後。」顏注引蘇林曰：「二百一十歲，九天子也。」《漢書・谷永傳》說：「涉三七之節紀。」孟康曰：「至平帝乃三七二百一十歲之厄。」但二百一十年並非「三七」的本義，因爲谷永爲成帝時人，此爲其給成帝奏章中的句子，其下還有：「遭《無妄》之卦運，直百六之災阨」云云。此顯爲漢《易》象數派的危言聳聽，結合當時內外交困的情形，給人一種「末世」的警告罷了。那麼，它何以會解爲三七二百一十歲呢？蘇林、孟康爲漢魏之際的人，他們的說法承接東漢，答案只能從東漢政治中去找。

建武年間的一篇文章中這樣說王莽：「假之十八，誅自京師。」〔註66〕也即是王莽篡位十八年後敗誅。但王莽是在公元9年改國號爲新，23年敗亡，前後15年，時人曾評價：「王翁形甚類暴秦，故亦十五歲而亡。」〔註67〕這就必須再加上3年才能構成18年，於是東漢以來將王莽居攝稱假皇帝的3年也計算在內，《漢紀・孝平皇帝紀》說：「莽攝政三年，即眞十五

〔註65〕《後漢書》卷17《馮異傳》，第645頁。
〔註66〕《後漢書》卷80上《文苑列傳・杜篤》，第2603頁。
〔註67〕桓譚：《新論・譴非》，嚴可均輯：《全後漢文》，商務印書館，1999年，第124頁。

年，合十八年。」這種說法的源頭在於光武，在封禪文中，劉秀說道：「宗廟墮壞，社稷喪亡，不得血食，十有八年。」〔註68〕然而這種說法是有問題的，王莽居攝時，天下在名義上還是姓劉，所謂「不得血食」根本無法成立。不僅如此，漢興至平帝的 210 年也是成問題的。如果以公元前 206 年漢王元年算起，至平帝身亡的公元 6 年，共 212 年；如果以劉邦稱帝的前 202 年算起，則為 208 年，總之怎麼也不能達到 210 年的整數。但因為平帝後王莽居攝，加上 18 年便可湊足 228 年的天命之數，故而劉秀集團也就將錯就錯了。此後，由「三七」、「四七」衍生出「三六」之說，漢魏以來遂流行起「三七歷二百一十載，……極於三六，當有飛龍之秀，興復祖宗」〔註69〕的說法，漢家「三七」之厄遂被徹底扭曲變形。此外，「四七」還與劉秀起兵時二十八歲的年齡乃至天象等，也開始發生絲絲入扣的聯繫，雖說這些都是後來的附會〔註70〕，但是在那個時代，它們對於提升劉秀的天命與人望，有著不可估量的價值和意義。

　　總之，《赤伏符》的修正和再詮釋極大地保證了劉秀帝業的鞏固，雖其本質不過是統治集團結合現實的要求，對「天命」進行的拉動和改造。在這樣的歷史演進中，「人謀」和「天命」的互動互用可謂絲絲入扣，政治既推動著知識的生產和重組，同時又不得不受制於它自己的派生物，在精神力量與現實需求的共同要求下，構建出了複雜的歷史風貌。

五、結語

　　就今天的眼光來看，《赤伏符》當然是一種迷信之物，然而在相信天命的古代，它卻在帝業創建和鞏固中，發揮著難以估量的價值和作用。尤其是兩漢之際，讖緯風起，民眾的感受不可能不隨之轉移。所以無論是王莽還是劉秀，最終都借助符命而上臺，這絕非偶合，乃是歷史的必然，反映著一個時代的風向。質言之，在那個時代，人們普遍相信「靈命之符」，認為：「王者

〔註68〕《續漢書・祭祀志上》，《後漢書》第 3166 頁。

〔註69〕《搜神記》卷6《赤厄三七》。此段並論及東漢以來，「自光武中興至黃巾之起，未贏一百二十一年，而天下大亂，漢祚廢絕，實應三七之運。」（干寶撰，馬銀琴、周廣榮譯注：《搜神記》，中華書局，2009 年，第 127～128 頁）可見此觀念在當時之強大。

〔註70〕關於此點，參見拙文《〈尚書〉學與光武朝政治》，中國秦漢史研究會編：《秦漢史論叢》第 13 輯，已收入本書，此處不展開。

興祚，非詐力所致。」〔註71〕從這個角度來觀察，我們甚至可以說，《赤伏符》之用既是利用和製造「天命」，也是順應和拉動民心之舉，劉秀用讖，最終是現實政治的需要，是時代推著他一步步從不信讖緯到利用符命，直至以之決事，即所謂「以讖決之。」〔註72〕

英雄終究逃不出歷史的手掌，但英雄卻能利用歷史給定的條件開創出新局面。從前面的考論中可知，《赤伏符》本為劉邦之符命，是劉秀集團利用各種有利要素，結合自身特點，將其轉為了光武之讖，它不僅從意識形態上保證了帝業的建構與穩固，更使得二千年來視聽為之轉移。質言之，在劉秀帝業之路上，以政治理性精神為基礎，結合軍政實踐，推動《赤伏符》不斷動態演進。通過修正文本，刪削不利於集團發展的內容，提高了凝聚力和戰鬥力，《赤伏符》也由「獲麟」話語轉入河圖洛書系統，與高祖讖劃清了界限。通過再詮釋，一方面劉歆的故事在其間得以增改和豐富，成為替光武帝業造勢的精神資源；另一方面，「四七之際」的改造，更加突出了光武的神性和「天命」正當。而所有這些，都是光武集團意識形態工作的一部份，是一種逐漸深入的有意識拉動，乃「人謀」之上建構出來的「天命」，它們互動互用，成為劉秀集團崛起的兩翼，中興帝業也由此得以不斷發展與穩固。

原刊於舒大剛主編：《儒藏論壇》第 6 輯，四川文藝出版社，2012 年。

〔註71〕《後漢書》卷 40 上《班彪傳》，第 1323 頁。
〔註72〕《後漢書》卷 28 上《桓譚傳》，第 961 頁。

赤眉興衰與劉秀帝業創構

　　兩漢之際，群雄並爭。在各軍政集團的激烈對抗中，光武帝劉秀成爲了最後的勝利者。考察劉秀的帝業之路，有一支軍政力量的表現值得我們特別關注，那就是赤眉集團。從一定意義上說，赤眉興衰與劉秀的帝業創構相始終，再進一步言之，赤眉的種種表現彙聚在一起所構築出的合力，爲劉秀帝業的創構提供了某種必不可少的條件，歷史也由此走向了光武時代。下面，我們對此問題作一初步探研，以就正於方家。

一、赤眉之亂與更始之敗：劉秀帝業視野下的考察

　　劉秀即帝位之前曾爲更始政權的一員，因而，更始帝劉玄成了其帝業道路上一道必須逾越的障礙。雖說劉玄爲人昏聵，且有著殺兄之仇，但對於「標榜節義」，號稱一代「仁君」的劉秀〔註1〕來說，通過暴烈手段弒君以自代，那是絕無可能。此時他只有一種政治選擇，那就是，在外來力量摧滅更始政權的情勢下，借機以登帝位。而歷史恰恰就給了這麼一個機會，建武元年（公元25年）夏秋之間，長安的更始政權被赤眉擊破，劉秀在這一年取代劉玄，成爲了新的漢家天子。時人評說道：

> 天畀更始，不能引維，慢藏招寇，復致赤眉。海內雲擾，諸夏滅微。群龍並戰，未知是非。……於時聖帝，赫然申威。……遂興復乎大漢。〔註2〕

毫無疑問，是赤眉的進攻和更始的失敗，爲劉秀帝業鋪平了道路。故而有學

〔註1〕 顧炎武曾稱譽劉秀時代的「經術之治、節義之防。」見《日知錄》卷13《兩漢風俗》（秦克誠點校：《日知錄集釋》，嶽麓書社，1994年，第469頁）。洪邁：《容齋隨筆》卷14《光武仁君》，上海古籍出版社，1996年。
〔註2〕 《後漢書》卷80上《文苑列傳・杜篤》，中華書局點校本，1965年，第2605～2606頁。

者總結劉秀成功的原因時，第一條就是：「有河北做根據地，坐山觀虎鬥，到綠林、赤眉兩敗俱傷的時候，出來收拾局面。」〔註3〕這一局面中最首要的，是因赤眉之亂與更始之敗造就出了「天下無主」的亂象，劉秀則憑藉自己的劉姓資源，成爲新的漢帝。

　　劉秀稱帝於六月。此時的長安，一方面是赤眉軍的全力進攻，另一方面更始政權內部出現了所謂的「三王之亂」〔註4〕，九月，赤眉軍攻入長安，十月納降。此時，劉玄雖敗而未亡，如奉其正朔，當爲更始三年，而不是劉秀稱帝的建武年。爲此，東晉袁宏批評道：「然則三王作亂，勤王之師不至；長安猶存，建武之號已立，雖南面而有天下，以爲道未盡也。」〔註5〕

　　然而，袁宏所理解的「道」，在兩漢之際，時人未必作如是觀。具體言之，從一定程度上來說，劉玄並非後世的集權皇帝，普遍意義上的「君臣之道」在更始體制內未得以固結。〔註6〕在此種體制下，劉玄更像「虛君」代表，我們或可謂，更始乃分權型的準盟主式政權聯合體。〔註7〕王夫之指出：「更始起於漢室已亡之後，人戴之以嗣漢之宗社。」在這樣的狀態下，更始群臣之於劉玄，有君臣之名，少具君臣之義。根據這種政治倫理，劉秀可以沒有勤王義務，甚至可因其不能確保漢家社稷，而自爲帝王。這個道理就猶如劉備驅逐劉璋，從而保全巴蜀，所謂「更始不能安位而存漢」，「光武之拒更始，與昭烈之逐劉璋，一也。」〔註8〕所以，當赤眉進攻長安，更始政權敗局已定之時，時人反覆強調的是「更始失政」後，「天下無主」的政治狀態，即更始已失去駕馭全國的能

〔註3〕 何茲全：《中國古代社會》，北京師範大學出版社，2001年，第306頁。

〔註4〕 「三王之亂」對於更始政權造成了致命性的瓦解，《後漢書・馮異傳》載：「三王反畔，更始敗亡。」李賢注曰：「三王謂張卬爲淮陽王，廖湛爲穰王，胡殷爲隨王。更始欲殺卬等，遂勒兵掠東、西市，入戰於宮中，更始大敗。」

〔註5〕 《後漢紀》卷3《光武皇帝紀》，袁宏撰、張烈點校，中華書局2002年，第40頁。

〔註6〕 據《後漢書・劉玄傳》，更始「悉王諸功臣」，而且「諸將出征，各自專置牧守」。大臣們稱王裂土，位尊權重，不僅嚴重分割了朝中的各種權力，更在地方上各自爲政，當有人建議放棄功臣，「釐改制度，更延英俊」之時，竟也遭致了牢獄之災，可見這些功臣們權勢之重。

〔註7〕 錢大昕指出：「南陽宗室同時舉義，非有素定之分。伯升見戮，光武勢不能安，雖受更始官爵，亦猶漢高之於義帝也。」（錢大昕：《潛研堂文集》卷12《答問九》，陳文和主編：《錢大昕全集》第9冊，江蘇古籍出版社，1997年，第186頁）

〔註8〕 王夫之：《讀通鑒論》卷6《光武》，中華書局，1975年，第125頁。

力，可以不承認其合法地位。〔註9〕在秦漢思想界，一般認爲，最大的亂世是沒有天子的時代，所謂「亂莫大於無天子。無天子則強者勝弱，眾者暴寡，以兵相殘，不得休息。」〔註10〕此刻，必須要有平定天下的王者出而撥亂反正，「時至，有從布衣而爲天子者。……聖人所貴者，時也。」〔註11〕也即是，在亂世一定要把握時機，才能成爲由閭巷而起的聖王。此時，劉玄既然不能捍衛漢室政權，劉秀如不抓住有利時機以號令天下，不僅本集團處於不利局面，漢家江山也必將岌岌危哉。〔註12〕在這樣的體認之下，劉秀就完全可以在更始敗而未亡之時起而稱帝，從而延續漢祚，興復江山。換言之，更始政權只要一敗亂，就有理由再立漢帝。從某種程度上可以說，更始之敗乃劉秀稱帝的起點。

更始之敗其因非一，但未能妥善處理好與赤眉的關係卻是最直接而主要的原因。

更始及其前身綠林武裝與赤眉之間的關係及變化，大略可分爲三個時期。第一期是王莽覆滅之前，作爲兩支最大的反莽武裝，一東一西給了新莽政權沉重的打擊，兩大集團在各自戰場上縱橫廝殺，沒有交集，也就沒有直接矛盾。第二期爲更始元年（公元23年）八月至十月間，據《後漢書·劉玄傳》，八月，更始政權兵分兩路，一路取洛陽；一路攻關中。九月，誅王莽，下洛陽。十月，平定自稱漢天子的劉望，並移都洛陽。「是時海內豪傑翕然響應，皆殺其牧守，自稱將軍，用漢年號，以待詔命，旬月之間，徧於天下。」此刻，更始政權得到了各地普遍的響應，進入鼎盛時期。在這樣的形勢下，轉戰至濮陽一帶的赤眉領袖樊崇等人開始納降，史載：「會更始都洛陽，遣使降崇等。崇等聞漢室復興，即留其兵，自將渠帥二十餘人，隨使者至洛陽降更始，皆封爲列侯。」〔註13〕第三期則是更始元年十月之後至建武元年九月，在兩年左右的時間內，赤眉軍開始對抗，直至最後覆滅更始政權。

〔註9〕 如《後漢書·銚期傳》說：「今更始失政，大統危殆，海內無所歸往。明公據河山之固，擁精銳之眾，以順萬人思漢之心，則天下誰敢不從？」

〔註10〕《呂氏春秋·有始覽·謹聽》，陳奇猷校釋：《呂氏春秋校釋》，學林出版社，1984年，第705頁。

〔註11〕《呂氏春秋·孝行覽·首時》，《呂氏春秋校釋》，第768頁。《史記·秦楚之際月表》亦云：「王者之跡，起於閭巷。……非大聖孰能當此受命而帝者乎？」

〔註12〕《後漢書·光武帝紀上》載馬武之言：「天下無主。如有聖人承敝而起，雖仲尼爲相，孫子爲將，猶恐無能有益。反水不收，後悔無及。」《後漢書·馮異傳》載：「天下無主，宗廟之憂，在於大王。」《後漢書·耿弇列傳》則說道：「天下至重，不可令它姓得之。」

〔註13〕《後漢書》卷11《劉盆子傳》，第479頁。

在三個時期中，第二期最為關鍵，在此一階段，由於更始的處理不當，遂激發了赤眉的反叛，為自己的敗亡埋下了伏筆。王夫之說：「更始之亡，所以決於樊崇之入見也。」〔註14〕

更始失策，根之於政治上的短視，即缺乏對天下大勢的基本判斷和應對，毫無戰略視野，也就談不上舉措得當。具體到赤眉問題，揣其心理，在未降之前，或有幾分緊張，赤眉既降，封之於侯，遂認為可一心歸附，天下大定了。〔註15〕然而，此時各集團只是名義上的歸附，根本不在更始掌控之下，新一輪的紛爭隨時可能發生，豈是坐享太平之時？此時作為天下之主，對於各實力派，如何做到既安撫又控制，並最終掌控全局就成為了關鍵所在。就赤眉層面而言，這是一支最有實力的軍事力量，對於王莽覆滅有著不可磨滅的貢獻，因而，對於赤眉將士來說，無論是以實力還是貢獻論之，在更始朝中總應佔據一個重要的位置，享有上等的待遇。在成敗未定之時，劉玄也的確應該待之於殊禮，所謂「延攬英雄」，這是雄才大略的開國君王必須做的，如劉秀此後之待隗囂、竇融，就是如此。

然而，劉玄對於赤眉的安排顯然不能令人滿意。雖然樊崇等人皆封為列侯，但由於沒有國邑，實際上只是一個虛名，與其它封侯裂土者相比，實在是菲薄之極。史載：「崇等既未有國邑，而留眾稍有離叛，乃遂亡歸其營，將兵入潁川。」〔註16〕此段史料中有幾點值得我們注意：一、赤眉之叛，非樊崇少數幾人所為，一個基本動因是「留眾稍有離叛」，將士們對前途沒有了信心。赤眉實力之大，說到底依賴於數十萬能征善戰的將士，如何給他們一個歸宿至關重要。如樊崇等封邑優厚，兵士們可隨之鎮守，如其不然，更始則應想辦法迅速收編或遣散士眾。眾所周知，赤眉軍士原為青、徐等州的饑民，質樸憨直，雖戰鬥力強悍，並無太多政治頭腦，只要舉措得當，或如光武收編銅馬，或為其返鄉提供田地等基本生活保障，此一戰鬥集團無形消弭，並非不可能。二、出於一山不容二虎的情緒，如不願大加封賞，也勢必要將樊崇等人嚴密監控起來，隔離領袖與將士之間的聯繫，群龍無首，亦難為矣。然而，樊崇等人竟可以順利地「亡歸其營」，可見更始政權的政治鬆懈到了何等地步！三、赤眉兵眾屯聚在濮陽至潁川一線，可迅速逼近更始政權的都城洛陽及以宛為中心的南陽根據地。所以，

〔註14〕 王夫之：《讀通鑒論》卷6《光武》，第125頁。

〔註15〕 王夫之說：「其遣使諭降赤眉也，亦憂其不降耳；不知不降之不足憂，而降之之憂更大。」《讀通鑒論》卷6《光武》，第124～125頁。

〔註16〕 《後漢書》卷11《劉盆子傳》，第479頁。

赤眉的第一次進攻，南面「攻拔長社，南擊宛，斬縣令」，更始老巢被搗毀；北路則「拔陽翟，引之梁，擊殺河南太守」，〔註17〕直逼洛陽而來。如果更始真的想與赤眉於戰場上決勝負，那麼，就應在相關地區重兵把守，如布置得當，這些重要的軍事重地豈能一舉搗破？

王夫之說：「赤眉帥樊崇將渠帥二十餘人入見，安危存亡之大機也；於此失之，而更始之亡決矣。」〔註18〕毫無疑問，不能處理好與赤眉的關係直接導致了更始的敗亡。然而，對於更始政權來說，赤眉公開決裂後，並非大局已定，再也沒有了轉機乃至勝算。對應之策無外乎戰與撫：一是趁赤眉實力未繼續壯大之前，迅速集結主力在關東與赤眉決戰；二是派得力之臣安撫之；〔註19〕當然，戰撫結合最為上選。如果說，封賞赤眉之際已嚴重失策，但尚有時間和空間來做「補牢」之舉，那麼，當劉玄等人對此麻木不仁，行動遲緩之際，「更始之亡」就真的「決矣」了。從某種程度上可以說，更始帝失去了歷史所給予的一次次良機，將自己送上了敗亡之路，從而為劉秀鋪下了帝業之路。

二、河北與關中：赤眉背景下的帝業依託問題

《續漢書‧五行志一》載：

> 更始時，南陽有童謠曰：「諧不諧，在赤眉；得不得，在河北。」是時更始在長安，世祖為大司馬平定河北。更始大臣並僭專權，故謠妖作也。後更始遂為赤眉所殺，是更始之不諧在赤眉也，世祖自河北興。

結合此後的歷史發展，有學者解讀道：「其著重點卻在後兩句，即預言劉秀得天下也。童謠起自南陽（今河南），南陽是劉秀的故里，此童謠實是為劉秀圖

〔註17〕《後漢書》卷11《劉盆子傳》，第479頁。

〔註18〕王夫之：《讀通鑒論》卷6《光武》，第124頁。

〔註19〕如原赤眉部的劉恭就是很好的招安人選。《後漢紀‧光武皇帝紀三》載有一段赤眉入見之時劉恭的表現：「更始之詣洛陽，恭隨見南宮。恭前頓首曰：『前式侯世子，大漢復興，聖主在堂，不勝歡喜，願上壽。』有詔引上殿稱壽，曰：『九族既睦，平章百姓。』更始悅之，即封為式侯。」劉恭乃式侯世子，為漢家宗室，因血統的原因，在赤眉軍中應有特殊的地位，故而不僅隨同入見更始，其弟盆子更在後來被赤眉擁立為帝。而劉恭本人亦得劉玄信賴，擢為侍中，從入關中。從赤眉始叛到西入關中有一年多的時間，到更始徹底覆滅更是將近兩年，在此期間，更始政權軍政力量尚存，劉恭以特殊身份出使，不是沒有和談週旋的可能。

謀奪取皇位的宣傳品。」〔註20〕筆者以爲，究其根本，這一童謠所提出的問題，其實是處理好與赤眉的關係及建立根據地的重要性。創作者明顯是站在赤眉對立面而立論，但未必是在爲劉秀造勢，因爲如果更始能「諧和」赤眉，並且能在河北地帶建立穩固的根據地，又何嘗不是更始「興自河北」，最終一統天下呢？更何況南陽亦是更始帝的故鄉，這一童謠是否包含著對他的警戒和提醒是不得而知的。尤爲重要的是，赤眉因其強大的運動作戰能力，是當時最不能忽視的一支軍事集團，從一定意義上來說，其「立」雖不足，「破」則有餘。所以在那個特定時期內，無論更始還是光武或者其它人，處理好與赤眉的關係及建立河北根據地是成敗的兩大關鍵。可以說，對於這兩大要素，劉秀都很好地把握住了，這是他最終勝出的兩大基石。

眾所周知，當更始與赤眉之間日漸火拼之時，正是劉秀經營河北，奠定帝基之日。王夫之說：「更始遣光武徇河北，而光武之王業定。」〔註21〕對於劉秀來說，河北的優勢在哪裏呢？有學者說：

> 河北正好遠離鬥爭中心，儘管亦有地方割據勢力和農民起義軍，但分佈零散，勢力較弱，且各不相屬。劉秀進據河北，一方面可以脫離更始帝的控制，另一方面可以河北爲根據地，憑藉漢宗室的身份和昆陽大捷的威望兼併群雄，收撫河北，擴張勢力，待機南下。〔註22〕

以上所論，毫無問題，皆是河北優勢所在。但如果更始政權立定關東，將重心由黃河以南向河北推進，在南北連成一片的基礎上，放手來處理赤眉問題，豈有光武之龍興？又如果赤眉也來全力爭取河北，而不是在關中與更始決戰，劉秀所面對的就不僅僅是新起的王郎勢力，更有久經疆場的勁旅，河北能否迅速平定，並打造爲光武的帝業之基，必困難重重，前景難料。但是，更始和赤眉兩大勢力卻在關中殘酷地絞殺了起來，遂爲劉秀在河北騰出了空間，也贏得了寶貴的時機。簡言之，更始和赤眉的連續西進，爲劉秀創構帝業提供了優越的條件。從這個意義上來說，考察河北與赤眉對於劉秀帝業的價值，應首先著眼於關中。

〔註20〕胡守爲：《東漢的歌謠》，《華學》第 7 輯，第 204 頁。

〔註21〕王夫之：《讀通鑑論》卷 6《光武》，第 128 頁。

〔註22〕邱劍敏：《劉秀地緣戰略思想述論》，《軍事歷史研究》2000 年第 4 期，第 168 ～169 頁。

　　習秦漢史者皆知，所謂關中，在秦漢時代大略指函谷關以西，爲秦滅六國、劉邦創漢的大本營。這一地理概念在當時彈性很大，王子今指出，秦漢有所謂「小關中」、「大關中」之別，前者是「渭河平原，即後世秦川」，它以長安及三輔地區爲核心；後者則是包含巴蜀甚至關隴在內的「山西」地帶。〔註23〕自秦以來，這裡就號稱「據河山之固，東鄉以制諸侯，此帝王之業也。」〔註24〕張良曾說：「夫關中，左崤函，右隴蜀，沃野千里。南有巴蜀之饒，北有胡苑之利，阻三面而守，獨以一面東制諸侯。」〔註25〕它易守難攻，戰略位置極爲優越，奪取關中，是秦與西漢兩朝帝業的根本。兩漢之際，割據紛紛，以一般思維，依憑關中再建帝業，似乎是很順理成章的。據《後漢書‧鄭興傳》，當更始政權在遷都長安的問題上遇到阻力時，鄭興建議道：

> 山西雄傑爭誅王莽，開關郊迎者，何也？此天下同苦王氏虐政，而思高祖之舊德也。今久不撫之，臣恐百姓離心，盜賊復起矣。……今議者欲先定赤眉而後入關，是不識其本而爭其末，恐國家之守轉在函谷。

鄭興之論從進取面來說，據關中收拾民心，以爭政治先機；從保守面來說，堅守函谷關，爲戰略之本。具體言之，一、認定關中爲數百年來的政治中心，以此地「興復漢室」，頗具象徵意義和正統性；二、關中優越的戰略位置被秦漢歷史一再印證，據此以扼守，能完成又一輪的統一。然而，此見昧於時勢，就前者而言，先入關中的確可在政治上佔據優勢，然而，它也可使自己成爲眾矢之的。在形勢尚不明朗的情況下，它固然有「昔更始西都，四方響應。天下喁喁，謂之太平」〔註26〕的短暫時光，但更有赤眉尾隨而入，以至四方離析，直至覆滅的結局。就後者而言，在當時的形勢下，將「國家之守轉在函谷」定爲戰略目標後，勢必以西進爲主，而暫將最強勁的敵手赤眉置於度外。

　　對於更始政權來說，這一戰略決策至少有三大問題：

　　一、關東的赤眉軍已然決裂，隨時可能傾覆更始政權，此爲燃眉之急。而且赤眉活動於潁川、河東一線，死死地制住了關中門戶，捨此大敵而不圖，卻去關中開創所謂帝王之業，實在迂腐之極。

〔註23〕王子今：《秦漢區域地理學的「大關中」概念》，中國秦漢史研究會編：《秦漢史論叢》第9輯，三秦出版社，2004年。
〔註24〕《史記》卷68《商君列傳》，中華書局，1959年，第2232頁。
〔註25〕《史記》卷55《留侯世家》，第2044頁。
〔註26〕《後漢書》卷13《隗囂傳》，第524～525頁。

二、關中作為形勝之地，不是孤立存在的。前已言之，此地有大、小關中之別，但是，以三輔為中心的小關中如果失去了周邊的巴蜀，甚至是關隴拱衛，則為兵法上的所謂「圍地」〔註27〕，有坐以待斃的危險，所以它必須要向外延展才有空間和生命力。由前引張良之言可知，關中之利是建立在「左崤函，右隴蜀，沃野千里。南有巴蜀之饒，北有胡苑之利」的基礎上的，《鹽鐵論・險固》亦言：「秦左崤函，右隴邸，前蜀漢，後山河，四塞以為固。」所以，要佔據和利用好關中，必須要全力控制巴蜀以至關隴，如此方有形勝之利，否則，所謂的「四塞以為固」就不僅毫無優勢可言，反而成了置自己於死地的陷阱。〔註28〕然而當時的情況卻是，公孫述牢牢控制了巴蜀地帶，隗囂作為關隴之主，只是表面投順，加之三輔一帶還有延岑等割據勢力，更始可謂四面重圍。

三、在小關中這一狹小的範圍內，後勤供給極為有限，難以持久據守。在新莽敗亡之前，此地是最為富庶的地區，然而，它的富庶，很大程度上是由關東支撐出來的，勞幹指出：「漢代關東仍代表大部份的國家財富。」〔註29〕在西漢一朝，關東大量的物質源源不斷地調配到關中，極大地帶動了這裡的經濟。而這些轉運物質中，糧食最為重要。《漢書・宣帝紀》載：「故事，漕關東谷四百萬斛，以給京師，用卒六萬人。」所以，當歷史轉入東漢，關中一旦失去關東的支撐，便迅速衰落，正可見關中對關東的依賴。〔註30〕

於是，當更始孤守於關中之際，「四塞以為固」的形勝變為了鉗制，東面是「赤眉入關，東道不通」〔註31〕，關東的支撐轉為烏有，西南面則是公孫述的割據。更為致命的是，此地的人口密度本就居全國之冠，「浮食者多」，非農業人口的比例很大〔註32〕，這些原本是商品經濟和繁華的表徵，在戰爭

〔註27〕《孫子兵法・九地篇》說：「所由入者隘，所從歸者迂，彼寡可以擊吾之眾者，為圍地。」

〔註28〕〔英〕崔瑞德、魯惟一編，楊品泉等譯：《劍橋中國秦漢史》（中國社會科學出版社1992年，第265頁）說：「一旦敵人攻破關隘，它就成了一個陷阱。王莽的遭遇如此，這時又成了更始帝的下場。」

〔註29〕勞幹：《兩漢戶籍與地理之關係》，中華書局編輯部編：《中研院歷史語言研究所集刊論文類編》（歷史編・秦漢卷），中華書局，2009年，第32頁。

〔註30〕傅樂成指出：「（關中）西漢之強，在於以山東財富開發山西；東漢之衰，則在以全力保山東。」（傅樂成：《漢代的山東與山西》，氏著：《漢唐史論集》，聯經出版事業公司，1977年，第75頁）

〔註31〕《後漢書》卷36《鄭興傳》，第1218頁。

〔註32〕《漢書・地理志下》說：「郡國輻湊，浮食者多，民去本就末。」

之際，全部成爲了可怕的拖累。交通不暢，人多糧乏，這是最大危機，甚至是死穴。〔註33〕加之自王莽末年以來災害頻仍，史載：「黃金一斤易粟一斛。」〔註34〕在連年糧食歉收、人口眾多的基礎上，更始入關後，所帶來的官兵應不下於 3、40 萬人，後入關的赤眉軍更應多於此數，加上關東流入的饑民也不下於十幾、二十萬，簡單換算一下，此地大略有百萬之眾湧入。西漢末期關中最盛時也僅有 230 萬人，在「四塞」之內，新增百萬之眾，試問糧食從哪裏補給？誰來供養他們？〔註35〕於是，在史籍中，此地一再出現「人相食」的記載，〔註36〕《孫子兵法‧作戰篇》說：「日費千金，然後十萬之師舉矣。」戰爭是需要物質消耗的，當關中已進入「人相食」的境地時，所謂險固、所謂扼守，當然是蕩然無存了。

反觀河北地帶，物質豐盛，地理位置優越，實爲建構帝業的上選之地。在兩漢之際，三個地區鮮遭兵燹，最爲安定，它們分別是巴蜀、河西及河北。但是，巴蜀與河西地處邊郡，需依託關中，延伸至河東，方得以影響全國。而河北雖有邊郡，但其南端直通關東最爲繁華的中心區，不受關山之隔，可在東部大平原上聯爲一片，就政治地理和經濟地理的綜合評估而言，無疑最優。故而對於此地，時人以「天府」稱之〔註37〕。尤爲重要的是，在王莽時代，黃河出現巨大水患，自汴渠以東，黃河中下游數郡被災，據《後漢書‧

〔註33〕葛劍雄曾指出，以長安爲中心的關中一帶在西漢時人口密度爲全國之冠，且由於「關東移民多爲地主官僚，非生產人口比例很高。……總人口，尤其是非生產人口增長的速度大大超過了當地糧食增產的速度，每年需要從關東輸入的糧食越來越多，造成困難。」氏著：《西漢人口地理》，人民出版社，1986年，第 150 頁。

〔註34〕《後漢書》卷1上《光武帝紀上》，第 32 頁。

〔註35〕更始入關人數沒有明載，但據《後漢書‧馮異傳》，李軼等在洛陽一線就「將兵號三十萬」，更始官兵入關中者決不能少於此數，而據《後漢書‧劉盆子傳》，赤眉軍在弘農整編時有眾 30 萬，入關後號稱有百萬之眾。至於饑民數，據《漢書‧王莽傳下》，地皇三年「流民入關者數十萬人，乃置養贍官稟食之。」雖說由於貪官污吏的上下其手，剋扣其糧，使得「饑死者十八七」，但剩下的 30％左右的人口數目也是驚人的，若是以 30 萬計，也能有 10 來萬幸者，更何況還有源源不斷的後續者湧入關內。至於西漢末的關中人口數，見史念海《河山集》，生活‧新知‧讀書三聯書店 1963 年，第 173 頁。

〔註36〕如《漢書‧王莽傳下》：「民飢餓相食，死者數十萬，長安爲虛，城中無人行。」《後漢書‧光武帝紀上》：「關中饑，民相食。」《後漢書‧劉盆子傳》：「時三輔大饑，人相食，城郭皆空，白骨蔽野。」

〔註37〕《後漢書‧耿弇傳》載：「今定河北，據天府之地。」

明帝紀》，至漢明帝時，時間已過去 60 多年，尚「今兗、豫之人，多被水患。」然而，對於河北地帶來說，因其地勢等原因，不僅沒有受此影響，反而「幽、冀蒙利」，那一時段，真可謂天祐河北。

再具體言之，在河北地帶，北端雖與少數民族接壤，但此地號稱「土廣人稀，饒穀多畜」，是可以「就糧養士」〔註 38〕的地方，王莽時代更因作戰的需要，在此地囤積了大量的軍事物質，史載，地皇二年，「轉天下穀幣詣西河、五原、朔方、漁陽，每一郡以百萬數，欲以擊匈奴。」〔註 39〕「穀幣」轉運所在，不是河北所轄就是與之相連的西部邊郡，王莽與匈奴的大戰沒有打起來，但這些物質無疑為劉秀提供了爭奪天下的條件。而其南端以河內郡為中心，「戶口殷實，北通上黨，南迫洛陽，」號為「完富」，它不僅充當了劉秀帝業的後方基地，「堅守轉運，給足軍糧」，猶若當年蕭何鎮撫關中之故事，〔註 40〕更以河津交通於河南，立足於此，可死死地鉗制住洛陽及河東。習史者皆知，秦漢的河南、河內郡，乃出關東進，進而統一全國的必經之道。《史記‧淮南衡山列傳》說：「絕成皋之口，天下不通，據三川之險，招山東之兵。」王子今指出：「在全國交通體系中以扼控四方的特殊地理條件具有極其重要的地位……，其交通條件可以影響全局。」〔註 41〕遏住此地，不僅可鉗制關洛，輻射整個關東，更可封鎖關中，隔絕各方馳援，其戰略意義極大。

要之，在一統天下的進程中，關中已失其利，河北方為帝基首選，此為帝業的第一關鍵點；而赤眉雖難成大器，但戰鬥力極強，對其能否有正確的對應之策，是成就帝業的又一關鍵。對於劉秀而言，立定河北之後，下一步就是如何應對赤眉的問題，更始由此終敗，光武則以此而興。

三、劉秀帝業之起與赤眉戰略

從特定視角來看，劉秀的帝業是伴隨著赤眉戰略的展開而逐漸拉動的。此一戰略大致可分為三期：第一期從更始元年（公元 23 年）十月經營河北開始，至更始二年（公元 24 年）冬，在這一階段劉秀的主要精力在於掃定河北，但眼光已開始盯上了赤眉，並在一定程度上策應了其西進。第二期從更始二

〔註 38〕《後漢書》卷 16《鄧禹傳》，第 603 頁。
〔註 39〕《漢書》卷 99 下《王莽傳下》，第 4167 頁。
〔註 40〕《後漢書》卷 16《寇恂傳》，第 621 頁。
〔註 41〕王子今：《秦漢交通史稿》，中共中央黨校出版社，1994 年，第 280 頁。

年冬赤眉入關開始，至建武元年（公元 25 年）秋，在這一階段劉秀不僅為赤眉入關提供了直接的助力，並進而佔據關洛，封鎖關口，更在緊盯赤眉動向的情形下，開始稱帝登基。第三期從建武元年秋開始，至建武三年（公元 27 年）正月，劉秀封鎖關中，以逸待勞，最終招降赤眉。三個時期的戰略發展不是孤立、偶然為之的，它們環環相扣，謀定在先，是劉秀帝業計劃的有機組成部份。

三階段中，尤以第二期最為關鍵。如果說河北是劉秀的帝業之基，那麼，以此為基地，向南佔據洛陽一線，向西鉗制關中，則是帝業成功與否的樞紐。從當時的戰略格局來看，在天下尚未平定之時，劉秀僅以兩州之地敢於稱帝，就在於這一目標在本階段已基本得以實現，處事穩重的劉秀若無軍事上的充分自信，是絕不能如此作為的。有學者指出：「劉秀這一時期的用兵設想，是以河北為根據，先攻綠林、赤眉，取得兩京，再圖消滅其它集團，統一全國。」〔註 42〕而在這一構想中，赤眉能否攻入關中達成更始敗亡的目標最為關鍵。雖說赤眉之亂是更始所造就，但在早期，其影響也只在於「銅馬、赤眉之屬數十輩，輩數十百萬，聖公（劉玄）不能辦也。」故時人只能籠統地作出「其（更始）敗不久」的預測。〔註 43〕只有在本階段內，當赤眉攻入關中，才可能「更始危殆」〔註 44〕，並進而出現「天下無主」的局面，形勢遂徹底地向著有利於劉秀的一面發展。走到這一步，更始的昏聵不堪固然是內因，但外在推動卻也必不可少，劉秀集團就是其中最重要的推手。總之，在這一進程中，立基河北，緊盯赤眉，推動其入關，並最終坐收漁利，創構帝業，成為了劉秀戰略中最關鍵性的環節。下面分而論之：

先看第一時期。

當劉秀初入河北時，同學鄧禹杖策北渡，他與劉秀的一席談話，為今後的發展奠定了基礎，劉秀集團自此有了明確具體的戰略方向，並開始崛起於群雄間，直至建構出輝煌的中興帝業。據《後漢書·鄧禹傳》，鄧禹在進策中特別提到：「更始雖都關西，今山東未安。赤眉、青犢之屬，動以萬數。」由此，我們可以得到如下的認識：在帝業初構之時，劉秀集團已注意到赤眉的關鍵性作用。具體言之，「山東未安」的主要因素在於赤眉，如果這一局面得不到控制，更始

〔註 42〕黃今言等著：《中國軍事通史》第六卷《東漢軍事史》，軍事科學出版社，1998年，第 31 頁。

〔註 43〕《後漢書》卷 19《耿弇列傳》，第 706 頁。

〔註 44〕《後漢書》卷 17《岑彭傳》，第 654 頁。

必敗。所以，當劉秀初入河北之時，王郎勢力尙未興起，此地在形式上已服從於更始，對於劉玄來說，眞正要加以彈撫的心頭大患就是赤眉。史載，當時赤眉雖在黃河以南，但隨時可能渡河進入河北地帶，〔註45〕從戰略上加以分析，更始遣劉秀至河北，一個重要的任務乃是對付赤眉，它主要在兩個方向上加以展開：一是配合其它大軍消滅赤眉主力；二是牽制住河北地帶的赤眉友軍。

據《後漢書・光武帝紀上》，劉秀初至邯鄲時，劉林獻策道：「赤眉今在河東，但決水灌之，百萬之眾可使爲魚。」水灌三軍這樣狠毒的計策，劉秀當然不會採納，故而「光武不答，去之眞定。」然而，如從更始的戰略出發，即便不用水淹之法，也完全可以與洛陽一線的大軍南北夾擊。劉秀的北上無疑爲赤眉騰出了活動空間，赤眉主力遂可專注於西進。

如果說劉秀實力不足於抗衡赤眉主力，那麼在河北逐漸紮穩腳跟的過程中，則應全力鉗制住赤眉友軍，但劉秀不僅不如此，反而暗暗地推動這些力量對赤眉的馳援。在河北，有大量的農民軍落草爲寇，《後漢書・光武帝紀上》載：「又別號諸賊銅馬、大肜、高湖、重連、鐵脛、大搶、尤來、上江、青犢、五校、檀鄉、五幡、五樓、富平、獲索等，各領部曲，眾合數百萬人，所在寇掠。」他們與赤眉之間的關係千絲萬縷，其中以北部的銅馬和南部的青犢尤爲重要，他們的根據地一在鉅鹿，一在河內。〔註46〕徵之《後漢書》，都有與赤眉聯合進攻更始的記載。據《第五倫傳》：「（進入關中的）銅馬、赤眉之屬前後數十輩，皆不能下。」《光武帝紀上》：「青犢、赤眉賊入函谷關，攻更始。」試問，銅馬由河北北端打入關中，這麼長的距離，皆在劉秀防區範圍，爲何不阻止？又，青犢由河內進入河東的函谷關，與赤眉聯合行動，〔註47〕爲何劉秀任其所爲？答案只有一個，那就是：劉秀有意助長這種行動，其目的在於使赤眉專注於西，進一步削弱乃至摧毀更始政權，並將此種態勢推進爲帝業之發軔點。可映證這種觀點的例子還有，原爲赤眉部份的力子都活躍

〔註45〕《後漢紀・光武皇帝紀一》：「河間赤眉大眾將至，百姓騷動。」

〔註46〕《後漢書・光武帝紀上》載：「光武擊銅馬於鄡。」並言徵發幽州兵云云，李賢注：「縣名，屬鉅鹿郡。」則銅馬活躍於河北北部。《光武帝紀上》又云：「赤眉別師與大肜、青犢十餘萬眾在射犬。」李賢注引《續漢志》曰：「野王縣有射犬聚，故城在今懷州武德縣北也。」此地屬劉秀所轄的河內郡。

〔註47〕由前注可知，青犢與赤眉別部屯集於河內，其進攻方向爲關中門戶：河東。故《後漢書・鮑永傳》載，更始二年，鮑永「再遷尚書僕射，行大將軍事，持節將兵，安集河東、并州、朔部，得自置偏裨，輒行軍法。永至河東，因擊青犢，大破之，更始封爲中陽侯。」

在河北一線，後被更始招撫。〔註48〕據《後漢書·任光傳》，劉秀在被王郎逼得走投無路的情況下，一度用其名號以虛張聲勢。然而，力子都終被部曲所殺，餘部演化為河北農民軍中的檀鄉軍，走上了與更始對立的道路，殺之者很可能就是擁護赤眉的勢力。作為一支赤眉陣營中歸附更始的力量，與劉秀應是同朝為臣，卻未聞任何援手，劉秀借赤眉以摧毀更始的目標可謂昭然若揭。

如果說第一期還處在借力階段，在第二期中，劉秀則直接推動了赤眉的西進，自己也由此走向了大漢帝位。

更始二年十二月，「赤眉西入關。」〔註49〕更始政權到了生死存亡的關頭。史載：「更始使定國上公王匡、襄邑王成丹、抗威將軍劉均及諸將，分據河東、弘農以拒之。」〔註50〕加之洛陽原有的30萬兵馬，雙方呈現出魚死網破之勢。有學者指出：「此時赤眉的東、西、北三個方向均為更始大軍，處於極為不利的態勢。如果劉玄能迅速調軍合擊，則很可能將其聚殲或擊潰。」〔註51〕然而，戰局的走向卻是赤眉順利西進。如果翻檢《後漢書·劉盆子傳》，可以注意到，在更始元年十月至二年冬，赤眉軍雖連勝連克，但一直被堵在關東，甚至一度出現「疲敝厭兵，皆日夜愁泣，思欲東歸」的局面，看來進展並不順利。還可注意的問題是，直至更始二年的秋天，劉玄實力尚處於擴張階段，最明顯的例子是，在關東，河北被平定；而對巴蜀，則開始用兵，〔註52〕對於更始政權來說，此時雖危機四伏，但表面一片繁榮。

轉機就出現在二年冬，僅僅幾個月後，局勢急轉直下。更始政權自此一敗塗地，不僅不能徇地定邊，而且迅速走向敗亡，赤眉則充當了使得政治天平傾斜的那根稻草。

然而，這樣的結局絕不是單靠赤眉一家之力能完成，否則它就不至於被堵在關東一年有餘。據《後漢書·劉盆子傳》，「（樊）崇等計議，慮眾東向必敗，不如西攻長安。」更始二年冬，他們開始行動了。然而，西攻長安絕非

〔註48〕 此一問題，可參看趙文潤：《力子都考辨》，《陝西師範大學學報》（哲社版）1979年第1期。
〔註49〕 《後漢書》卷11《劉玄傳》，第473頁。
〔註50〕 《後漢書》卷16《鄧禹傳》，第600～601頁。
〔註51〕 黃今言等著：《東漢軍事史》，第32頁。
〔註52〕 《後漢書·公孫述傳》載：「二年秋，更始遣柱功侯李寶益州刺史張忠將兵萬餘人徇蜀漢。」

臨時動議，此前赤眉軍一直在向西進攻，其目標就是關中，只是被堵在洛陽及河東一線，難以前進而已。後來赤眉兩路不得不繞過函谷關前的防區，由武關和陸渾關會師於弘農，也即是古函谷關。〔註53〕人們多注意到此次進軍的出其不意，然而，它又何嘗不是一次孤注一擲的賭博呢？僅憑赤眉單方作戰，實難達此效果。它其實有強大的外力之助，而這外力就是劉秀集團，正是這一集團的加入，使得局面徹底改觀。可以說，更始二年冬的軍事行動不僅對於赤眉，對於劉秀來說，都是決定性的。

據《後漢書·光武帝紀上》，此年五月，劉秀已在河北誅滅了王郎勢力，然而，作為更始臣屬的劉秀不僅沒有「勤王」之舉，反而推波助瀾，趁亂擴展力量。《光武帝紀上》載：更始二年底，

> 青犢、赤眉賊入函谷關，攻更始。光武乃遣鄧禹帥六裨將引軍而西，以乘更始、赤眉之亂。時更始大司馬朱鮪、舞陰王李軼等屯洛陽，光武亦令馮異守孟津以拒之。

由此可知，在赤眉猛攻更始的狀況下，光武卻布置了一北一南兩路兵馬，在背後給了這個脆弱政權最致命的一擊。其中北路的鄧禹直接攻擊更始的有生力量，將王匡等徹底擊敗，平定了河東一帶，不僅策應了赤眉的西進，實質上也扼住了更始的東歸之路，並由此直接導致了所謂「三王之亂」，〔註54〕更始政權最終因內訌而不得不降於赤眉。而南路的馮異等人則牽制住洛陽兵馬對關中的馳援，否則更始政權就可以幾路分進夾擊赤眉，雙方皆為飽經戰陣的勁旅，鹿死誰手難以評說，如不是劉秀的安排，更始政權無論如何是不會如此速敗的。從一定意義上來說，劉秀實乃推動赤眉摧滅更始的背後之手。

然而赤眉的壯大既為劉秀帝業創造了條件，同時也在造就著挑戰。建武元年（公元 25 年），更始敗局已定，在「人心思漢」的背景下，赤眉軍立劉盆子為帝，年號「建世」。此前更始之敗已造就了「天下無主」的局面，那麼，赤眉倘能將漢室稱號延續下去，則在政治上無疑搶佔了先機。據《後漢書·

〔註53〕 史念海：《關中的歷史軍事地理》，氏著：《河山集》四集，陝西師範大學出版社，1991 年，第 180 頁。

〔註54〕 「三王之亂」雖發之於更始內部，導火索卻來自於鄧禹的攻擊，《後漢書·劉盆子傳》載：「時王匡、張卬等為鄧禹所破，還奔長安。」此後諸將與劉玄開始分裂，並引發一系列嚴重事件。鄧禹則因「平定山西，功效尤著」（《後漢書》卷16《鄧禹傳》，第 602 頁），成為劉秀稱帝後的首封之臣，無疑此役對於劉秀集團來說具有重大價值。

光武帝紀上》，劉秀在此年的六月己未日即位，而赤眉也是在此月「立劉盆子為帝」。這是一個巧合嗎？據《後漢書・劉盆子傳》，赤眉立漢帝的動議發生在準備攻取長安，對更始作最後一擊之前，時間是建武元年的正月，所以在建武二年正月，盆子的兄長劉恭說：「立且一年。」這證明劉盆子雖以六月正式即位，但號為皇帝卻是從正月算起，比匆匆即位的劉秀早了足足半年。而據陳垣《二十史朔閏表》推算，六月的己未日應為二十二日。〔註 55〕雖同在六月即位，但劉秀的時間卻是在月尾，很可能在劉盆子即位之後。至於建武與建世之間是否有對應關係，已不得而知，但有一點可以肯定，赤眉是催發劉秀匆匆登上帝位的重要因素。

在第三階段，更始已徹底敗亡，盆子與劉秀皆號稱漢帝，二者必去其一，帝業方可穩固。就一般認識來說，起於草莽的赤眉政權似乎並不為時人所體認，他們只是「盜皇器」〔註 56〕者而已。但事實並非如此，據《後漢書・劉玄劉盆子列傳》，在赤眉攻入長安後，既有「吏人貢獻」之事，更有「稱天子聰明」之時，只是由於赤眉的「剽劫」，故而「流聞四方，莫不怨恨，不覆信向。」直至出現「三輔苦赤眉暴虐，皆憐更始」的情緒，民眾不僅怨恨赤眉，甚至思念起更始帝來了。細繹史文，就不難發現，關中民眾對於赤眉曾是有所期待，並「信向」之的。〔註 57〕如果不是他們的「剽劫」、「暴虐」，局勢斷不會如此之糟。

問題是，赤眉何以要「剽劫」呢？有學者說：「勝利的歡樂，把他們陶醉了。無組織、無紀律的行為，把他們的弱點完全暴露了，剽劫、殺人，成為日常故事。」〔註 58〕這樣的認識只能說被表象所迷惑。總的來看，赤眉其實是一支紀律嚴明的大軍，他們剛起事時，在沒有文書、旌旗的狀態下，尚能「相與為約：殺人者死，傷人者償創。」〔註 59〕隊伍壯大為數十乃至百萬之

〔註55〕陳垣：《二十史朔閏表》，中華書局，1962 年。

〔註56〕《後漢書》卷 11《劉玄劉盆子列傳》，第 486 頁。

〔註57〕赤眉勢力不僅及於關中，甚至河西一帶也曾臣服。關於此點，有日本學者指出：「河西地區在更始政權崩潰後，為赤眉軍所迫，一時順服，這點在文獻上是看不到的，而在居延漢簡中卻有很清楚的表現。」（鵜飼昌男：《建武初期河西政權的政治動向》，中國社會科學院簡帛研究中心編：《簡帛研究譯叢》第 2 輯，湖南人民出版社，1998 年，第 259 頁）

〔註58〕朱東潤：《更始皇帝劉玄》，氏著：《〈史記〉考索》（外二種），華東師範大學出版社，1996 年，第 385 頁。

〔註59〕《後漢書》卷 11《劉盆子傳》，第 478 頁。

後，也能集中行動，轉戰千里，少見離散，這樣的組織力實在驚人。無論是就隊伍的本性及風格來說，還是從統治的穩固出發，赤眉都沒有「剽劫」的可能與必要。那麼，其「剽劫」到底為何呢？答案是：生存。前已論及，關中一帶湧入大量兵眾，糧食供應極為困難，赤眉號稱百萬之眾，在攻滅更始後又很快進入多天，物質的匱乏可以想見。

然而，此種局面的造成，與劉秀的戰略安排有著重要的關係。此時的光武帝並不急於攻入關中，而是封鎖關隘，困死赤眉，以待自亂。既由此折損其戰鬥力，更因其不得已的「剽劫」而盡失民心。這一招是極為有效的，至建武二年，關中一帶餓殍遍野，是年底，赤眉軍銳減至二十餘萬，這種急劇的非戰鬥減員無疑與食物匱乏相關。《後漢書‧劉盆子傳》載：

> 時三輔大饑，人相食，城郭皆空，白骨蔽野。遣人往往聚為營保，各堅守不下。赤眉擄掠無所得，十二月，乃引而東歸，眾尚二十餘萬，隨道復散。

《光武帝紀上》亦載：「（九月），關中饑，民相食。」有學者指出：「（赤眉）佔領關中之後，不是由於強大敵人的威脅遭致失敗，而是由於解決不了糧食問題，竟不得不放棄關中，這實在是非常遺憾的事。」〔註60〕此後，劉秀在赤眉東進途中布下重兵，兵不血刃，將這支最具戰鬥力的武裝集團一舉逼降。在整個進程中，赤眉在政治上的幼稚與劉秀的老辣，形成了鮮明的對比，事實上，赤眉本有機會在政治上佔據一定優勢，但他們始終被劉秀所掌控，終不能成事。從一定意義上來說，赤眉成為劉秀摧滅更始的工具後，便完結了其歷史使命。而在消滅了更始與赤眉兩大集團後，再也沒有足以抗衡劉秀集團的強大力量，光武帝業初定，一統天下的歷程開始全面鋪開，歷史進入了一個新的時代。

四、結論

通過前面的論述，我們可得出如下認識：

一、赤眉興衰與劉秀帝業有著極為密切的關聯，並與其帝業創構相始終，這其中既有歷史的偶然，更有劉秀集團的人為拉動。

〔註60〕陳連慶：《兩漢之際河北農民軍雜考》，氏著：《中國古代史研究：陳連慶教授學術論文集》，吉林文史出版社，1991年，第386頁。

二、由於更始失策所帶來的「赤眉之亂」及自身的敗亡，造就出了「天下無主」的局面，而此種局面恰恰成爲劉秀稱帝的起點。從一定意義上來說，「赤眉之亂」爲劉秀稱帝提供了道義基礎和政治前提。

三、在當時的歷史條件下，關中已失去傳統的軍事地理優勢，成爲陷阱式的「圍地」，更始以關中爲本位，暫將最強勁的敵手赤眉置於度外，對關東持守勢，在軍事地理和物質供應上都陷入絕境，最終坐以待斃。而河北在地理和經濟上皆佔優勢，爲當時的帝業首選之地，劉秀在此地抓住機遇，諧和赤眉，爲帝業創構提供了有力支撐。

四、劉秀牢牢把握住河北與赤眉兩大要素，從經營河北，創構帝業開始，就有了明晰的赤眉戰略，在三期戰略中，步步推進，最終利用赤眉以覆滅更始，造就出了中興帝業。這其中既有更始失策所帶來的機遇，更有劉秀在其間的逐漸操控，使得局面不斷有利於本集團的壯大及帝業的產生、發展，赤眉則無形中被動地成爲了達成光武歷史使命的利器。

要之，赤眉戰略貫穿於劉秀帝業創構的整個過程，是最終勝出的一大關鍵，它既有歷史的機遇，更是「人謀」的推動。宋人陳亮說：「自古中興之盛，無出於光武矣。……此雖天命，抑亦人謀也。」〔註61〕通過對赤眉與劉秀帝業的關係考察，我們不僅能加深對劉秀集團「人謀」的認識，更可以此爲支點，體會到歷史理路與人群創造之間的互動及演進。

原刊於《南都學壇》2012年第6期，發表時文字有刪節。

〔註61〕陳亮：《酌古論‧光武》，鄧廣銘點校：《陳亮集》（增訂本），中華書局，1987
　　　年，第51頁。

呂后研究發微
——讀史箚記二則

　　筆者近來讀《史記》、《漢書》，在呂后問題上有所淺見，得讀史箚記二則，以就正於方家。

一、《漢書・高后紀》有筆法

　　《史記》有《呂太后本紀》而無《惠帝本紀》，此種體例一度招致非議。為此《呂太后本紀・索隱》評述說：「呂太后本以女主臨朝，自孝惠崩後，立少帝而始稱制，正合附惠紀而論之。不然，或別為《呂后本紀》，令依班氏分為二紀焉。」〔註1〕在司馬貞看來，既然漢惠帝為名正言順的漢皇帝，呂后稱制又是在惠帝駕崩之後，那麼，史書體例要麼以惠帝為主，將《呂后紀》附屬於此；要麼就退而求其次，既撰《惠帝本紀》，又作《呂太后本紀》，他認為，《漢書》就是使用這種處理方式，比之《史記》，顯然更有合理性。

　　然而，此段歷史的特殊性在於，即使是在惠帝時代，政令也是皆出於呂氏，事實上，惠帝有皇帝之名，卻無皇帝之實。故而，反對司馬貞，而支持史遷者大有人在。如瀧川資言在《史記會注考證・呂太后本紀》中說道：

　　　《史公自序》云：「惠之早霣，諸呂不臺，崇強祿、產，諸侯謀
　　　之。殺隱幽友，大臣洞疑，遂及宗禍，作《呂太后本紀》第九。」
　　　愚按：史公捨惠帝而紀呂后，猶捨楚懷而紀項羽，蓋以政令之所出
　　　也。

〔註1〕按：中華書局點校本漏載此段文字。

總之，以前史家的爭論點主要在於，如從尊重事實的層面來說，應爲呂后撰本紀；如強調正統，則似乎不應有此類本紀。就前者而言，按照瀧川等人的看法，似乎司馬遷更強調了事實。但這實在是一面之事實，因爲另一面的事實是，惠帝畢竟曾是親政的皇帝，忽略而不言，未必就是史家應有的求眞態度。

事實上，司馬遷的立場深受漢初政治的影響，或者可以說，就是漢初政治鬥爭下的特定產物。與東漢輕視甚至罷黜呂后（此點後文會論及）不同的是，西漢時代，至少中期以前，惠帝的正統性是遭到了嚴重質疑的。《史記·孝文本紀》引景帝詔曰：「蓋聞古者祖有功而宗有德。」並以此爲理論基礎，定高帝廟號爲太祖，文帝則爲太宗。《集解》引應劭曰：「始取天下者爲祖，高帝稱高祖是也；始治天下者爲宗，文帝稱太宗是也。」而事實是，高祖立國，「始治天下者」應爲惠帝，至少惠帝是不可略過的一環。之所以要將太宗歸於文帝，很可能是出於政治的原因，有意忽略。習漢史者皆知，文帝乃惠帝之弟，得帝位在諸呂被誅之後。其時，既無先帝遺詔，又誅滅了惠帝之子少帝，雖說漢廷昭示天下，少帝非惠帝子，但此點即便不是僞造，至少也是疑點重重。所以，在西漢中期以前，對於惠帝的存在，漢朝廷是儘量少言或避言之的。而這樣，呂后稱制，反而在理據上顯得更爲充分與正當，這是一種遮蔽後的凸顯。從這個角度來看，《史記》不爲惠帝立本紀並非優長可贊。而在《漢書》中，惠帝、呂后皆有本紀，就尊重事實而言，較之《史記》更進一層。因爲不管惠帝是否掌權，其爲一代漢帝是確然不易的事實，就此點而言，完全應該爲惠帝撰《本紀》。

但更進一步的問題是，如若認爲，班氏僅僅因爲全面尊重事實而作此處理，則未免流於面上之談，班固作《高后紀》時，應頗有筆法及不得已處，並且應該將其放置東漢特殊的政治環境中加以討論，才能眞正有「同情之瞭解」。下面，就分而論之：

首先，班氏父子乃是極重漢家正統之人，所以在《漢書》中，王莽便不能有《紀》，而只能入《傳》。翻檢《昭明文選》，內有班彪之《王命論》，班固《典引》，皆極言漢家天下之正統、正當性。班固稱：「蓋以膺當天之正統，受克讓之歸運。」〔註 2〕所以，如以事實言，比之稱制的實際「女皇」，王莽

<hr />

〔註 2〕見蕭統編、李善注：《文選》卷四十八《符命》，上海古籍出版社，1986 年，
　　　　第 2158 頁。

實乃眞皇帝，但由於他是漢賊，故無論如何都只能入《傳》，而不能撰述《紀》。在《漢書·王莽傳下》，班固贊曰：「餘分閏位，聖王之驅除云爾。」顏注引蘇林曰：「聖王，光武也，爲光武驅除也。」其態度及立場之鮮明斑斑可見。

其次，在後漢時代，呂后已遭貶斥，在政治上無正后之身份。據《後漢書·光武帝紀下》，中元元年冬十月甲申日，光武帝劉秀將呂后神主遷出高帝廟，而代之以文帝之母薄太后。爲此，劉秀鄭重下達專詔，以宣示天下。其中說道：「呂太后不宜配食高廟，同祧至尊。薄太后母德慈仁，孝文皇帝賢明臨國，子孫賴福，延祚至今。其上薄太后尊號曰高皇后，配食地祇，遷呂太后廟主於園，四時二祭。」這也就意味著，自此，在漢家政治系統內，呂后已不能再擁有「高皇后」的名號，而只能稱之爲「呂太后」。

眾所周知，班固的生活年代，爲直承建武的明、章時代及和帝前期。毫無疑問，此時，東漢開基帝劉秀的遺詔具有無可非議的政治權威。爲此，西漢十二世的帝王序列還曾被減爲了十一世。按：十二世的提法在西漢末得以確立。《漢書·王莽傳上》就有所謂「漢十二世三七之厄」的說法，而據《王莽傳中》，莽策命孺子曰：「咨爾嬰，昔皇天右乃太祖，歷世十二，享國二百一十載，曆數在于予躬。」所謂十二世，乃是西漢十一帝加高后一世。班固沿用了這種說法，《漢書·敘傳下》曰：「以述《漢書》，起元高祖，終於孝平王莽之誅，十有二世，二百三十年，綜其行事，旁貫《五經》，上下洽通。」《後漢書·班彪傳附子固傳》援引此文，李賢注曰：「高、惠、呂后、文、景、武、昭、宣、元、成、哀、平十二代也。並王莽合二百三十年。」《敘傳下》又曰：「凡《漢書》，敘帝皇。」顏注引張晏曰：「十二紀也。」毫無疑問，在漢帝正統譜系中包含了呂后。

而且這種意見並非西漢末年才有，它只不過是沿襲漢初以來久已公認的政治習慣而已。在高祖與呂后合葬的長陵中，他們的陵冢並置，且大小相等，除了呂后，再無其它帝后有此殊遇。這不僅是漢室特例，也反映了西漢朝廷對於呂后帝王地位的承認。所以，在《史記·司馬相如列傳》中，司馬相如撰文曰：「漢興七十有八載，德茂存乎六世。」《正義》曰：「高祖、惠帝、高后、孝文、孝景、孝武。」很顯然，在西漢，呂后的確是作爲一代皇帝來看待的。至東漢，則開始否定這一觀念，並進而否定十二世的說法，而代之於十一帝。《後漢書·鄧禹傳》載：「（建武二年，鄧禹）修禮謁祠高廟，收十一帝神主，遣使奉詣洛陽，因循行園陵，爲置吏士奉守焉。」《後漢書·光武帝

紀下》則載：「（建武）二十二年春閏月丙戌，幸長安，祠高廟，遂有事十一陵。」翻檢《後漢書》，此後，「祠高廟，遂有事十一陵」，在後續的帝《紀》中多有出現，成為東漢皇帝重要的政治功課，並且此類儀式中，呂后不予，配享者為薄后。總之，從光武帝開始，因政治緣故，將呂后排斥於漢帝系列之外，這在當時是十分嚴肅的政治問題。

然而，翻檢《漢書》，不僅為呂后撰《高后紀》，凡言「高后」者皆指呂后，無一指薄后。僅此而言，班氏體例就頗不尋常。

如比較《史》、《漢》，可以發現，對呂后事蹟的記載，太史公僅將其收入《呂后本紀》，《史記·外戚世家》中則一筆帶過，幾乎沒有筆墨。而翻檢《漢書》，則不僅在《高后紀》中載其故事，在《外戚傳》中亦有呂皇后傳，這種一分為二，前後依違的做法，是疏忽失誤嗎？非也。如仔細查考，可以發現，在早先的《漢書》體例中，很可能尊先帝律法，沒有考慮將《高后紀》列入，所以《外戚傳》中關於呂后文字的撰寫，無一「高后」字樣，此為守光武詔令之明證。而在《敘傳》中則闡釋道：「孝惠短世，高后稱制。罔顧天極，呂宗以敗。述《惠紀》第二，《高后紀》第三。」荀悅《漢紀》轉引《敘傳》時，其文字為：「述《惠紀》。」不僅刪去「《高后紀》」字樣，連第二、第三等編次序號亦一併不見。〔註 3〕不僅如此，《敘傳》中所有編次序號皆被刪去，這很可能在於，荀氏所見，是《漢書》定本之前的初本。而《敘傳》中所謂的「述《惠紀》第二，《高后紀》第三」云云，竟將兩《紀》放在一起論述，與其它《紀》風格迥異。這說明，最先之時，高后事蹟很可能被拆分入《外戚世家》及《惠帝紀》中，後來才單列出來。

班固何以要做此種改變呢？習秦漢史者皆知，班固為外戚竇憲的黨羽，在和帝永元四年，因竇憲之獄牽連而死。竇氏權勢的坐大，其主要來源在於章德竇皇后，她作為章帝皇后，陷害梁貴人後，將其子撫育養大，是為和帝，和帝即位時年僅 10 歲，於是作為皇太后的竇氏臨朝聽政，進一步加大了竇氏的權勢地位。然而，竇憲等人雖靠外戚身份取得權勢，但作為名門之後，能力亦十分了得。作為大將軍，驅逐匈奴，清掃北庭，可謂不世之武功。可以說，顯赫的功業，亦是竇氏權勢的重要支撐。但恰恰如此，反而樹立了更多的對立面，最終遭致了滅頂之災。隨著皇帝的日漸長大，對於竇氏愈加不滿，終於，少年皇帝依賴宦官鄭眾等人誅滅了竇氏，也為後來的宦官專權埋下了

〔註 3〕荀悅撰、張烈點校：《漢紀》，中華書局，2002 年，第 545 頁。

根子。《後漢書‧和帝紀》載：「自竇憲誅後，帝躬親萬機。」此時和帝僅 14
歲，與其說親政，不如說權歸宦官，及與之結盟的反竇氏集團中的一些官員。
關於竇氏之誅，在此可先存而不論，但是，在和帝展開誅殺之前，反竇氏集
團已經展開了一波波的反擊，這也為此後的竇氏覆滅打下了基礎。在這一過
程中，很有一些人將竇后比之前朝的高后呂氏，據《後漢書‧和帝紀》，永元
九年，竇太后死，有朝臣上奏：「依光武黜呂太后故事，貶太后尊號，不宜合
葬先帝。」此建議雖是在永元九年提出，但考慮到在竇氏覆滅之前，已經有
人反竇，這種意見應該早已有之，而不會等到此時才臨時放言。

　　如果明瞭以上的事實，就大致能理解，在正統觀念根深蒂固，以及光武
詔令又有法律效應的情況下，為何班氏在《漢書》中，對於呂氏集團多有正
面的肯定。按照筆者推斷，《呂后紀》之推出有班氏的現實關懷，不僅班固如
此，續作者班昭亦如此，他們認為，漢家天下創於高祖，穩定於高后，所以
在班昭所作的《諸侯王表》中，如此說道：「高祖創業，日不暇給，孝惠享國
又淺，高后女主攝位，而海內晏如，無狂狡之憂。」對呂后之守業讚譽有加。
而且值得注意的是，「高祖創業，日不暇給」，是事實，惠帝「享國又淺」則
不確，畢竟他做了七年皇帝，與呂后稱制八年在時間上相當，此處應有筆法，
乃為了突出呂后在穩定漢室天下中的特殊貢獻。在和帝時代，當朝臣們搬出
光武故事，將竇后比之呂太后時，不顧光武詔令，對於呂氏功業的肯定，就
不僅是尊重事實的問題了，而是以古喻今，對竇后及竇氏家族的貢獻進行必
要的爭辯。附加一提的是，《漢書》最後成書於班昭，據《後漢書‧列女傳》，
在安帝時代鄧后臨朝之時，「《漢書》始出。」此時，竇氏之事已漸漸淡忘，
而鄧后之權勢遠過於當年的竇后，班昭乃鄧后之師，關係甚密。《高后紀》在
此時推出，是否有班昭既維護竇氏，又維護鄧后之可能呢？材料有缺，不能
確證，惟提出此一問題，以俟後賢。

二、誅殺彭越

　　《史記‧黥布列傳》載：

> 　　（高祖）十一年，高后誅淮陰侯，布因心恐。夏，漢誅梁王彭
> 越，醢之，盛其醢遍賜諸侯。至淮南，淮南王方獵，見醢，因大恐，
> 陰令人部聚兵，候伺旁郡警急。

瀧川資言《史記會注考證》引王念孫曰：「『夏漢』，當作『漢復』。彭越謀反，

《高紀》在十一年三月。」梁玉繩《史記志疑》則說：「『夏』當作『春』。」
〔註4〕又，《高祖本紀》曰：「（十一年）夏，梁王彭越謀反，廢遷蜀。復欲反，
遂夷二族，立子恢爲梁王，子友爲淮陽王。」梁玉繩爲之論述道：

> 廢越立恢皆在三月，《漢紀》可據。此與《黥布》、《盧綰傳》並
> 作「夏夷彭越」，誤也。《史》、《漢·諸侯王表》書恢、友以十一年
> 三月立，安得三月已封恢、友爲王乎？至《史·諸侯王表》及《漢·
> 異姓表》以越誅在十年，則更誤矣。〔註5〕

按照瀧川氏和梁氏的看法，彭越被誅殺應在高祖十一年三月，而不是當年夏
季，但質之於史實，此爲誤判。簡言之，《史記》、《漢書》二《表》將誅殺彭
越繫於十年顯然有誤，在此可略而不說，但「十一年三月」的說法並非可以
成立，其中有值得商榷處。

《漢書·高帝紀下》載：「（十一年）三月，梁王彭越反，夷三族。」瀧
川氏與梁氏所言，本之於此。但此條不僅是孤例，也無法由此認定《漢書》
系統採納了「三月說」，因爲在《漢書·黥布傳》中亦作「夏漢」，看來班固
也認可「夏時說」。它不僅與《黥布列傳》所言相吻合，而且《史記·高祖本
紀》中也明言：「（十一年）夏，梁王彭越謀反。」它們皆作「夏」。尤爲重要
的是，據《史記·韓信盧綰列傳》，盧綰說：「夏，誅彭越。」眾所周知，盧
綰爲高祖時代之人，並身涉其中，其所言最爲權威。所以，《黥布列傳》應不
誤。那麼，是否《漢書·高帝紀》出現了誤差呢？也不是，是瀧川氏與梁氏
誤讀了此條材料。

據《史記·高祖本紀》與《漢書·高帝紀》，高祖十年秋，劉邦開始鎮壓
陳豨叛亂，雖然直至十二年十月方斬首陳豨，但在十一年底至十二年初之間，
已基本平定叛亂，此間及其後，開始誅殺韓信、彭越。據《史》、《漢》彭越
《本傳》，劉邦親征時，怪罪彭越沒有親自帥軍參戰，加上彭越手下的太僕因
罪懼斬，誣告彭越謀反，故而劉邦將彭越囚禁於雒陽，貶爲庶人後，準備將
其發配至蜀。途中適值呂后從長安去雒陽，在鄭相見，於是，彭越向其哀述
自己無罪，欲回故里。呂后假意答應了他的請求，待同返雒陽後，卻背地裏
一方面請劉邦收回發配成命，另一方面，暗中指使彭越的舍人再度出證誣告。
於是，彭越的謀反罪名再次成立，並最終被殺。由此可知，對彭越有兩次謀

〔註4〕梁玉繩：《史記志疑》，第 1329 頁。
〔註5〕同上書，第 234 頁。

反的舉證，故而《史記・高祖本紀》說：「梁王彭越謀反，廢遷蜀，復欲反，遂夷三族。」那麼，所謂「三月反」很可能指的是第一次舉證，此次王爵被奪，發配蜀地。而所謂「夏，漢誅梁王彭越」，則很可能是在「復欲反」後，進行第二次舉證並加以誅殺，按照曆法，四月後即可稱之爲「夏」，與三月在時間上緊鄰。

又，雖說後世皆知「高后誅淮陰侯」，韓信之死乃是呂后一手策劃，並被斬殺於其所居的長樂宮鍾室，但彭越應不知此中內情，亦或當時誅殺之名，歸之於高祖，所以他才會向呂后求情。據《漢書・高帝紀下》，高祖十一年「春正月，淮陰侯謀反長安，夷三族。」此時，劉邦正在邯鄲、雒陽之間，四月返回長安。《史記・淮陰侯列傳》載：「高祖已從豨軍來，至，見信死，且喜且憐之。」《漢書・韓信傳》則說：「高祖已破豨歸，至，聞信死，且喜且哀之。」此段敘述之後，並附有他與呂后的一段著名對話。通過這種材料，很容易使人理解爲，劉邦回到長安後，才明確知曉韓信被殺之事。但事實上，在四月前，高祖已見到呂后，韓信被誅殺一事應在此時被正式通報，所謂的「高祖已從豨軍來」，「已破豨歸」，實際上指的是，在雒陽見到呂后時具體聞知此事，並有了與呂后的那段對話。此時陳豨之亂已基本平定，剩下的掃尾工作由手下完成，高祖不再親征。不僅如此，此前的正月，呂后、蕭何已經將韓信被誅殺一事迅速報告給了劉邦，《史記・蕭相國世家》載：「漢十一年，陳豨反，高祖自將，至邯鄲，未罷。淮陰侯謀反關中，呂后用蕭何計，誅淮陰侯，語在《淮陰》事中。上已聞淮陰侯誅，使使拜丞相爲相國。」所謂「使使」，乃是派遣特使加封蕭何，則此時高祖未至長安，而據《漢書・高帝紀》，在正月立代王劉恒，及二月的求賢詔中，蕭何已經被稱之爲「相國」，而非此前的官銜——丞相。

也就是說，在十一年正月韓信被斬殺後，高祖迅速派遣使節加封蕭何爲相國，這在當時乃是一件公開化的政治大事，產生了相當大的影響力，所以出現了《蕭相國世家》中的「諸君皆賀」的局面。此時的一誅一封所造成的對比，應該說是劉邦有意爲之，因爲緊接著在二月，劉邦就下達了一道求賢詔書，其中說道：「賢士大夫有肯從我遊者，吾能尊顯之。」（《漢書・高帝紀下》）聯繫到韓信的被誅殺，這既在告訴天下人，只要爲漢家服務，就不會被虧待，反之，則如韓信，只要有二心就要被誅殺，同時，這也爲下一步囚捕彭越作了輿論準備。還可注意的是，在這一年，劉邦連封四子爲王，他們分

別是正月：代王劉恒；三月：梁王劉恢、淮陽王劉友；七月：淮南王劉長。
其中三月所封的二王，其封地即在彭越所在的梁國，由前可知，梁玉繩據此
認爲，彭越被誅殺於三月，因爲「恢、友以十一年三月立，安得三月已封恢、
友爲王乎？」他提出疑問，如果彭越沒有在三月被誅殺，怎麼可能在此時分
封二王呢？然而，比照其它二王可以發現，代地的陳豨，淮南的英布都未伏
誅，但新的同姓王就已經被分封，看起來，當時的政治習慣是先廢舊，再立
新，最後誅殺之。既如此，三月彭越廢爲庶人後，即可分封新王，而不必待
其誅殺後再行分封，所以，梁氏所論不能成立。

據《漢書·高帝紀》，劉邦於正月出邯鄲返回雒陽，至四月返回長安之前，
一直留居此地。由前已知，正月「使使」加封蕭何，其間必涉及關於韓信的
善後之事，同月又封代王劉恒，不僅事務繁忙，而且未立梁地新王，這說明，
彭越此時尚未廢，甚至還未加控制。二月，劉邦沿襲著正月的工作脈路，所
以即使此時要開始控制彭越，也應該要到中下旬才能騰出手來。據《史記·
魏豹彭越列傳》，劉邦囚捕彭越，採取的是突然襲擊的辦法，「使使掩梁王，
梁王不覺，捕梁王，囚之雒陽。有司治反行已具，請論如法。」這種突襲的
辦法，必須要有周密準備，各項前期工作要耗費一段時間，而且彭越都城所
在地定陶距雒陽有七、八百里的路程。據《孫子兵法·軍爭》，孫武曾提出過
百里、五十里、三十里爭利的概念，古人以三十里爲一舍，這是最基本的行
軍單位，於是，杜牧注曰：「古者用師，日行三十里。」李筌則說：「一日行
一百二十里，則爲倍道兼行。」〔註6〕雖然後世有急行軍一日二、三百里者，
但一則此爲特例，二則掩襲彭越，固然以快速機動爲主，但在近千里的路途
上，過於快速，極易暴露，無法形成出其不意的效果，故而，掩襲彭越應以
日行百里之內爲宜。而如以每日百里的速度來推算，則來回需至少半月左右，
加之在雒陽審訊的時間，即使二月中旬後開始行動，第一次的論罪定讞，最
早亦需到三月上旬方可了結。然後，彭越被遣送至蜀，路遇呂后，再一次返
回雒陽，雒陽至長安又有七百里左右的路程，彭越以傳驛送，按照漢代的一
般速度，「空車日行七十里，重車日行五十里。」〔註7〕即使以七十里一日來
折算，往返於雒陽長安之間也要耗時二十日，即便呂后在後半段增加速度，
前後總時長半月左右還是需要的。而當劉邦夫妻聚首後，再次商討對策，協

〔註6〕楊丙安校理：《十一家注孫子校理》，中華書局，1999年，第139、138頁。
〔註7〕《九章算術》卷6《均輸》，遼寧教育出版社，1998年，第63頁。

調各項行動，並由呂后指使彭越手下進行告發，再一次啓動審訊程序，最後完成誅殺，又需耗時不少。這一連串的事件發生、發展，層層推進，耗時耗力，頭緒繁多，要完全在三月份完成，勢必有困難。故而，三月囚捕，四月再次定罪，並最後誅殺，應該最爲合理。

彭越被二次定罪的關鍵人物無疑是呂后。正是她由長安奔赴雒陽，才造就了彭越之死，這會是一個偶然嗎？顯然不是。

據《漢書·高帝紀下》，高祖十年「夏五月，太上皇后崩。秋七月癸卯，太上皇崩，葬萬年。赦櫟陽囚死罪以下。八月，令諸侯王皆立太上皇廟於國都。」據此可知，在高祖十年，五月太上皇后駕崩後，劉邦的父親太上皇緊接著在七月駕崩，此爲當時的一件大事，劉邦一定極爲忙碌，所以七、八月間各種相關舉措紛紛出臺。然而，陳豨叛亂就發生在當年的八、九月間，是否是有意爲之且先不論，但它使得劉邦的工作安排被迫中斷，不得不率軍親征。可注意的是，在親征前，劉邦以一紙詔令赦免了櫟陽罪人，此地正是太上皇的葬地——萬年邑所在，它居長安以東，渭水以北。而與之隔渭水相望的則是新豐，十一年四月，劉邦回到長安後的第一道詔令就是關於它的，《漢書·高帝紀下》載：「令豐人徙關中者皆復終身。」此道優遇之詔純粹是因爲太上皇的緣故而發出的。因爲此處的豐人，指的是移民新豐者，爲陪伴劉邦父親而遷至。顏師古注引應劭曰：「太上皇思欲歸豐，高祖乃更築城寺市里如豐縣，號曰新豐，徙豐民以充實之。」很顯然，這是將對太上皇的祭奠、紀念工作接續上。雖然陳豨之叛橫插其間，但高祖在彼時念念不忘的，乃是對父親的禮典。

毫無疑義，對呂后來說，留守長安的日子裏，除了穩定後方，就應該是主持關於太上皇的各項禮典了。也就是說，她那時最主要的活動區域在長安，及以東的新豐、萬年之間，而彭越的行進路線乃沿渭水而西，他不必入長安城，即可由新豐一帶的臨潼或霸上向南，經杜南入蜀。據《史記·魏豹彭越列傳》載，呂后與其相遇於鄭，此地在新豐以東不遠，屬京兆地帶。或許在新豐一帶早已安排相關人員加以監臨，一旦靠近，即相遇於道。此時，韓信剛剛被誅，關中並不穩定，太上皇的禮典還未完全結束，呂后卻要在此刻匆匆離開。以其剛毅好殺的個性，我們完全有理由相信，她早就定好了誅殺彭越的計劃，所以，她要匆匆趕往雒陽，勸說劉邦改變初衷，對彭越痛下殺手。所以，呂氏與彭越之見，絕非偶遇，而是事先的周密安排。與韓信之死一樣，

這是一場精心策劃，機不可失的陰謀，否則，在當時那個非常時刻，她沒有理由離開此地。

另外，據《史記‧呂太后本紀》，劉邦寵姬戚夫人「常從上之關東。」此次不會例外，也應伴隨在身旁。尤為重要的是，戚夫人是定陶人，即彭越都城所在地，地理鄉情頗為熟稔，此次對彭越掩襲得手，是否有她的參考意見甚或內線在內呢？不管有還是沒有，呂后是不能容忍戚氏對政治稍有染指的，當此之際，匆匆而來，不能說沒有戚夫人的因素。因為此一事件中耐人尋味之處在於，彭越被誅殺後，竟被剁為肉醬分食諸侯，手段之殘忍令人瞠目，這也是引起英布造反的一個重要觸發因素。而在當時最大的三個異姓諸侯王——韓信、彭越、英布中，無疑彭越是最沒有謀反行跡，也最為溫順的，但何以待其最為刻忍呢？宋人洪邁據此評說道：「高祖於用刑，為有負於越矣。」〔註8〕劉邦有負於彭越，固然無可置疑，但我們必須思考的問題是，劉邦本不願置彭越於死地，對其的處置，不過是發配為民，老此一生而已。可呂后一來，殘忍隨之，並直接引發了英布之叛，我們完全有理由相信，劉邦不僅聽取了呂后意見，彭越的二次謀反之獄，應該就是由呂后加以主持。種種殘忍手段不僅反映了呂氏的個性，也是對戚夫人的一種震懾，所以其必搶奪此獄，並出現了不計後果的處置。從正常情理而說，斷斷不至於如此；然而，如是呂后為之，雖極不理智，卻合其情。

還值得一提的是，《漢書》師古注曰：「反者被誅，皆以為醢，即《刑法志》所云『葅其骨肉』是也。」以為葅醢之法，對於謀反者皆有之，但其實未必。因為此乃秦法，漢初及高祖總體上尚寬，未必如此作為，不僅所見具體例子唯有彭越之事，更可為佐證的是，韓信未被葅醢，否則韓氏斬殺在前，黥布必先得韓信之肉醬，而不是彭越。而且，使舍人告發彭越，與斬韓信乃是同一手法，再如比照日後呂氏斬斷戚夫人手足，製成所謂「人彘」，加之力勸劉邦放棄仁慈之念，下決心斬殺彭越，則此種酷事，應是呂氏所實際主持。

原刊於中國秦漢史研究會編：《秦漢研究》第十輯（陝西人民出版社 2016年）

〔註 8〕 洪邁：《容齋隨筆》卷 8《彭越無罪》，上海古籍出版社，1996 年，第 313 頁。

劉秀史事雜考三則

　　范曄的《後漢書》，爲研治漢史的重要材料。筆者在讀范書的過程中，曾對若干問題作了些考訂，今將與劉秀相關的三則考訂抄撮成文，以就正於方家。

一、設壇場於鄗南千秋亭五成陌

　　光武即位點爲鄗南。卷一上《光武帝紀上》載：「光武於是命有司設壇場於鄗南千秋亭五成陌。……建元爲建武，大赦天下，改鄗爲高邑。」此地乃由劉秀親自選定，充滿了政治意味，具體言之：

　　一、鄗地與光武名姓相應，爲應兆之吉地。此地原名禾成亭，《漢書・地理志上》載：「鄗，……莽曰禾成亭。」《後漢書集解》引何焯曰：「鄗，莽曰禾成亭。當時即位於此，蓋亦取與光武名相應也。」「禾成」有禾黍豐盛之義，而「秀」的意義，據《爾雅・釋草》：「木謂之華，草謂之榮，榮而實者謂之秀。」《說文》段注解釋道：「禾黍是也。」則「禾成」與「秀」詞義可相應也。又《集解》引惠棟曰：「《史記・高祖功臣表》有禾成侯公孫耳。或漢元以來本名禾成，後改高邑。」據《帝紀》及《公孫述傳》，建武元年四月公孫述稱天子，號爲「公孫帝」，劉秀在禾成即位，既可憑「秀」之名號應天命，更可因公孫氏在此地爲侯，發明「天啓」，故劉秀自署爲「公孫皇帝」（詳說在「公孫皇帝」條），選擇此地即位，可在神學解釋上擊敗敵手，簡言之，「禾成」與「公孫」的結合，成爲劉秀的重要政治資源。此外《管子・封禪》說：「古之封禪，鄗上之黍、北里之禾，所以爲盛。」封禪爲帝王大典，「北里之禾」又正可暗合劉秀起於北方，對於光武而言，此地名號之嘉，可謂萬里挑一。

二、此處地名有接續聖王，漢家神聖之義。「鄗」由劉秀改名爲「高邑」，在史籍上的記載，最早出自於《漢書・地理志上》：「鄗，世祖即位，更名高邑。」故而惠棟說：「本名禾成，後改高邑。」但在《史記・封禪書》中，《集解》引應劭曰：「光武改高邑曰鄗。」則出現兩說：1、原名爲鄗，改名高邑；2、原名高邑，改名爲鄗。應氏爲漢末之人；班固生活於東漢早中期，就時間來說，班固更接近光武時代，其所聞見應近是。此外，班氏號爲「良史」，《漢書》爲正史中之可信材料，加之在《史記》之《趙世家》、《魏世家》等戰國史料中俱出現「鄗」之名，地點就是光武所在的河北地帶。要之，班固之說爲確解。但「高」、「鄗」之間其意可通，「鄗」乃由「高」加「阝」而組成，「阝」在此爲「邑」之義，篆書寫作「𨜗」，《說文》曰：「從邑，高聲。」從一定意義上說，「鄗」就是「高邑」，這也就難怪漢末的著名學者應劭都要作出誤判了。

「鄗」及「高邑」的選擇及命名深具政治意味，但其意義需放置當時特定的環境中加以仔細體察，才會犁然於心。

先看「鄗」有何政治寓意。在漢代，「鄗」與「鎬」通，後者是武王所定王都。《荀子・正論》曰：「湯居亳，武王居鄗，皆百里之地也，天下爲一，諸侯爲臣，通達之屬莫不振動從服以化順之。」湯、武以「百里之地」而興，此時劉秀僅控有兩州，以此比附，頗近情理。事實上，在那個經學興盛的時代，儒風勁吹，割據者多以文、武自況，如《後漢書・公孫述傳》中論及公孫述「坐談武王之說」，而「隗囂欲爲西伯」。漢家一直有「繼周」之說，即漢之正統性繼周而來。《漢書・律曆志下》云：「漢高祖皇帝，著《紀》，伐秦繼周。木生火，故爲火德。天下號曰漢。」於是在聖王資源的選擇中，劉秀就多以周武自況，《後漢書・鄧禹傳》載，劉秀在河北時，以天下郡國僅得其一爲憂，鄧禹進言道：「古之興者，在德薄厚，不以大小。」李注引《史記》蘇秦說趙王曰：「堯無三夫之分，舜無咫尺之地，以有天下。禹無百人之聚，以王諸侯。湯、武之卒不過三千人，車不過三百乘，立爲天子。誠得其道也。」然而，堯舜禹以禪讓而名，湯、武才是兵定天下，故而此處的著眼點顯然在周文、武之事。所以在群臣擁立勸進中，又以「周之白魚」相比類，即位詔書中更強調「眷顧降命，屬秀黎元，爲人父母。」〔註1〕所以，光武重仁德、

〔註 1〕《後漢書》卷1上《光武帝紀上》，中華書局，1965年，第22頁。按：《荀子・正論》：「湯、武者，民之父母也。」「爲人父母」就是如湯、武一般「爲民父母」，《後漢書》乃避唐太宗之諱耳。

定洛陽、號建武，皆有周武王弔民伐罪的影子。既如此，登基於鄗，正可與周武相接續。

不僅如此，還可延伸的意義是，文王定都於豐（豐），《史記‧周本紀》載：「（文王）作豐邑，自岐下而徙都豐。」「豐邑」亦寫作「酆」，一如「鄗」之字例，故《說文》曰：「酆，周文王所都。」《史記‧吳太伯世家》中，《集解》引服虔曰：「文王徙酆，武王居鄗。」《史記‧司馬相如列傳》中，「酆鄗」一詞，《索隱》注曰：「豐鎬。」可是「豐」也是高祖故鄉，當然此「豐」非彼「豐」，一在東，一處西；同樣的，此「鄗」亦非彼「鄗」，從地理而言，光武所在與周武無關。但是作為一種政治比附，卻很符合當時的社會性格，這一點只要看看那時的讖緯甚至經學闡釋，就會了然於心。那麼，由此理路向前，光武集團實質上在暗示天下，劉秀將如武王接續文王事業一般，接續高祖之業，重振漢室，東漢意識形態中反覆強調的「同符乎高祖」〔註2〕，通過這一方式又可得一精神砝碼。《論衡‧宣漢篇》說：「漢之高祖、光武；周之文、武也。」可見將高祖、光武之間的關係，比附周之文、武，已成為東漢以來的普遍認識。此外，「鄗上之黍」這種意識的存在，又可將「鄗」與「黍」，也即武王與劉秀之暗示結合起來，同時，對曾自命為周公的王莽也是一種精神反擊。

再看「高」之意義。此點可在兩方面展開：1、「漢為堯後」是漢家鼓吹的神學意識形態，堯為其政治宗祖。光武既要復興漢室，當然要再次承接一度中斷的堯統。而堯之義，據《說文》：「高也。」作為東漢意識形態之書的《白虎通》之《號》篇則說：「堯猶堯堯也，至高之貌。」那麼，劉秀選擇鄗，並將其改定為高邑，有承接漢家堯統之義矣。2、在兩漢之際讖緯之風勁吹，連劉秀也不得不屈服，其中有讖文說道「代漢者當塗高」，在當時極為著名與敏感。劉秀在與公孫述的辯論中曾引此讖，《後漢書‧公孫述傳》李賢注引《東觀記》曰：「光武與述書曰：『承赤者，黃也。姓當塗，其名高也。』」當塗氏接續漢家，書之於讖緯，逼迫的劉秀也不得不承認，但從內心來說，如何阻止或轉換這種理念才是念茲在茲的東西，其中一個可資利用的工具就是「再受命」。據《漢書‧哀帝紀》，西漢哀帝時曾有「再受命」之舉，即「堯後」劉氏再承「舜」之天命，故自號「陳聖劉太平皇帝」，隨後因「違經背古」而被取消。但「再受命」風潮並未停歇。在《光武帝紀》「論」中，范曄重提此

〔註2〕《後漢書》卷40下《班固傳》，第1361頁。

段故事，並感歎道：「其王者受命，信有符乎？」在《盧芳傳》「論」中，范氏則明確認定「劉氏再受命」，從一定意義上來說，自東漢以來，劉秀復興漢室就是「再受命」的實現。但西漢鬧劇在前，光武之「再受命」就不好再大張旗鼓，而多以政治暗示出之。《續漢書‧祭祀志上》引《春秋保乾圖》曰：「建天子於鄗之陽，名曰行皇。」陳槃說：「軍旅擾攘，未遑寧居，故曰『行皇』也。」〔註3〕按：此讖體現時事，應爲劉秀集團所造，行皇不僅有「未遑寧居」之義，更隱含著一種政治暗示。其中「行」可通「塗」；「高」與「皇」皆有「大」之義，則「塗高」即「行皇」也。其實「高邑」本就可對應「塗高」之義，光武集團造此讖，目的在於進一步明確自己的受命正當性。概言之，以「高邑」及由此延伸的「行皇」之義，作出再續「堯統」及「再受命」的政治暗示。

三、「鄗南」與「千秋」問題。南面即位可對應劉秀起於南方的事實，而這一點又可與「再受命」思想相合拍。《後漢書‧邳彤傳》云：「方今鎮、歲、熒惑並漢分翼、軫之域，去而復來，漢必再受命，福歸有德。」李賢注曰：

> 《爾雅》曰：「中央鎮星，東方歲星，南方熒惑。」翼、軫者，南方鶉尾之宿，楚之分野。《演孔圖》曰：「卯金刀，名爲劉，中國東南出荊州。」故爲漢分也。

據《光武帝紀上》，劉秀起事時「有星孛於張。」李賢注引《續漢志》曰：「張爲周地。星孛於張，東南行即翼、軫之分。翼、軫，楚地，是楚地將有兵亂。後一年正月，光武起兵舂陵，攻南陽，斬阜、賜等，殺其士眾數萬人。光武都洛陽，居周地，除穢布新之象。」《漢書‧律曆志下》云：「光武皇帝，著《紀》以景帝後高祖九世孫受命中興復漢，改元曰建武，歲在鶉尾之張度。」要之，南方爲劉秀始受命之地，並可應之於讖緯，故而在即位時特意凸顯「南」之意義，以見天命所在。

四方觀念在中國由來已久，按照古人的認識，四方皆有神獸守護，謂之「四靈」。此種理念在漢代更是繁盛一時，「四靈」在漢畫像石及瓦當等文物中皆有極多展現，正可說明此點。不僅如此，「四靈」還是帝王建造宮闕時所取法的對象。《三輔黃圖》卷三《未央宮》曰：「蒼龍、白虎、朱雀、玄武，天之四靈，以正四方。王者制宮闕殿閣，取法焉。」光武既重視南面，則在典儀場所中，四靈中的南面神獸「朱雀」就開始具有了特殊的政治意味。

〔註 3〕陳槃：《古讖緯研討及其書錄解題》，國立編譯館，1991 年，第 76 頁。

《光武帝紀上》載:「(建武元年)冬十月癸丑,車駕入洛陽,幸南宮卻非殿,遂定都焉。」我們注意到,光武進入洛陽後,首先是在南宮的卻非殿完成政治禮儀,這一場所的選擇無論如何是有政治意味的。不僅如此,《後漢書·桓帝紀》載:「(桓帝)時年十五,太后猶臨朝政。」李賢注引《東觀記》曰:「太后御卻非殿。」太后臨朝聽政亦在卻非殿,看來此處是東漢最重要的政治場所,其意義非同一般。但「卻非」從字面上來看令人費解,它究竟為何意呢?《隋書·王劭傳》載:「又有卻非及二鳥,其鳥皆人面,則《抱朴子》所謂『千秋萬歲』也。」《抱朴子·對俗》曰:「千歲之鳥,萬歲之禽,皆人面鳥身,壽亦如其名。」另據有關材料,「1957年在河南鄧縣發現的(漢代)畫像磚,磚上有一人面鳥身形象,其下銘「千秋」。」〔註4〕則由此可知,「卻非」指的是所謂「千秋萬歲」之神鳥,呈人面鳥身之狀。正因為如此,在漢瓦當文字中,「千秋萬歲」的「千」字又有寫作「𠙁」者,〔註5〕很明顯將其化為鳥之形象,則「千秋」與「卻非」一樣都是神鳥的名號。鳥圖騰鎮守南方,劉秀命名卻非殿,其意義當指自己雖興於北方,但在南方受命,在「千秋亭」登基正可對應此一天命。

　　尤為重要的是,《史記·高祖本紀》載:「美鬚髯,左股有七十二黑子。」《正義》引《合誠圖》云:「赤帝體為朱鳥,其表龍顏,多黑子。」由此可知,在漢代政治宣傳中,高祖作為所謂「赤帝子」,有朱鳥的表徵,而劉秀承接此點,正可暗示民眾,自己是天命所歸,接續高祖之業。故而,在東漢時代的意識形態宣傳中,曾大肆渲染劉秀出生時鳳凰雲集,以鳥之祥瑞來突出光武之聖性。吳樹平《東觀漢記校注》卷一《世祖光武皇帝》載:「是歲鳳凰來集,故宮皆畫鳳凰。」《論衡·吉驗》說:「迄今濟陽宮有鳳凰廬。」可見東漢一代對此種政治上的鳥圖騰之重視。而所謂鳳凰之集,或許就是為了承接高祖之「天命」而造出來的祥瑞。順便一提的是,漢以來一直有「文王起,得朱雀」(《論衡·恢國篇》)之說,是否與此有關,難以確證,待考。

　　四、「五成」的政治含義。此名與當時的一般意識相結合,可附會於兵事之上。先秦以來流行「五材」觀念,《左傳》襄公二十七年載宋子罕之言道:「天生五材,民並用之,廢一不可,誰能去兵?兵之設久矣,所以威不軌而昭文德

〔註4〕　謝曉燕:《中國古代的「千秋萬代」瓦當與「人面鳥身」圖像》,《中國社會科學報》2009年10月29日。
〔註5〕　韓天衡主編:《古瓦當文編》,上海世界圖書出版公司,1996年,第14頁。

也。聖人以興，亂人以廢，廢興存亡昏明之術，皆兵之由也。」後世解經者多將「五材」對應於五行觀念，似乎並不準確，現在雖難有確解，但兵事應為「五材」之 ，或與之關係密切，絕無問題。也因這一觀念之重要，後世多以此來說明兵事之不可缺。如《後漢書‧公孫述傳》中，公孫屬下勸諫：「兵者，帝王之大器，古今所不能廢也。」就沿用此義。直至隋唐，這一觀念依舊，《隋書‧音樂志下》載：「兵暢五材，武弘七德。」除了此典，《史記‧貨殖列傳》載：「范蠡既雪會稽之恥，乃喟然而歎曰：『計然之策七，越用其五而得意。既已施於國，吾欲用之家。』」計然之策「以五而成」，此種歷史故事也可讓人想到兵事與「五成」的關係。劉秀興兵得天下，《赤伏符》說「劉秀發兵捕不道」〔註6〕，這是其合法性的重要指標。《續漢書‧祭祀志下》引《東觀記》劉蒼奏議：「（光武）以兵平亂，武功盛大。歌所以詠德，舞所以象功，世祖廟樂名宜曰《大武》之舞。」毫無疑問，突出光武的「武」面，是當時政治的需要。那麼，讓人聯想到兵事的「五成」實在是個很好的政治資源。

不僅如此，「五成」的意義或許還可延展出「滅新興漢」的取向。《穀梁傳》莊公二十五年：「天子救日，置五麾，陳五兵五鼓。」就漢家天下的覆滅與重建來說，猶如日食後而「天再旦」。「救日」是中國古代極有政治意味的儀式行為，它以「五兵」相陳方可成功，則劉秀建漢乃日之重光，是一種政治「救日」，但它需靠兵威才能成立，故而「五成」可迎合當時的意識想像。此外，從陰陽學說上來看，「五成」可對應「火盛水衰」的徵兆。《漢書‧五行志上》引《左傳》中楚滅陳之事，並論及傳文中「陳，水屬也。火，水妃也，……妃以五成，故曰五年，……天之道也」云云，進而解釋道：「火盛水衰，故曰『天之道也』。」想來東漢人是頗為重視這條材料的，而漢家尚赤，為火德，所謂「火盛」，不正是漢家復興的表徵嗎？王莽起於戰國田齊，田齊為春秋陳國之後，則「水屬」的「陳」亡，不正可預兆王莽之滅嗎？這些意識一起都可集矢於「五成」之上，則「五成」之地，與漢家以兵威而興的政治預示就有了不可分離的聯繫。

總之，「設壇場於鄗南千秋亭五成陌」乃千思萬慮的結果，此地每一名號皆包含豐富的政治背景及寓意，不可等閒視之。對於此地的選定及名號的更改，必然思之再三、揣摩不已，而這又正可見劉秀心思之縝密，及當時世風之所在。

〔註6〕《後漢書》卷1上《光武帝紀上》第21頁。

二、光武封更始

《光武帝紀上》載建武元年九月詔：「更始破敗，棄城逃走，妻子裸袒，流亡道路。朕甚愍之。今封更始爲淮陽王。吏人敢有賊害者，罪同大逆。」王鳴盛《十七史商搉》卷三十「光武封更始」條論道：

愚謂更始因伯升起，實以無罪殺伯升，光武封之，類以德報怨矣。但當如盆子，待以不死耳。

王氏所論僅就事論事，對歷史情勢未及詳考，故有可申論者也。簡言之，在當時的政治情形下，光武封更始實爲迫切的政治需要，亦是劉秀成就帝業的策略之一。具體言之，

一、更始體制下，劉玄更像「虛君」代表，或可謂，更始乃分權型的準盟主式政權聯合體。錢大昕曰：「南陽宗室同時舉義，非有素定之分。伯升見戮，光武勢不能安，雖受更始官爵，亦猶漢高之於義帝也。」〔註7〕在此情形下，只要更始敗亡，「天下無主」，就可以稱帝再起。所以當赤眉進攻長安，更始政權敗局已定之時，時人反覆強調的是「更始失政」後，「天下無主」的政治狀態，即更始已失去駕馭全國的能力，可以不承認其合法地位。如《後漢書·銚期傳》說：「今更始失政，大統危殆，海內無所歸往。明公據河山之固，擁精銳之眾，以順萬人思漢之心，則天下誰敢不從？」這是劉秀稱帝合法性的起點，詔書一出，此點得以確認和強化。

二、雖然更始失政，天下無主，劉秀稱帝具有合法性，但畢竟其原爲更始部將，光武爲帝，更始反爲臣民，必須通過一定途徑周告天下，方得其安，光武詔書便有此效果。它既藉此以宣告自己稱帝的合法性，又可因其「仁德」以收天下民心。

三、是時赤眉已建號「建世」，亦稱漢帝，佔據長安。但由於劉秀封鎖關中，三輔絕糧，赤眉不得不搶掠爲生，從而造就出「三輔苦赤眉暴虐，皆憐更始」（《劉玄傳》）的狀況，此種心理狀態的產生與光武的封鎖不無關係，這又反過來促使更始叛將與赤眉最終戕殺劉玄。從一定意義上來說，劉秀之詔主要指向赤眉，使其人心更加浮動，推進了更始的死亡速度，但卻爲自己贏得了正面印象，爲此後的帝業發展奠定了極好的民情基礎。

〔註7〕錢大昕：《潛研堂文集》卷12《答問九》，陳文和主編：《錢大昕全集》第九卷，江蘇古籍出版社，1997年，第186頁。

四、搶奪和整合更始的餘部勢力，更始敗亡後，其殘部很多歸於劉秀麾下，如鮑永、田邑、朱鮪，甚至王常等重要部將紛紛歸降，此為光武力量大擴展的　個時期，《郭丹傳》云：「更始敗，諸將悉歸光武，並獲封爵。」光武此詔所顯現的「仁德」，應該說具有相當的拉攏效應。

三、公孫皇帝

公孫述利用讖緯稱帝，根據讖緯中有公孫為帝的暗示，大肆利用，自稱「公孫帝」。卷 13《公孫述傳》載：

> 會有龍出其府殿中，夜有光耀，述以為符瑞，因刻其掌，文曰「公孫帝」。……又引《錄運法》曰：「廢昌帝，立公孫。」《括地象》曰：「帝軒轅受命，公孫氏握。」

為在天命上爭得政治合法性，光武帝必須擊碎其神學解釋，故與其書云：「圖讖言『公孫』，即宣帝也。」又在信末署曰：「公孫皇帝。」針鋒相對地提出宣帝應命為天子才是「公孫為帝」的正解，公孫述只是在作一場政治迷夢罷了，須早日警醒。劉秀的理據來自於西漢昭、宣時代，《漢書·五行志中之下》載：

> 昭帝時，上林苑中大柳樹斷仆地，一朝起立，生枝葉，有蟲食其葉，成文字，曰「公孫病已立」。又昌邑王國社有枯樹復生枝葉。睢孟以為木陰類，下民象，當有故廢之家公孫氏從民間受命為天子者。

《漢書·睢孟傳》亦載此事，文辭稍異。所謂公孫，在漢代有宗室王侯子孫之義，《漢書·惠帝紀》載：「上造以上及內外公孫、耳孫有罪當刑及當為城旦舂者，皆耐為鬼薪白粲。」顏注曰：「內外公孫，國家宗室及外戚之孫也。」並引應劭曰：「內外公孫謂王侯內外孫也。」張晏曰：「公孫，宗室侯王之孫也。」後來宣帝作為戾太子後，起自民間，位臨至尊，讖文由此得以應驗，故而其為「公孫皇帝」已成為漢代的一般政治常識。劉秀以此反擊公孫述自然很有殺傷力，並據此加以引申，自署為「公孫皇帝」，在當時的政治情勢下，至少有三層含義：

一、隱隱有接續宣帝之義，突顯自己為宗室子孫，當起自民間，成為皇帝，一如宣帝故事。《續漢書·祭祀志上》所載泰山封禪文中強調道：「皇天眷顧皇帝，以匹庶受命中興。」而在《後漢書·杜林傳》中，劉秀在給杜喬

的詔書中則引《左傳》之說：「公侯子孫，必復其始。」可證光武對此一觀念的重視。

二、自己的名號與公孫氏相吻合，所謂「秀成」與「公孫」相配才是天意（說在「設壇場於鄗南千秋亭五成陌」條），此一觀念在光武登基之後必大力鼓吹，應廣為流佈，至少迷信天命的公孫述早已知曉。

三、「皇帝」之號比「帝」號更具正統性。在秦漢時代，「皇」與「帝」既可合稱又可別稱，但兩者在意義上微有不同。凡割據天下者，可自稱或他稱為「帝」，如在《公孫述傳》中，不僅有「公孫帝」，劉秀亦被稱為「東帝」，而劉秀既為「東帝」，公孫自為「西帝」了，故而其固守西部逡巡不出，乏天下之志，戰國時代秦為「西帝」、其為「東帝」的故事或許影響了他。而劉秀被稱為「銅馬帝」更為習史者所熟知，此外，西漢時代劉濞亦以「東帝」自況。我們可注意到，就規範角度來說，割據天下或一統天下者皆可稱「帝」，然而「皇帝」卻是一統之王者，《三國志·魏書·王郎傳附子肅傳》曰：「漢總帝皇之號，號曰皇帝，有別稱帝。」《史記·高祖本紀》中，《集解》引蔡邕曰：「上古天子稱皇，其次稱帝，其次稱王。」《索隱》曰：「皇者，德大於帝。」二者之差異極小，甚至為人所忽略，所以公孫述稱「公孫帝」本就有「公孫皇帝」之義。但二者畢竟不同，劉秀抓住此點，既諷諭公孫，也在宣示天下，自己非「東帝」、「銅馬帝」一類的割據之帝，不是與「公孫帝」這樣的「西帝」等量齊觀者，乃是一統天下的「皇帝」，是海內至尊。

無疑，「公孫皇帝」的提出，不僅是對「公孫帝」的針鋒相對，也在宣示自己統一天下的決心，可謂背景深厚、理據充沛、膽氣詳贍，故而公孫述詞窮，本傳載「不答」，此役劉秀可謂大獲全勝。

原刊於《南都學壇》2014 年第 5 期，原題為《劉秀史事雜考三則——讀〈後漢書〉札記之一》。

大庭脩的秦漢史研究方法

　　大庭脩，日本關西大學東西學術研究所前所長，現已榮退。是當今日本乃至世界級的東洋史專家，他的研究方向主要有三大塊：一、秦漢史；二、簡牘學；三、中日關係史。但追溯其邁入史學的道路，一開始卻是從秦漢史入手的，爲此他對與此段史學有密切相關之簡牘，作了極爲深入的研討。在中國史基礎極爲牢實的情況之下，大庭脩轉而又對日本江戶時代的舶來漢籍作了拓荒性的研究，以《江戶時代中國文化受容之研究》，於 1986 年 6 月一舉贏得日本學術最高獎賞：第 76 回日本學士賞。今天，大庭先生已成爲東洋史研究的一代宗師級人物，然而，無庸諱言，秦漢史乃是大庭倚以成名的根本，事實上，這也是爲其贏得世界名聲的關鍵。所以，在這裡我們將對大庭先生的秦漢史研究方法作一個淺顯的探討，以從一個側面反映其史學的方法意義，希冀能對我們有所啓發。

　　大庭在秦漢史方向的研究，主要集中於秦漢法制史，在研究中，他與秦漢簡牘研究相輔相成地進行著，所以，對地上地下文獻的結合極爲重視，這是他秦漢史研究中最突出的一點。在中國的學者中，他最爲敬佩的是陳直先生，眾所周知，陳先生作爲中國秦漢史研究的一代宗師，其最大的功績就在於將簡牘、封泥、瓦當、畫像石等地下文物與文獻相徵引，發前人所未發。眾所周知，自「二重證據法」由王國維提出以來，在先秦史研究領域影響重大，而陳直不僅將這一研究路數延展到了秦漢領域，其研究成果也對後世學者產生了許多範式意義，大庭應該就是深受其影響者之一。大庭脩曾說：「年輕的時候——如果那時的中日關係和今天一樣正常化，並有可能到中國來留

學的話，我一定會到西北大學來投到陳直教授的門下。」〔註1〕這不僅僅反映的是他對陳先生的肯定與景仰，也從另一個方面說明，大庭本身與陳先生在學問方式上，有共通的取向，即高度重視地下材料，以爲史學研究服務。所以，在其成名作《秦漢法制史研究》中，針對秦漢法制史研究的狀況，他指出：「機械地從現存文獻中搜集漢代法制資料佚文的嘗試現在已經達到了極限。」然而，對簡牘等文物並不是很表層的拿來用就可以了，而是要如何把握其歷史內核，使一堆死材料重新煥發歷史的生命，這是大庭脩反覆思考，並加以實踐的，這既成爲其優於他人之處，也是成功的關鍵。所以對於簡牘在史學研究中的具體運用方式上，大庭脩認爲：「要想像敦煌、居延、武威出土的漢簡等那樣，偶然從出土的同時代資料以外取得新的進展，是沒有什麼希望的。因此，如何歸納利用這些資料，以恢復當時的制度，應該是我們研究的立足點。」〔註2〕

那麼如何歸納呢？細緻地研究每一個細節每一句關鍵語，當然是極爲重要的。無庸置疑，這需要對簡牘進行紮實而艱苦的反覆釋讀，以全面理解文句爲基礎和出發點。大庭先生從 1951 年起追隨日本簡牘學泰斗森鹿三，進入著名的京都大學人文所居延漢簡研究班，已對漢簡的釋讀極爲熟練，在此基礎上，在森鹿三的引領下，日漸形成了一套自己的讀簡方法，即重視對簡牘出土地點的考察，在此之上找出同類簡，這一點森鹿三對其影響巨大，如他曾說：「對於《甲乙編》把 A32 遺址當作肩水金關，我是有疑問的。森鹿三教授在 1961 年關於居延漢簡最後一篇文章中，留心考察了從地灣出土的簡，這就是 A33 遺址，即肩水候官。他的方法是通過考察漢簡的特殊號碼及其文字，然後推測出遺址來，……我認爲森鹿三教授的方法是研究簡的基本方法，所以，我們對於這些例外簡在沒有找到合理的解釋以前，應該採取謹慎的態度，將 A32 和 A33 出土的漢簡分開。」〔註3〕爲弄清出土文物的眞實狀況，他還身體力行，多次赴實地考察，如 1995 年 8 月，已近 70 高齡的他，至居延及滿城、大葆臺一帶進行實地勘察，歸國後寫出《居延地區的現狀及新出漢簡

〔註1〕 大庭脩著，林劍鳴等譯：《秦漢法制史研究》，上海人民出版社 1991 年版，著者中譯版序。

〔註2〕 大庭脩著，林劍鳴等譯：《秦漢法制史研究》，第 14 頁。

〔註3〕 大庭脩：《漢簡研究的新階段》，見中國社會科學院歷史研究所戰國秦漢研究室編：《簡牘研究譯叢》（第 2 輯），中國社會科學出版社，1987 年。

情報》〔註4〕的報告，反映了其實事求是的學風，在儘量搞清簡牘出土地的基礎上，突出對簡牘次序的把握，從中找出歷史的痕跡，是大庭脩的另一個很大貢獻。如在《秦漢法制史研究》中，對元康五年詔書、王杖十簡的復原等工作，就充分反映了這一點，對我們很有啓發性。

現時代的學問不是一個人可以閉門造車完成的了的，在簡牘資料的利用上，大庭十分重視新出土材料的意義，他不斷跟蹤追隨新材料，不故步自封，所以他在《秦漢法制史研究》的中譯本中，多次有就新材料作出的補論，又如他在 1992 年出版的《漢簡研究》〔註5〕中也多有新材料的應用。他不僅多次到中國考察，而且對其它海外的漢簡也多次實地考察，糾正了許多錯誤，如 1972 年他以關西大學研究調查員的身份，親自查看大英博物館中的敦煌漢簡，通過細緻地分辨，將沙畹、勞幹、魯惟一等的一些誤識糾正了過來〔註6〕，意義較大。但是大庭脩又不是一個僅僅停留於釋文工作的學者，在他看來，釋文考釋當然極為重要，這是研究的基礎和出發點，但它的最終目的卻是為歷史研究服務的。他的《漢簡研究》一書就充分反映了他的這一取向，既重視釋文，又不僅僅停留於釋文。他十分強調的是，簡牘研究中要有全局觀，因而，他很早就指出：「近年來，一些學者在研究《甲乙編》時，主要訂正了該書中的一些釋文。這些釋文的訂正，是研究漢簡的基礎工作，而他對漢簡研究的學者來說，又是無止境的工作，所以，另一方面，我們總是要通觀全局。」〔註7〕此外，他還重視簡牘的研究狀況，他專門收集整理了《簡牘研究文獻目錄》〔註8〕，對於學術研究的現狀把握，顯示出高人一籌之處。

然而，論述大庭脩對簡牘的重視，並非說他對傳世文獻不加以注意，恰恰相反的是，傳世文獻在他那裏，有著不可替代的作用。在漢代的法律制度研究中，雖然文獻資料不足是個大問題，但大庭脩認為：「然而，由於漢代律令佚亡已久，我們如果不以少數的佚文為基礎對這九章的律進行復原研究，就不能弄清楚漢代法律。」〔註9〕所以，對於搜集漢代政書類佚文，他認為：

〔註4〕《關西大學東西學術研究所紀要》（日刊），平成八年三月號。

〔註5〕日本同朋社出版，廣西師大出版社 2001 年有中譯本。

〔註6〕見大庭脩：《敦煌漢簡釋文私考——一九七二年在國外研究調查報告之一》，載《簡牘研究譯叢》（第 2 輯）。

〔註7〕大庭脩：《漢簡研究的新階段》。

〔註8〕《史泉》（日刊），第 22 號。

〔註9〕大庭脩：《秦漢法制史研究》，第 68 頁。

「作爲基礎工作的貢獻尤爲重大。」〔註10〕但問題是已不能單純機械地搜集，正如前面所介紹的，他認爲「這種機械地從現存文獻中搜集漢代法律資料佚文的嘗試現在已經達到了極限。」而傳世文獻本身又有不可替代性，所以，在他看來，「雖然從現存的文獻中很難再找到法制史料的佚文，但如果能夠找出漢制的特有規律，現存文獻仍可提供新的資料。」〔註11〕所以，不斷深化簡牘與文本文獻的可參照性，從兩者之間的關係中把握各自的規律，從而爲史學提供堅實的證據，成爲大庭脩秦漢史研究中最爲突出的一點。

大庭脩的史學研究始終充滿著實證的色彩，這是他的特點，也是他的優勢。在大庭看來，歷史是要揭示本來面目的，他反對用一己之意念隨意揣測歷史，如他對在漢律研究中所盛行的，以唐以後的律法來硬套歷史，用想像中的圖景來解釋一切，極爲反對。對此他批評道：「如不在探索漢制本身的特有規律方面下工夫，而是從上述漢律研究的著作中吸取一點東西，或以唐律爲規範，或根據西歐關於法的概念等另外一套體系來理解漢律，是不可能得出正確結論的。」〔註12〕所以在《秦漢法制史研究》中，大庭先生用大量的篇幅進行著漢律的復原考證工作，而不是如有些論著那樣進行些不著邊際的議論。事實上，在日本的中國法制史研究中，就有所謂的法學派與史學派之分。前者主要在於對法制史進行法律分析並體系化，但往往忽略了歷史的本來面貌。當然，我們並無意對此進行褒貶，但作爲歷史研究，實證和嚴謹的作風是不能抹去的，任何的解說必須建立在踏實的歷史復原之上。在這點上，大庭脩的秦漢法制史研究堪爲典範，因爲大庭的實證作風與方法在其史學研究中是一以貫之的。這可以說明兩個問題：一是其實證研究的一貫性反映了嚴謹的學術作風；二是在歷史研究中，並非所有人都能將實證貫穿到底。而大庭的此種風格使其論著具有相當的可信度。這也是其實證的一個最重要特點。

但說易行難，具體實在的考證並不僅僅只需要艱苦的勞動就可以了，它其實還要相當的智慧。關於這一點，即在具體實證方法上，大庭脩能給我們哪些啓發呢？首先，對材料的全面掌握是實證的第一步，在前面我們已經介紹了大庭脩對簡牘和文本文獻的高度重視，事實上這正是研究秦漢

〔註10〕大庭脩：《秦漢法制史研究》，第 13 頁。
〔註11〕大庭脩：《秦漢法制史研究》，第 14 頁。
〔註12〕大庭脩：《秦漢法制史研究》，第 14 頁。

史所必須的。誰做得好，誰就能全面把握史料，對於這一點，大庭脩自始至終有深刻的認識。如在其《秦漢法制史研究》中，每一項研究都儘量搜全當時所能看到的史料，如關於將軍的研究中，他還單獨將「關於西漢設置將軍的資料」列爲一節。其次，在全面網羅資料的基礎上，如何準確地分辨資料，是大庭脩給我們的另一個啓示。從具體方法上而言，主要的是歸納與解析。即將同類的材料歸併在一起以發現內在規律，將同一類材料再分解，從而發現內在的差異與變化。而這種工作其實需要高深的功底，並非簡單羅列。如在簡牘問題上，如前所述，大庭赴實地考察具體形態，在具體運用上，則不但從文字上加以分辨，而且對文例、圖形、文字風格等都進行準確的估量，如對居延 10・33 與 10・30 兩支簡，經過仔細的觀察，他認爲「將這兩支簡作一比較，從筆鋒鈎挑處均粗重的特點，可以認爲完全是相同的筆跡。而且 10・33 與 10・30 簡的前一標號都是 10。」〔註13〕以此爲突破口，他先後又查明了 10・29、10・31、10・32 等簡。由這幾條簡的拚和，最後令人信服地推斷出元康五年詔前後頒行時間，這是從他人不注意的地方發現材料的典範。又如大庭注意到居延新簡 EPT22・71 簡中有「守張掖居延都尉曠」，而此簡屬於建武三年，另外一支居延簡 16・10 中也有這個人，則 16・10 簡同屬於建武年間無疑。而同在一出土地點的 16・4 簡起初弄不清時代，現在則可確定爲建武前後。16・4 簡中有宣德將軍、張掖太守苞本不知爲何人，現在知道其爲建武期間之人，查《後漢書・竇融傳》則可明確爲張掖太守史苞。〔註14〕通過這種拚連的方法，瞭解了以前所不知的情況，爲後面的更廣泛的考證奠定基礎。這些都是歸類中的典型例子，另外，他對漢節的分類，將漢詔分爲三種形態，則是實證中成功地解析材料，使之更爲條理，最後達到復原的目的。再次，在歷史復原中，大庭脩十分講究時代性，從歷史的變化中看出其規律，重視其作品的歷史性與立體性，這也是大庭實證作風的一個關鍵點。如他在《秦漢法制史研究》中說：「還有一點非常重要，即不能平面地去理解漢制，應該找出漢代不同時期的時代性差異，這是很有必要的。弄清楚某一官府機構在西漢二百年間有何變遷是必要的，即使是相同的漢律佚文，不管它是漢初的律還是漢末的律，不加區別予以對待，這種做法不是歷史的態度。」〔註15〕

〔註13〕大庭脩：《秦漢法制史研究》，第 195 頁。

〔註14〕大庭脩：《漢簡研究的新階段》。

〔註15〕大庭脩：《秦漢法制史研究》，第 14 頁。

　　以上是說明從方法上怎麼考證，而對於被考證的對象而言，即考證些什麼？也是大庭先生頗有特點的地方。首先，弄清問題的來源，一般人也都是這麼想這麼做的，但大庭脩並不僅限於此，對於一個問題的考訂，往往要在弄清脈絡的情況下，儘量弄清後面的趨向，做到既探其源，也要知其流，爲此，對於歷史現象具體形態的考察，就成了大庭關注的主要點，如他對詔書形態的研究，漢節形態的研究等，這種研究就使歷史問題不停留於靜態，變得動態起來。其次，大庭脩極爲重視文本本身的研究，先在全面把握文本本身形態的基礎上，再利用這種資料，這樣在研究中顯得極爲從容，而且本身這也是增加新的論證資料。如他對傳、檢、符、節等問題不斷深入的探討，不僅拓展了研究空間，而且對制度研究更爲立體全面。這一特點，在他的《秦漢法制史研究》一書中表現得極爲鮮明。

　　大庭脩曾自陳道：「地道的考證比高深的理論還有意思。」〔註16〕但這並非說大庭不看重理論方法，其實，通盤觀察他的歷史學研究，大庭脩所反對的只是用後世的理論去硬套歷史實際狀況，事實上，在其嚴密的考據當中，有自身深刻的理論和方法思考。首先，大庭的歷史研究講究問題意識，在《秦漢法制史研究》中，在每一項具體研究之前，都有一段專門談論「問題所在」，所以他不是爲了考據而考據，要弄清什麼，爲什麼要這樣，都是有一定道理的，在心裏早就有過思考。不惟如此，對於他所進行的法制史研究本身，他也有著認眞而嚴肅的思索，他認爲：「前代補充的法律積纍時，就可以看出成爲後代重新編撰的對象的模式，在觀察作爲人類的經營之一的法律時，這種模式是一種原理。歷史學研究的目的就是在於，這個原理怎樣在各個時代中表現出來，這種表現方式具有時代的什麼特性。從這個觀點來看漢代的法律，可以發現什麼特性呢？」〔註17〕因而，大庭脩的歷史研究中，是十分注重探究歷史的特性與規律的，並在研究中始終指導著方向，這樣一來，即便看起來考據很繁瑣，但一旦進入正式的討論中，往往能以小見大，看似小問題，卻能在他那裏牽扯出大背景。其次，如前所述，探討歷史的特有規律在大庭脩看來意義重大，從對具體問題的再深化層面而言，瞭解了它，本身又可以帶動新的研究，他舉例道：「例如，從原則上掌握了漢代制詔的形式，根據這個原則進一步研究《史記》、《漢書》中的記事，就會發現相同的詔書而分載幾處的現象；瞭解其立法

〔註16〕大庭脩：《秦漢法制史研究》，第543頁。
〔註17〕大庭脩：《秦漢法制史研究》，第4頁。

程序，就可證實某些記載就是法律條文，從而增加了新的資料。」〔註18〕所以，重視探究歷史的內在規律，又不僅僅停留於規律認識，而是再利用它爲研究開拓新路，是大庭脩的另一個重要理論方法。再次，在對待史料上，大庭也極爲講究方法論，而不僅僅是自發地利用科學方法。如他對荷蘭人福爾斯威的歸納法極爲讚賞，加之他對根據概念來解釋歷史的批評，可以看出，對於史料利用方法，他有過深入的思考。對於通過地下文物復原的史料意義，他也有著自己的認識，如在其對詔書復原的論述中，他說：「（這樣）可以看到不能見於史書的日常的行政命令的傳達方式。最平常的事情不可能全部載入史書。瞭解漢代的通常事情的意義是很大的。」〔註19〕看似普通的幾句話，卻絕對是多年治史的心得，從某種意義上說，也是理論上的一種思考。所以不難看出，以上種種，已不僅僅是單純的歷史考據本有內容所能容納的，而是有著極爲重要的歷史方法論的意義，及強烈的問題意識。也正因爲如此，大庭先生才能夠在秦漢史研究中獨樹一幟，佔據著重要的地位。

綜上所述，我們認爲，大庭脩的秦漢史研究，在史學研究方法上，的確有自身的一些特點，值得我們認眞思考與借鑑。主要表現在：一、對地上地下材料的高度重視，從方法上而論，一方面是在簡牘的史學價值上深入挖掘，對於簡牘的出土地、次序的排列深入研究，並注重實地考察，跟蹤新材料；另一方面，在地上、地下文獻的參照中，注意把握傳世文獻的內在規律。二、注重實證，並在史學研究中一以貫之，其實證從具體方法上而言，是在全面掌握材料的基礎上，準確把握材料的內在含義，而這主要是從十分細緻的歸納與解析中下手，如通過對簡牘的筆畫等的考察加以歸納，通過材料的拈連等開拓新路。並且在實際操作中強調對象的時代性，使研究更爲立體。從實證對象而言，則既注意要探其源，也考察其流，所以不僅注重歷史形態的考據，也注重對文本本身的探究。三、研究中的理論與方法論。主要體現在注重問題意識，重視歷史的內在規律探究，並通過這種考證帶動新的研究點，對史料的整理自覺地運用理論方法，並進行深入的方法論思考。正是以上三方面的互動統一，構成了大庭脩的秦漢史研究方法的特點。

原刊於《史學史研究》2003 年第 2 期，2014 年 12 月改訂。

〔註18〕 大庭脩：《秦漢法制史研究》，第 4 頁。
〔註19〕 大庭脩：《秦漢法制史研究》，第 211 頁。

漢代關稅問題再探討

　　在漢代賦稅問題的研討中，關稅是一個重要的考察內容。對於這一問題，許多學者曾先後做過有推進意義的工作，但總的來說，在這一問題的論證上，還有許多可商榷之處，這一問題有必要重新審視、探討。正是出於這種考慮，筆者將不揣淺陋，在分析前人工作的基礎上，略舒管見，以就正於方家。

　　中國古代的關稅，也叫過稅，《宋史‧食貨志》載：「行者齎貨，謂之過稅，每千錢算二十。」這種賦稅主要是針對商旅而徵收的，在先秦時代，應已有開徵。所以《禮記‧月令》曰：「仲秋之月，易關市，來商旅。」《孟子‧公孫丑上》則載：「關，譏而不徵，則天下之旅皆悅。」等等。從上述引文完全可以看出，關稅與商賈之間有著密切的關聯。漢代關梁很多，過往當然也要交稅，這一點在《九章算術》等書中可以看出，具體情況將在下面詳述。

　　揆之於史，漢時關卡控制從總體上說是很嚴格的。當時出入關要用符傳，也叫關傳。但文帝時，曾一度將其廢止，不用關傳也可以自由出入關，《漢書‧文帝紀》載：「（文帝十二年）三月，除關無用傳。」〔註1〕這對商賈而言，當然是極為有利的，至少可以減少運輸中的許多麻煩。但景帝四年「春，復置諸關，用傳出入。」〔註2〕又重新恢復了關傳制度。前文中注引應劭曰：「文帝十二年除關無用傳，至此復用傳，以七國新反，備非常。」

〔註1〕在此條注下，張晏解釋道：「傳，信也，若今過所也。」如淳曰：「兩行書繒帛，分持其一，出入關，合乃得過，謂之傳也。」李奇解釋道：「傳，榮也。」顏師古曰：「張說是也；古者或用榮，或用繒帛；榮者，刻木為合符也。」
〔註2〕《漢書》卷5《景帝紀》，中華書局，1962年，第143頁。

就性質而言，關傳在當時是極重要的出入憑證，所以武帝時酷吏寧成獲罪後逃脫，在出關時，用刻假關傳的辦法，才得以蒙混過關。史載：「（寧成）既解脫，詐刻傳，出關歸家。」〔註3〕據陳直考訂，當時的關傳分爲符與傳兩種，「在過所文書中，言傳不言符。蓋符有時用於當地，爲檢查工作時之證據。……有時用於遠方，爲旅程往返之信約，故《東觀漢記》郭丹有封符買符之記載。傳則僅用於行旅，故過所在申請文中，言取傳不言取符。」〔註4〕對於這種傳的情況，我們通過居延一帶出土的漢簡，可略探其大概，如《居延漢簡合校》〔註5〕（以下簡稱《合校》）11‧8 簡：「□金關爲出入六寸符□，□從事。」11‧26 簡：「□出入六寸符券百從一 至□□□卅三。」65‧7 簡：「始元七年閏月甲辰，居延與金關爲出入六寸符券齒百第一至千左右，官右移金關符合以從事●第八。」等等。通過這些簡文，我們可以看到，這是一些長六寸左右刻有齒紋的關傳，並排有次序等。

我們還注意到，《合校》15‧19 簡載：「永始五年閏月已巳朔丙子，北鄉嗇夫忠敢言之，義成里崔自當自言爲家私市居延，謹案：自當毋官獄徵事，當取傳謁移肩水金關，居延縣索關，敢言之。閏月丙子斸得丞彭移肩水金關，居延縣索關書到，如律令。掾晏、令史建。」可見，要出關，還必須要由鄉嗇夫核實其無賦役等負擔後，方可代爲向上申請，由縣丞批覆給予關傳。誠如陳直所指出的：「西漢人民陳請過所，由鄉嗇夫代請，由縣丞批發。」他還指出：「《漢書‧百官公卿表》敍鄉官，嗇夫掌賦稅，現知其管理過所，亦爲其主要職務。」〔註6〕另外，據《漢書‧何武傳》可知，市嗇夫要收市租，即市場中的商業賦稅，那麼，關傳既由嗇夫掌握，則很可能是爲賦稅徵交提供依據。所以當時過關梁，不僅要記其過往人等，而且往往還要記過關的財物，如《合校》506‧3 簡：「軺車一乘馬一匹，騮牡，齒九，高六寸，□□□南入。」此簡不但記載了財物的具體情況，甚至連從哪個方位進入都不遺漏。不僅如此，當時還要對出入關情況進行登記整理。《合校》511‧8 簡：「肩水始元七年閏月□出入簿。」反映的正是這一情況。所以政府控制了關傳，從某種程度上看，也就控制了財產徵收的憑證，嗇夫完全可以以此徵稅。當然，這雖

〔註3〕《漢書》卷90《酷吏傳》，第3650頁。
〔註4〕陳直：《居延漢簡研究》，天津古籍出版社，1986年，第37～38頁。
〔註5〕謝桂華、李均明、朱國炤編校，文物出版社，1987年。
〔註6〕陳直：《居延漢簡研究》，第38、39頁。

與關稅有極密切的聯繫，但還不是直接的關稅徵收，很可能列入貲算範圍，至於此兩者在徵收中是否合二爲一，因材料所限，也就不得而知了。

　　眞正可考的關稅徵收起於何時，這一點在學界眾說紛紜，各持一端。爲方便論述，我們先列出主要材料，再列出學界的主要觀點，筆者將在此基礎上進行分析。通過考訂比勘，希望能對這一問題的認識有所推進。下面先看主要史料（以下簡稱史料（1）、史料（2）等，以此類推）。

　　　　（1）《漢書・文帝紀》：十二年（前168年）「三月，除關無用傳。」

　　　　（2）《漢書・景帝紀》元年（前156年）詔曰：「孝文皇帝臨天下，通關梁，不異遠方。」注引張晏曰：「孝文十二年除關不用傳，令遠近若一。」

　　　　（3）同紀四年（前153年）：「春，復置諸關，用傳出入。」注引應劭曰：「文帝十二年除關無用傳，至此復用傳出入，以七國新反，備非常。」

　　　　（4）《史記・貨殖列傳》：「漢興，海內爲一，開關梁，弛山澤之禁，是以富商大賈周流天下，交易之物莫不通，得其所欲。」

　　　　（5）《史記・魏其武安侯列傳》：「欲設明堂，令列侯就國，除關，以禮爲服制，以興太平。」《索隱》曰：「（除關），謂除關門之稅。」《漢書・田蚡傳》注則引服虔語曰：「除關，除關禁也。」

　　　　（6）《漢書・武帝紀》：太初四年（前101年）：「徙弘農尉治武關，稅出入者，以給關吏卒食。」

　　　　（7）《漢書・酷吏傳》：「上乃拜（寧）成爲關都尉。歲餘，關吏稅肆郡國出入者，號曰：『寧見乳虎，無直寧成之怒。』其暴如此。」

　　　　（8）《史記・酷吏列傳》：「上乃拜成爲關都尉。歲餘，關東吏隸郡國出入者，號曰：『寧見乳虎，無值寧成之怒。』」

在這些材料的基礎上，學界對漢關稅的最早徵收，主要有以下三種看法（以下簡稱觀點（1）、觀點（2）、觀點（3））：

　　　　（1）認爲漢關稅自高祖時即已開徵，這主要以錢劍夫爲代表。

　　　　（2）認爲漢關稅的開徵是從武帝太初四年開始，即以史料（6）爲依據得出的結論，這主要以馬大英、彭年爲代表。但馬氏對這一問題並不敢很確

證，所以又認為可能景帝時也開徵了關稅，其看法近似搖擺於觀點（2）與觀點（3）之間。〔註7〕

　　（3）認為漢關稅的開徵從景帝時開始，這主要以黃今言、王亞春為代表。〔註8〕

　　對以上三種觀點，我們分別加以分析。先看觀點（1），錢劍夫雖然就漢關稅的開徵問題有一個明確的判斷，但並沒有作史料上的充分論證。僅僅說：「漢承秦制，自然也徵收關稅。」〔註9〕我們認為此話雖然有理，但未免過於簡化，根本無法從歷史事實的角度加以坐實。所以此說最重要的是還需加強論證，筆者基本贊成這一觀點，並將進行一定的展開與補充，當然在論證上也還有所不同。

　　觀點（2）的主要不足，在於過於孤立地運用史料。首先，作為史料（6）而言，不過是記載了武帝太初四年武關「稅出入者」這件事而已，僅憑此就認定這一年開徵了關稅實在有些武斷。因為一則記載這一年徵稅不等於這一年開始徵稅；二則武關徵稅不等於全國性的稅種開徵，或許只是這一年、這一地的臨時性徵收而已。此外，更為重要的是，這一年的武關徵稅，是「稅出入者」，即過關人眾，它似乎不是什麼對商旅徵「關稅」，只要你過關，就得交錢，甚至官員也不例外。這一點從史料（7）、史料（8）中就可以看出。史料（7）說：「關吏稅肆郡國出入者」，不正與太初四年是一模一樣的情況嗎？而且「關東吏隸郡國」者，也被暴斂，這種暴斂看來絕不是常規性、制度性的東西，而主要是一種關卡上的訛詐。武帝在太初四年認同這種徵稅，不過是對訛詐的默認。否則何來的「寧見乳虎，無直寧成之怒」？這其間的麻煩挑剔自不在話下。而此種史料在西漢時代也僅此三條而已，更能說明這一問題。即便退一步，且先認同其是徵關稅，它也同樣並不起於太初四年，史料（7）、（8）所載時間就比它要早得多。之所以出現誤差，是由於這兩段史料無確切紀年，而學者們一般都將史料（7）、（8）看作史料（6）的後果，即認

〔註7〕馬大英的觀點可參看其所著《漢代財政史》（中國財政經濟出版社 1983 年）第77～81頁；彭年的觀點參看《漢代的關、關市和關禁制度》（《四川師範大學學報》（社科版）1987年第4期）。

〔註8〕黃今言的觀點可參看《秦漢末業稅問題探討》（《江西師範大學學報》（哲社版）1985年第1期）；王亞春的觀點則請參看《漢代關稅小考》（《山西大學學報》（哲社版）1997年第3期）。

〔註9〕錢劍夫：《秦漢賦役制度考略》，湖北人民出版社，1984年，第113頁。

爲寧成在武關徵稅，是太初四年開始徵關稅後的一種表現。易言之，將太初四年之事作因，寧成徵稅之事作果。如馬大英在其《漢代財政史》中就表達過類似的意思。〔註10〕但事實上其前後順序卻完全不是這樣，雖然史料（7）、（8）中沒有直接給出年代，但通過史書記載，我們知道，寧成是武帝時代的著名酷吏，當其就任關都尉前後，丞相公孫弘尚在任，武帝本曾想立寧成爲郡守，因遭其激烈反對而改任關都尉。〔註11〕由《漢書・百官公卿表》我們可知，公孫弘死於任上爲「元狩二年三月戊寅」，即前121年。也就是說，寧成爲關都尉，在關卡徵稅，絕不能晚於前121年。而這比太初四年（前101年），足足早了20年。易言之，從「稅出入者」這一點上講，太初四年遠遠不足於成爲一個標誌性的年代。綜合以上各方面的材料，無疑，我們無法認同觀點（2）。

觀點（3）的推斷，其主要依據於史料（5），並認爲《史記》索隱中所講的，除關爲除關門之稅，「有力地說明，在武帝太初四年以前已經開始了關稅的徵收。至於內地關上的徵稅，很可能在景帝之時已存在。否則，武帝即位之初，爲何下令除關、免稅？」〔註12〕但我們說，這種說法並非「有力地說明」了漢關稅問題。其一，認爲除關是除關門之稅，是僅取一義，在史料（5）中，我們很清楚地可以看到，除關有「除關門之稅」與「除關禁」兩種解釋，爲什麼不說除關是除關門之稅，而憑什麼僅認定是除關禁呢？〔註13〕它也可能是兩者兼而有之呢。所以在此基礎上進行推導很難說是有力的。其二，如果認爲除關就是除關稅，那麼史料（1）中所說的文帝時，「除關無用傳」，不也正說明文帝以前有關稅嗎？而這無疑與觀點（3）的基本立論相矛盾。其三，光在武帝時，所謂「除關」的記載，就有好幾次，是比較頻繁的。除了史料（5），《史記・司馬相如列傳》載：「司馬長卿略定西夷、邛、冉、駹、斯榆諸君，皆請爲內臣。除邊關，關益斥。」《史記・南越列傳》則載：「（南越王）因使者上書，請比內諸侯，三歲一朝，除邊關。」等等。按觀點（3），幾次除關就意味著曾幾次廢止，幾次又重設關稅，對於這種來來回回的興廢，確

〔註10〕馬大英：《漢代財政史》，第78～81頁。

〔註11〕此事見《史記・酷吏列傳》

〔註12〕黃今言：《秦漢末業稅問題探討》，《江西師範大學學報》（哲社版）1985年第1期，第31頁。

〔註13〕彭年在《漢代的關、關市和關禁制度》中即持這種觀點，這也是他反對採用觀點（3）的主要原因，可參看。

乎讓人費解。對於這種情況，持觀點（3）的學者雖解釋道：「這大概是關稅時徵時停的緣故。」〔註14〕但這種解釋難於令人信服，一則它無任何眞正有說服力的正面材料以爲佐證；二則時徵時停的原因是什麼？根本無以得知。如果在整個王朝的時段內或許還有這種可能，但僅一位皇帝在位時期，其間政策又基本上是一貫性的，此種狀況下爲什麼沒有任何根據對同一種稅就時徵時停呢？這種沒有理由的高頻率不是太奇怪了嗎？

　　我們認爲觀點（3）所存在的問題在兩個方面，一是對除關問題，在解釋上先以一種注釋爲是非，然後再展開論述，這樣一開始就有了偏差。那麼，如何看待除關呢？我們回過頭先看史料，請注意史料（3）中的歷史表達：「復置諸關。」意爲重新設置各種關，這是文帝「除關」後，景帝採取的對除關以前的恢復。無疑，除關解釋爲拆除關梁，理應更爲恰當。否則，景帝又何必重新設置關梁呢？所以《漢書・文帝紀》中的「除關無用傳」，應句讀爲「除關，無用傳。」而《史記・孝景本紀》在講到這一段歷史時也說：「復置津關，用傳出入。」既然撤除了關，當然關禁、關稅都不會有了，這也完全可以圓滿地解釋與除關有關的一些矛盾之處。這是問題一。問題二在於，觀點（3）在理解高祖時期的經濟政策時，有一定偏差，在排除了武帝時徵稅的可能性後，文帝時作爲「除關無用傳」時代，當然更無關稅可言，剩下的是高祖與景帝時期，但恰恰在這一點上，對一則材料，即史料（4）的理解成爲了關鍵。大凡認爲景帝時期徵稅者，一般都認爲是高祖時，「開關梁，弛山澤之禁。」如馬大英在其所著《漢代財政史》中，引完這段史料以後，接著就論道：「它表明了漢初所奉行的經濟政策。這種政策是有成果的，爲了進一步推行這種政策，公元前 168 年，即漢文帝 12 年，『三月，除關無用傳。』（《漢書・文帝紀》）進一步簡化手續，連進出關憑證都免掉了。」〔註15〕在這段材料的理解上，黃今言也認爲：「劉邦時，……爲了鼓勵生產，加強商品流通，因而在關口上除了稽查行旅之外，一般是免徵關稅的。」〔註16〕然而這與史實並不符。「漢興」不能與「劉邦時」，或文帝以前的「漢初」直接劃等號。事實上，

〔註14〕黃今言：《秦漢末業稅問題探討》，《江西師範大學學報》（哲社版）1985 年第 1 期，第 31 頁。馬大英也說：「總的情況可能是或徵或停和時徵時停，而不是確定不易的。」（氏著：《漢代財政史》，第 80 頁）

〔註15〕馬大英：《漢代財政史》，第 78 頁。

〔註16〕黃今言：《秦漢末業稅問題探討》，《江西師範大學學報》（哲社版）1985 年第 1 期，第 31 頁。

「開關梁，弛山澤之禁」，從史書記載來看，只能是在文帝時期。「開關梁」，也即是《漢書・文帝紀》中所說的「除關，無用傳」，《漢書・景帝紀》則對此事講得更爲明白：「孝文皇帝臨天下，通關梁。」而「弛山澤之禁」則發生在漢文帝後元六年，這一年夏四月，文帝「令諸侯無入貢，弛山澤。」〔註17〕而高祖或呂后、惠帝時，根本沒有這樣的記載。另外，如果高祖時已「開關梁、弛山澤之禁」，文帝時的「通關梁」，「除關」將從何談起？再退一步，假定高祖時已「開關梁」，那麼至少在呂后、惠帝時代，一定要加緊對商業，對關稅等的抑制與裁撤才行。也就是說，此時必須要有一個「閉關梁」的過程，然後才能有文帝的「開關梁」，然而，呂后、惠帝時，卻是「弛商賈之律」〔註18〕的，不大可能加緊對關稅等的徵收，史書中也毫無任何痕跡可尋。所以，觀點（3）的推論，同樣不能令人信服。

通過以上分析，我們已經比較清晰地看到，開徵關稅不會是在武帝時期，也不會在景帝時，更不會是文帝時，可能性最大的只能是高祖時期。事實上，在漢以前，關稅的徵收已經是很普遍的事了。在文獻記載方面如《管子・治國篇》曰：「關市之租，府庫之征，廏輿之事。」《商君書・墾令》曰：「重關市之稅。」《孟子・公孫丑上》則說：「關，譏而不徵，則天下之旅皆悅。」等等。當時的關稅是十分苛重的，以至於在《孟子・盡心下》篇，孟子憤慨地說：「古之爲關，將以禦暴；今之爲關也，將以爲暴。」而到西漢建立後，高祖劉邦在沿用裁併過去的典章制度之時，並沒有其廢關稅的記載。不僅如此，史載：「天下已平，高祖乃令賈人不得衣絲乘車，重租稅以困辱之。」〔註19〕從這段材料我們知道，漢高祖在天下平定後，立刻加緊了對商人的抑制，其中主要的打擊方向是「重租稅」，而既然是「重租稅」，則不大可能會撤去關梁，只可能加強。否則這就不是「重租稅」了，而是地地道道的「輕租稅」、「減租稅」了。後來文帝時期將關梁撤去，關稅很可能隨之取消，景帝時「復置諸關，用傳出入。」〔註20〕則可能在此時關稅連帶得到了恢復，而不是開徵。所以我們認爲，最爲合理的解釋是，高祖時開徵關稅，文帝時一度中斷，景帝時恢復。

〔註17〕《漢書》卷4《文帝紀》，第131頁。
〔註18〕《史記》卷30《平準書》，中華書局，1959年，第1418頁。
〔註19〕《史記》卷30《平準書》，第1418頁。
〔註20〕《漢書》卷5《景帝紀》，第143頁。

　　關於漢關稅的稅率問題，文獻上記載絕少，西漢的史書對此根本無載，
關於東漢時的這種材料也僅有一條。好在《九章算術》中有幾條反映西漢關
稅的材料還可資利用，下面我們就將這些材料俱引如下，以利分析（以下簡
稱材料（1）、材料（2），以此類推）：

（1）《九章算術》卷3《衰分》第3題：「今有甲持錢五百六十，乙
　　　持錢三百五十，丙持錢一百八十，凡三人俱出關，關稅百錢。
　　　欲以錢數多少衰出之，問各幾何？

（2）《九章算術》卷6《均輸》第15題：「今有人持金十二斤出關，
　　　關稅之，十分而取一。今關取金二斤，償錢五千。問金一斤值
　　　錢幾何？答曰：六千二百五十。」

（3）同上卷27題：「今有人持米出三關，外關三而取一，中關五而
　　　取一，內關七而取一，餘米五斗。問本持米幾何？答曰：十斗
　　　九升八分升之三。

（4）同上卷28題：「今有人持金出五關，前關二而稅一，次關三而
　　　稅一，次關四而稅一，次關五而稅一，次關六而稅一。並五關
　　　所稅，適重一斤。問本持金幾何？答曰：一斤三兩四銖五分銖
　　　之四。

（5）《三國志・魏志・文帝紀》延康元年（220年，曹丕即位初年）
　　　二月：「關津所以通商旅，池苑所以禦災荒，設禁重稅，非所
　　　以便民，其除池苑之禁，輕關津之稅，皆復什一。」

以上五則材料，前四項反映了西漢情況，材料（5）雖記曹魏之事，但講的是
恢復以前的關稅，指的是東漢。從以上材料可以看出：一、西漢關稅一般來
說，高於東漢。這可能與西漢更注意防範諸侯勢力有關，有軍政考慮在內。
因當時關東諸侯與關中中央的對立強於東漢，內關主要也就設在這種結合地
帶。二、漢關稅沒有統一的標準，材料（5）中所講的「設禁重稅」超過了十
分之一，可見東漢在標準上並未統一。而反映西漢的前四則材料中，則共有 1
／10，1／2，1／3，1／4，1／5，1／6，1／7 七種標準。三、關稅苛重，而
且每關必稅，每個關卡的稅加在一塊，其數目更是驚人。如材料（4）中，五
種關稅加在一起，總稅率可達 83％，這或許正符合「重租稅以困辱之」的原
則。四、東漢的基本稅率應為 1／10，否則就不會向這個標準恢復，西漢雖高

於此標準，但材料（1）、材料（2）也是這個稅率，這說明1／10在當時或許是一個較規範適中的稅率。五、雖然有時可徵實物，如材料（3）中徵米，但這可能僅限於布、米等方便使用、分割、儲存的實物，其它如馬、牛等，以實物徵收並不現實。六、錢是徵收的尺度。也就是說，一般在徵稅中要考察物品值多少錢，如材料（2）中，取金二斤，償錢五千，這是對金的價格作了估算後才有的結果。看來關稅是以折算出物品的價錢爲依據進行徵收的，但恰恰在這一點上，關稅徵收者可以從中大做手腳。還是看材料（2），一般而言，西漢黃金一斤值萬錢。《漢書・食貨志下》載：「黃金重一斤，值錢萬。」當然這只是一般情況，由於成色等問題，價格上不可能都一致。但材料（2）中雖已折算金一斤值錢六千二百多，卻完全不必將兩斤金子收於帳下，再償一筆錢。正常的做法是從十二斤金子中分出一斤多。之所以如此做，很可能是吞併訛詐行旅，因爲將金子定個低價，再折錢給對方，無形中又敲得了一筆。總之，不規範、不統一，是漢代尤其是西漢關稅徵收的最主要特點。

　　以上就是對西漢關稅進行的一個考察，雖然我們已經做了一些考訂，得出了一些認識，但由於材料及筆者的學術水平所限，所以很多問題現在還並不明瞭，然而如果我們能以此爲一個觀察角度，去思考當時的商業和經濟狀況，對我們更好地理解當時的歷史狀況，一定會有所增益。

原刊於《南都學壇》2003年第1期，2016年7月改訂。

漢代「市租」探論

　　市租是西漢商業稅的一種，但對其具體性質及相關問題，在學者間歷來有各種不同的看法，值得商榷之處頗多，所以筆者將不揣淺陋，對此問題略抒管見，以就正於方家。

　　對於市租，最普遍的看法是將其作爲市場交易稅、營業稅等稅種類型來看待。〔註1〕這一看法直接源自於《史記・齊悼惠王世家》中的一段《索隱》，其正文爲武帝時主父偃的一段話：「齊臨淄十萬戶，市租千金。」《索隱》注道：「市租，謂所賣之物出稅，日得千金。」〔註2〕但問題是，《史記》、《漢書》的正文中並無明確認定市租性質的文句，僅憑一條注文，實在難於坐實。而且我們只要細加分析，不難發現，這條注文本身有很大的問題，換言之，此注文可信度差，不適用於論證這樣一個重要的問題。注文云：「謂所賣之物出稅，日得千金。」而我們知道，漢時一金相當於一萬錢，《漢書・食貨志下》曰：「黃金重一斤，值錢萬。」即爲證明，那麼此處的千金即爲一千萬錢。但如果眞的按照臨淄地區一天的市場營業稅爲一千萬錢來計算，則一個月有三億錢的收入，一年就是36億錢。《漢書・王嘉傳》載：「孝

〔註1〕　如高敏在《漢代賦稅制度考釋》（氏著：《秦漢史論集》中州書畫社，1982年）
　　　　中認爲，市租是「關於工商業主的營業稅」；冷鵬飛則在《漢代「市租」考》
　　　　（《中國史研究》1996年第3期）中說：「市租，就是對商賈所徵收的市場交
　　　　易稅。」此外，馬大英《漢代財政史》（中國財政經濟出版社，1983年）第
　　　　82～90頁，黃今言：《秦漢末業稅問題的探討》（《江西師大學報》（哲社版），
　　　　1985年第1期）也持相似觀點，等等。
〔註2〕　《漢書》卷38《高五王傳》（中華書局1962年）也有類似的記載：「（主父偃）
　　　　因言齊臨淄十萬戶，市租千金。」顏師古注曰：「收一市之租，值千金也。」

元皇帝奉承大業，溫恭少欲，都內錢四十萬萬。」這是讚揚漢元帝節省開支，餘下了 40 萬萬賦斂錢，對於此條，《補注》中沈欽韓曰：「《太平御覽》六百二十七引桓譚《新論》，漢百姓賦斂，一歲為四十萬萬，吏俸用其半，餘二十萬萬藏於都內為禁錢。」現在，我們不禁要問了，漢時全國一年的賦斂錢也不過是 40 億，而《索隱》注文卻告訴我們，臨淄地區一年「所賣之物出稅」就能基本上達到這一水平，這可能嗎？一個地方市場的一項商業收益決不可能達到這種程度，這種「富甲天下」，在理論上和實踐上都是極不可信，也是不可能的。既如此，對於此條注文所表達的所謂營業稅問題，最低程度上我們至少要對其存疑。

西漢對商業經營徵稅，在《漢書・食貨志下》，倒是有一條明確的記載：

> （王莽時）工匠、醫巫、卜祝及它方技，商販賈人坐肆列里區謁舍，皆各自占所為於其在所之縣官，除其本，計其利，十一分之，而以其一為貢。敢不自占，自占不以實，盡沒入所採取，而作縣官一歲。

有學者認為這就是市租的具體內容〔註3〕，但這則材料一是從字面上根本看不出兩者之間的必然聯繫；二是在《食貨志》中，在這段話之後，還有如下的記載：「民欲祭祀喪紀而無用者，錢府以所入工商之貢但賒之。」也就是說，這一筆稅入，即「貢」，由官府專門管理，並可用作賒貸之用。但史書記載，市租主要是作為帝王、列侯等的私藏，不入於國家財政。《史記・平準書》載：「山川、園池、市井租稅之入，自天子以至封君湯沐邑，皆各為私奉養焉，不領於天下之經費。」這裡，「市井租稅之入」就是指市租，此外，還有一種特殊的「軍市租」，即在軍隊裏設軍市而徵收的市租，《史記・張釋之馮唐列傳》載：「李牧為趙將，居邊，軍市之租皆自用，饗士賞賜決於外，不從中擾也。……今臣竊聞魏尚為雲中守，其軍市租盡以饗士卒，私養錢五日一椎牛，饗賓客、軍吏、舍人。」《史記》索隱曰：「案軍中立市，市有稅，稅即租也。」又云：「漢市肆租稅之入為私奉養。服虔云，私廩假錢是也，或云，官所別廩給也。」那麼，我們說，既然市租是私人的「奉錢」，又怎麼可能成為賒貸的本錢呢？官府是沒有也不可能有這個權力的，那麼結論只有一個，即市租是市租；工商營業稅是工商營業稅。

〔註3〕 如黃今言在《秦漢末業稅問題的探討》；冷鵬飛在《漢代「市租」考》中都持這種觀點。

其實，「市租」、「市稅」等名詞並不僅僅只見於漢，後世的史書中也屢見它的出現。如《晉書·杜夷傳》載：「常以市租供給家人糧廩，勿令缺乏。」《魏書·食貨志》則說：「又稅市，入者人一錢。其店舍又為五等，收稅有差。」而《周書·宣帝紀》中則有：「初稅入市者人一錢」的記載，等等。但西漢時與後世不同的是，「市租」與「市籍」是聯繫在一起的。《漢書·何武傳》載：「武兄弟五人，皆為郡吏，郡縣敬憚之。武弟顯家有市籍，租常不入，縣數負其課。市嗇夫求商捕辱顯家，顯怒，欲以吏事中商。」從上文中，我們知道了如下的事實，何顯家裏有人有市籍，常常不納市租，市嗇夫求商進行追捕。針對這一事例，錢劍夫論道：「所謂市籍應該就是設店營業之前必須於市令或市嗇夫處登記，注入簿籍，又當另有准予開業的憑證，猶如近代的『營業牌照』或『開業許可證』之類，即為『市籍』，並據以徵納市租。」〔註4〕

我們知道，古代的正規市場是封閉式的，《說文》對「市」的解釋為：「買賣所之也，市有垣。」即「市」是有圍牆的，在這個範圍之內，有官員加以管理，當然也就要加以徵稅了，或許有「市籍」者，就有了合法進入市場的買賣憑證，也是徵稅的憑據，這和當時進入宮殿必須有「門籍」相類似。《周禮·秋官·士師》注曰：「今宮門有簿籍。」疏云：「舉漢法以況之。」在當時，沒有門籍，是不可以出入宮殿的，屬「闌入」類違法行為，所以《漢書·竇嬰傳》載：「太后除嬰門籍，不得朝請。」大臣竇嬰一旦被取消門籍後，就無法進入宮門了。〔註5〕同樣的，沒有市籍，就不允許在市場中經商。官府可憑據市籍收稅，如前引《漢書·何武傳》中對「何顯家」的市租徵收正是如此，也正因為如此，許多人不著市籍，而偷偷在市場中經商，因為這樣可以通過偷漏市稅的辦法，取得更大的利益。為了保證稅收，國家又往往採取十分嚴厲的舉措對此加以打擊，如成帝時尹賞為長安令，「乃部戶曹掾吏，與鄉吏、亭長、里正、父老、伍人，雜舉長安

〔註4〕 錢劍夫：《秦漢賦役制度考略》，湖北人民出版社，1984年，第70頁。另外，前引《漢書·食貨志下》所載的「計其利，十一分之，而以其一為貢」，錢氏以為是王莽作出的一種市租改革，是「仿照《周禮》併兼取『什一』之法改變的一種市租。」（同書第73頁）所以，從根本上講，錢先生認為市租與營業稅是二而為一的東西。

〔註5〕 這種制度至少維繫到了唐代，程樹德所著《九朝律考》卷1《漢律考》五之《律令雜考》，就此條說明道：「按唐律，無著籍者入宮殿，在衛禁一。」

中輕薄少年惡子，無市籍商販作務，而鮮衣凶服被鎧扞持兵者，悉籍記之，得數百人。」〔註6〕對於沒有市籍而在市場上經商的人，採取了十分殘酷的鎮壓手段。但即便如此，一些有權勢的人依然可以想盡辦法私自經商，如《漢書·趙廣漢傳》載，宣帝時京兆尹趙廣漢的客就「私酤酒長安市，丞相史逐去客。」而趙廣漢自己也曾查處過博陸侯霍禹私自從事商業，「直突入其門，廋索私屠酤，椎破盧罌，斧斬其門關而去。」這種事例在當時是十分普遍的，以至元帝時貢禹呼籲：「又欲令近臣自諸曹侍中以上，家亡得私販賣，與民爭利，犯者輒免官削爵，不得仕宦。」〔註7〕而所謂「私販賣」，在很大程度上，就在於可以偷漏市稅。

如前所述，市租與營業稅雖然都與市場關繫緊密，但並不是同一種稅，這一問題至少從上世紀三十年代始，就有學者注意到，並加以各種推定，由於材料匱乏，對於市租還是難於作出最後的認定，學者們雖然各有貢獻，但此問題並不能講已經有了圓滿的解說，時至今日，我們事實上還無法將有關市租的各種具體情形真正坐實。如二十世紀三十年代時，黃君默在《兩漢的租稅制度》中將市租定義為「市籍稅」，並說：「其所謂市籍租，大概指填市籍冊的一種手續費。」〔註8〕而當時的馬非百則認為：「唯其稅之性質，為房屋稅，抑為貨物稅，殊不可定矣。」〔註9〕而如前所述，馬大英雖然認為市租為交易稅，但他也在史料的矛盾中不得不認為，「(市租) 有時也包括房地租在內。」〔註10〕那麼這樣一來，除將市租定為營業稅外，僅筆者所見，對於市租的認定就有 4 種說法：A、手續費；B、房屋稅；C、貨物稅；D、地租，這 4 種說法中哪一種要最後被確定為唯一的結論，現在幾乎都是不可能的。因為它們都還只停留在一種推測之中，甚或以上 4 種說法都不對也未可知，或許就是如前引《魏書·肅宗傳》中「稅市人出入者」的那種市門稅，等等。但不管如何莫衷一是，有一點卻是共通的，幾種說法都是圍繞著市場管理來展開的，而且如前所引，各種相關史料也的確顯示出這種特點，所以，我們將市租作為一種「市場管理稅」來看待，

〔註6〕 《漢書》卷 90《酷吏傳·尹賞》，第 3673 頁。

〔註7〕 《漢書》卷 72《貢禹傳》，第 3077 頁。

〔註8〕 《食貨》第 3 卷第 7 期，1936 年 3 月。

〔註9〕 《食貨》第 3 卷第 9 期，1936 年 4 月。

〔註10〕 馬大英《漢代財政史》，第 85 頁，筆者認為，這正好說明將市租作為交易稅是難於成立的。

應該是沒有多大的問題。至於它究竟屬於「市場管理稅」中的哪一種，因材料緣故，我們只能存疑，以待來日。

市租能夠成為市場管理稅種，有一個很大原因在於市場是官立的。在古代中國不允許「私市」，當時連私自買賣都是被禁止的，何況私人設立市場呢？所以漢武帝時，「監軍御史為奸，穿北軍壘垣以為賈區，建欲誅之。」軍正丞胡建要斬首開鑿軍營圍牆，以開闢商業區的軍官，其理由即在於「穿軍垣以求賈利，私買賣以與士市。」〔註11〕即私自開闢市場，牟取利益。這也說明市場要官立，並由官府對市租進行管理徵收。同時從另一角度看，我們可以認定，軍官開闢商業區是為了取得更大的利益，而這個為之冒殺頭危險的利益是什麼呢？是可以從商人身上收取一定的有關商業費用，如果不是這樣，何利之有，竟以至於為之殺頭呢？這一筆收入無疑類似於市租，但其從性質上而言，不應是營業稅，因為營業稅明確規定是由官府收取的，即「自占所為於在所之縣官」。〔註12〕私立市場的設立在當時本來就處於偷偷摸摸的狀態之下，決不可能大膽到再替官府收稅，而史書中在敘述其罪過時，也未講到這一點，如真是超過權限去收營業稅，這也是一種大罪，書中不可能毫無交代，所以這一筆收入不過是市場管理費用而已，這也更證實了以上我們所推導的結論，市場不能私人設立，還有一個重要原因在於，正規市場中的土地為官府所有，即所謂「官地」。《後漢書‧劉盆子傳》載：「帝（光武帝）憐盆子，賞賜甚厚，以為趙王郎中，後病失明，賜滎陽均輸官地以為列肆，使食其稅終身。」官府是這一片市場土地的所有者，所以，它可以選擇受益人；反過來，經商者進入這一片地域經商，他所擁有的只是經營權，而不是所有權；從法理上而言，也的確應該承擔一定的費用。有沒有不交這種稅的呢？或許有，但數量一定很少。《史記‧司馬相如列傳》載：「（司馬相如）盡賣其車騎，買一酒舍酤酒，而令文君當壚。相如身自著犢鼻褌。與保庸雜作，滌器於市中。」司馬相如在「市」中做買賣，但史書中未見有徵市租之事，或許關鍵就在於他是「買一酒舍」，而不是進入市場，「坐列肆中」，這可能是一個重要差別，也就是說，司馬相如可能具有了所有權與經營權的統一，但具體情況如何，我們不得而知。

〔註11〕 《漢書》卷67《胡建傳》，第2910頁。
〔註12〕 《漢書》卷24下《食貨志》，第1181頁。

　　市租的徵收範圍也是一個有爭議的問題。如前所述，我們認爲市租是市場管理稅，因而它就應當在官立市場內進行，其範圍不至於太廣。但有學者以爲，除了正規市場徵收市租，在其它地方與買賣有關的稅費也被稱之爲「市租」。〔註13〕但這種情況在史料上其實是難於坐實的。憑藉立論的典型材料主要是《鹽鐵論・水旱》中的一段文字：「家人相一，父子戮力，各務爲善器，器不善者不集，農事急，挽運衍於阡陌之間。民相與市買，得其財貨五穀新弊易貨。」然而從字面上，我們並不能看出這裡面有「市租」的痕跡。我們當然承認當時從事商業買賣要交稅，但它並不就是市租，將商品營業稅等同於市租無疑是一種先入爲主的做法，事實上，如前所述，在當時的市場運營中，實際上至少有兩種稅的存在，一是市租，即市場管理稅；二才是商品營業稅，即前面說的「十一分之，而以其一爲貢。」〔註14〕

　　此外，還有學者在市租中歸入一類「特種交易稅」〔註15〕，它源自於元帝時貢禹所提及的「租銖之律」。《漢書・貢禹傳》記載道：「疾其末者絕其本，宜罷採珠玉金銀鑄錢之官，亡復以爲幣；市井勿得販賣，除其租銖之律，租稅祿賜皆以布帛及穀，使百姓一歸於農，復古道便。」顏師古注曰：「租稅之法皆依田畝，不得雜計百物之銖兩。」《漢書・食貨志下》也有同樣的記載，但對「租銖之律」，顏師古注道：「租銖，謂計其所賣物價，平其錙銖而收租也。」但從以上材料中，要充分認定「租銖之律」爲「金銀珠寶」等貴重物品的特種交易稅，其實是較爲勉強的，而要再將其列入市租的範圍，幾乎可以說是於史無徵。那麼，如何看待「租銖之律」呢？其實顏師古已經說得很明白了，兩條注文看似不同，但說的卻是同一問題，即租賦中的貨幣本位問題，換言之，貢禹所講的「租銖之律」是指在租賦交納中折錢爲賦，貢禹認爲這一點不利於農業，故而建議用穀、布等代替錢以交稅。爲更進一步說明問題，我們可以看《漢書・食貨志下》的一則記載：「（王莽時）眾民賣買五

〔註13〕如黃今言在《秦漢末業稅問題的探討》（《江西師大學報》（哲社版）1985年第1期，第29頁）中，將其歸爲市租中的集市交易稅，認爲：「只要貨物投入了集市交易，一般就得徵課市租。」馬大英也持相似看法，見《漢代財政史》，第84～85頁。

〔註14〕另外，漢代這方面史料缺乏，我們如果綜合考察，可以發現，在後世中，一些不在正規市場上出售的商品，國家甚至規定可以不交稅，據《宋史・食貨志下八》載，宋代時規定：「民間所織縑帛，非鬻於市者皆勿算。」

〔註15〕參見黃今言：《秦漢末業稅問題的探討》；馬大英：《漢代財政史》，第87頁。

穀、布帛、絲綿之物，周於民用而不讎者，均官有以考檢厥實，用其本賈取之，毋令折錢。」這是王莽改制中的一項內容，但其反證了漢時交稅，尤其在商業圈內，要折爲錢，而不能用「本物」。對商人而言，「本物」爲商品；對農民而言，則爲穀、帛等農產品了，這與貢禹所論，在內涵上的一致性是不言而喻的。所以，市租從其範圍而言，應該只是市場管理稅，它與營業稅是分開的。

對市租的探討中還有一個重要問題，就是它的數額。有學者以爲它爲百分之二至百分之十之間，其根據是前引《食貨志》中的「十一分之，而以其一爲貢。」〔註16〕但在前文中，我們已經就此討論了其與市租的不同，故不再贅述。此外，還有學者將市租稅額認定爲2％，主要證據同上，並相應增加了一些論說，主要推斷摘引如下：

> 《管子·幼官》曰：「市賦百取二，關賦百取一。」這裡所說的「市賦」即「市租」，其徵收率爲2％。……異時（元狩四年前）曾徵收商賈所儲緡錢（現金）稅，稅率亦爲 2％，……其時以牛馬羊實物徵稅，稅率也是 2％，既然漢代曾徵收商賈現金稅、牲畜實物稅與《管子·幼官》所說的市租稅率相同，推知漢代的市租率也應是 2％……當時人們公認的商業利潤率爲20％，上述王莽時市租按商業利潤的 1／10 徵稅，如果按商賈進入市場的貨物量徵稅，則市租率爲 2／10×1／10＝2％，由此可知，對商賈儲存的現金（緡錢）、擁有的實物（軺車、牛馬羊等）和投入市場的貨物均以 2％的稅率徵收，就是徵收商賈所得利潤的 1／10。可見漢代的市租徵收率是一致的。〔註17〕

但以上論斷，很有一些疑點。其一，如前所述，十分之一的營業稅收入不同於市租，二者間的等同在史料上並不能拿出充分的證據，所以在 10％的稅制基礎上立論，本身就是大可懷疑的。其二，《管子·幼官》所反映的數字，即市賦2％，關賦1％，只是一個理想的數字，不是實際生活中的事實，如關賦1％就遠遠不符合漢代的實際。同樣，《管子》中的所謂「市賦」也不足信。爲說明這一問題，我們可以看幾則有關漢代的材料，《九章算術·衰分》中有

〔註16〕黃今言：《秦漢末業稅問題的探討》，《江西師大學報》（哲社版）1985 年第 1 期，第 30 頁。
〔註17〕冷鵬飛：《漢代「市租」考》，《中國史研究》1996 年第 3 期，第 163 頁。

一題,「今有甲持錢五百六十,乙持錢三百五十,丙持錢一百八十,凡三人俱出關,關稅百錢。」在這裡,所謂的關賦爲10%,然而還有更高的,《九章算術・均輸》載:「今有人持金出五關,前關二而稅一,次關三而稅一,次關四而稅一,次關五而稅一,次關六而稅一。」這裡面的數字與《管子》中所載相差更巨。故而以上述《管子》中的數字來立論顯然是不妥的。其三,如按2%推算市租,則按照前文所講的臨淄地區「市租千金」,該市場中貨物所值折爲錢就達5億錢之多。前文中我們已經知道,西漢一年的賦斂錢爲40億,則這一市場的商品所值就佔據了天下財富的 1／8,,這哪裏是一個地方市場?這分明就是一個金庫?!

其實,從現有材料,我們根本不足於對市租推斷出一個具體的數字。但我們可以通過對史料的分析,得出一些認識,這對我們更接近歷史真實會有一定作用,對於市租額問題,我們大致可以在上述分析的基礎上,作出下列評判:

一、當時的稅額可能有不固定性。《新序・雜事》載:「(晉)平公曰:『⋯⋯吾門下食客三千人,朝食不足,暮收市租;暮食不足,朝收市租,吾尚可謂不好士乎?』」這裡說的是春秋時的故事,但反映的卻可能是漢時的狀況,從上文中可見市租在徵收中是不固定的,數額度上有隨意性。我們認爲這種額度的不定主要體現在兩方面,一是管理者的加價;二是各地地價的不同可能也會影響對市租的徵收,邊遠之地的市租可能就要低於商業繁盛之區。

二、市租徵收可能有一定期限。如前所述,從《漢書・何武傳》中,我們看到「何顯家」被追市租,則完全可以由此認定市租交納是有一定期限的,期限多少,尚不能定。當場交稅,應該也是可以的。

三、市租交納可能是以財產爲基數。對於市租是定額還是浮動,我們雖然還不能完全下定論,但《史記・平準書》中有一條如下記載:「諸賈人末作貰貸賣買,居邑稽諸物,及商以取利者,雖無市籍,各以其物自占。」這條材料,從反面告訴我們,此前有市籍者一定要「以物自占」,即自報財產以交稅,「以物自占」以納稅,可能是當時的通行規範,當時的市租很可能就是以這種辦法徵收,而不是定額。

綜上所述,我們認爲,西漢時的市租的確是作爲一項市場管理稅來加以徵收的,它主要適用於有市籍者,其稅額尚不能定論,但絕不是2%的低

額度，在徵收中有一定期限，並可能以財物多少爲收稅標準，稅額上呈不固定性。

原刊於《中國社會經濟史研究》2000 年第 4 期，原題爲《漢代「市租」新探》，2016 年 8 月改訂。

「行錢」辨

　　《史記‧秦始皇本紀》載：「惠文王生十九年而立，立二年初行錢。」《史記‧六國年表》又載：「（秦始皇三十七年）十月子胡亥立，為二世皇帝⋯⋯復行錢。」對於這一段歷史，學界歷來作為秦鑄幣史上的重要內容，對於前一項材料，學界很多人認為，這表明秦自惠文王開始鑄造貨幣，或至少是固定貨幣。如林劍鳴說：「秦國固定形態的貨幣出現於公元前三三六年（秦惠文王二年）⋯⋯從此，秦國才有統一的貨幣——錢。」〔註1〕其實對於這麼一種認識，無論是從出土實物角度，還是情理推斷，都無法自圓其說，所以，有學者又認為：「所謂『初行錢』，並不是說秦國在此之前沒有鑄幣，而是到了秦惠文王時又開始鑄行另一種貨幣。」〔註2〕但這種講法也無法得以坐實。對於後一段史實，學者幾乎都認為，記載上有缺環，中間可能有廢止錢幣之舉，所以後來到了秦二世才「復行錢」，但具體情況如何？學者們則紛紛表示不解與疑問。

　　的確，從現有文獻材料出發，實在難於將問題解釋完滿。所以，針對後一條材料，日本學者瀧川資言《史記會注考證》注曰：「行錢之初自惠文以來，中間不聞廢錢，何云復行？」而陳直在《史記新證》中則說：「此云二世復行錢，中間必脫有廢行錢之記載。」〔註3〕此外，彭信威等學者也未能對此有合理的解釋。綜觀上文所引材料，對於行錢的理解，學界基本上達成了一種這樣的共識：這是一種錢幣制度的興廢，而真實情況如何我們還無法搞清。在

〔註1〕　林劍鳴：《秦史稿》，上海人民出版社，1981年，第292頁。
〔註2〕　林甘泉主編：《中國經濟通史》（秦漢卷），經濟日報出版社，1999年，第595頁。
〔註3〕　陳直：《史記新證》，天津人民出版社，1979年，第42頁。

這裡，「行」自然是一個動詞，「行錢」則是一種制度行為。所以，「行錢」就是開始鑄造使用錢幣，「復行錢」自然是重新開始鑄造使用錢幣。

本來，僅以文獻來考察，對於這一問題，我們是無法在現有基礎上繼續推進的。但近來在張家山出土的簡牘材料，卻為這一問題提供了真實可靠的答案。《張家山漢簡》之《二年律令》的 198 簡：「錢徑十分寸八以上，雖缺鑠，文章頗可智，而非殊折及鉛錢也，皆為行錢。金不青赤者，皆為行金。敢擇不取行錢、金者，罰金四兩。」〔註4〕此段簡文的意義在於，它十分明確地告訴我們，在漢初，所謂行錢是一種劣質錢幣，但政府由於經濟上的困難，強制要求其流通。不僅有行錢，還有行金。漢初的幣制直接承接秦末，《史記》中所言的秦行錢，也就是這種狀況的貨幣。與之相對應的，在秦《金布律》中，也明確規定：「賈市居列者及官府之吏，毋敢擇行錢、布，擇行錢、布者，列伍長弗告，吏循之不謹，皆有罪。」〔註5〕此簡正可與張家山漢簡相互驗證。由於當時是稱量貨幣，所以為了保證貨幣的正常流通，秦政府曾規定將優幣與劣幣混合使用，《金布律》中另一條法令規定：「官府受錢者，千錢一畚，以丞、令印印。不盈千者，亦封印之。錢善不善，雜實之。出錢，獻封丞、令，乃發用之。百姓市用錢，美惡雜之，勿敢異。」〔註6〕此段命令中「不善」之錢、「惡」錢即為行錢。而「行」的意義，筆者以為，應類似於秦漢官制中的「行大司馬事」等稱號，即本無其職，僅以「行某某事」的方式來暫時執行其職能。

但為何要「復行錢」？《漢書‧食貨志下》載：「秦兼天下，幣為二等，黃金以溢為名，上幣；銅錢質如周錢，文曰『半兩』，重如其文。」也就是說秦始皇統一天下以後，在幣制改革中，錢的質量有了規範的要求，重如其文。以前劣質的行錢，自然就宣告其退出流通系統。而到了秦二世時，由於經濟惡化，政府對貨幣的鑄造出現困難，所以再次允許劣質的行錢進入流通領域，漢初延而不改，這應該就是「復行錢」的真實狀況。

原刊於載於謝維揚主編：《新出土文獻與古代文明研究》上海大學出版社 2004 年，2010 年 12 月改訂。

〔註4〕 參見張家山二四七號漢墓竹簡整理小組：《張家山漢墓竹簡（二四七號墓）》，文物出版社，2001 年。

〔註5〕 睡虎地秦墓竹簡整理小組：《睡虎地秦墓竹簡》，文物出版社，1978 年，第 57 頁。

〔註6〕 睡虎地秦墓竹簡整理小組：《睡虎地秦墓竹簡》，第 55 頁。

後　記

　　這裡所收錄的十餘篇論文記錄了我學習秦漢史的一些心得，現結集出版，以供同道批評指正。

　　回顧自己的學術道路，從事秦漢史的學習和研究，有著偶然的機緣。業師謝維揚教授是先秦史名家，按說我本應以先秦史為主攻方向，而且我也一度也是這樣想、這樣做的。記得在研究生入學之初，我對先秦文獻很是下了些氣力，在圖書館還描摹過一些甲骨、金文，並不間斷地翻閱過考古年鑑和考古報告，一直思考和找尋著先秦的題目去做研究，這一切本應順理成章地將我引入先秦研究之路。但一個偶然的機會，使得我的碩、博生涯主要圍繞著秦漢問題展開了研究。記得 1999 年初，我看到了秦暉先生的《「漢金」新論》一文，為了尋證其中的材料和觀點，開始嘗試著寫了一些東西，其中核心部份整合成了《從西漢黃金問題看抑商》，文章發表後，被人大複印資料全文轉載。或許是這一經歷給了自己信心和鼓舞，循著當時的思路，我欲罷不能，一步步深入，開始了一系列的相關討論，結果是，在研究和學習中，發現有越來越多的問題要加以解決，越深入，越有做不完的題目。就這樣，我不自覺地闖入到了秦漢史的研究領域。謝師十分寬容我的「越界」，加之先秦文獻及先秦史的學習，使我的秦漢研究在溯源問題上頗能得心應手，獲得一種少有的優勢，所以，由先秦入秦漢，不僅毫無滯礙之感，反倒感到一種「打通」的快樂，碩士、博士論文也就由此選擇了秦漢方向的題目。

　　很自然地，在秦漢逐漸成為主要研究方向的過程中，我陸續發表了一些相關論文，十多年積攢下來，也有不少數量了。在這樣的背景下，結集出版成為了心之所念。在當下學界，像我這樣的資歷與名位，要出版論文集，並

不是件容易的事。幸運的是，花木蘭文化出版社慨允出版拙著，爲我圓了學術之夢。自簽約以來，我一直努力修改舊作，希望本書能以較好的面貌呈之於學界。但最後修訂下來，由於各種原因，還是覺得頗多遺憾，難孚初衷。

在修訂過程中，體例的統一，文字材料的搜集等技術性問題頗爲繁雜，但比較而言，難度並不大，是較易克服的「體力活」。我遇到的最大問題或困難在於，各篇文章時間跨度較長，這就在客觀上造成了質量的參差不齊。最近幾年的成果，反映了我當下的一些思考，相對成熟一些。但更多的早期作品由於完成於上世紀末及本世紀初，一晃已十多年，快二十年的時間倏忽而過。那時筆者處於研究生學習階段，可謂初窺學術之門，故而，檢讀舊作，雖文字間有著學術銳氣與可取之處，基本觀點也大都可以成立，但從今天的眼光來看，明顯功力不足，青澀與稚嫩時時可見。當然，學術或學人的成長需要一個過程，早期作品難孚人意，也是無可奈何之事。但問題是，既然自己都感到了不滿意，當需要結集出版之時，堅持學術標準，進行必要的修訂，就成爲了題中應有之義。在對這些文章進行修訂時，一般而言，除了純粹的考訂之作只要不誤，不作重大改動外，越早的作品，修訂力度越大，有些簡直是重作了一遍。雖基本觀點保持不變，但細節的充實，邏輯的照應，框架的重新調整，也是頗費心力，工作中甚至常有精疲力竭之感。隨著出版時間日益臨近，有些作品已不允許大改，而即便是大改之作，原先的不滿意處雖得以調停，但隨著補充材料及觀點的滲入，又常常有一系列新的問題縈繞腦間，與自我期許頗難相符。總之，就個人本意而言，希望奉獻的是一份相對滿意的學術答卷，以作爲階段性的總結，但最終卻是粗陋淺薄處居多，總也做不到令人滿意的地步。限於學力和精力，筆者也實在沒有力量再進一步了。職是故，在本書出版之際，我的內心是揣揣不安，甚至汗顏不已的。好在本書中所呈奉的學術成果，是多年的辛勞之作，作爲一名學人，與前賢時彥相較，雖水準上或有不逮，但一得之愚，或有所採。更重要的是，自己的學術態度應該還是誠懇的，工作也是努力誠實的。這樣想來，羞報之下，也就有了些許「亮醜」的勇氣。所以，在此誠摯地希望本書能得到同道的中肯批評，從而更好地省察和補充自己的不足，爲今後的學術發展提供新的助力。

本書以「探微」爲名，隱然有追慕前賢的意蘊，但我深知自己的淺陋與不足。所以，此間毫無僭越與抗禮之意，「探微」之名在此，無外乎表達兩種情懷：一是「高山仰止」之下，對於前賢「雖不能至，心嚮往之」的態度，

以他們爲自己的學術標杆，以激勵自己。二是本書所收成果，確是一些「細微」之言，不敢廁身於宏論巨作的範疇。長期以來，我以「小處入手，大處著眼」爲自己的學術旨趣，「大處著眼」或許力有不逮，但「小處入手」，我想還是基本可以保證的。有鑒於此，遂將本書定名爲《秦漢史探微》。書中各篇文章均已發表，在本書中，有些做了大的修訂，並做了整合工作，有些限於認識和精力的不足，只做了些訂正訛誤，潤色文字的工作。在此，謹對歷年來發表拙文的刊物及編輯，表示衷心的感謝！修訂後的文字，與先前不符者，一律以本次修訂稿爲準。

　　值得一提的是，在我的早期論文中，習慣以某某先生來稱謂學界中人，引文中常因此占去若干文字篇幅。後來的學術習慣則是，除親爲授業之師外，一般情況下，一律去「先生」名號，直稱其名。需要說明的是，這絕不代表我不尊重學界的前賢時彥，恰恰相反的是，有很多先生是我特別尊重，甚至是很要好的師友。去「先生」之名謂，在於學術論文以質行世，因而在學界中，很多學者都遵循著這一習慣，我亦從之。所以，在本次修訂過程中，凡「先生」之名號一般都加以去除，以統一體例。另外，在我過去所發表的學術論文中，有些文章是從我的博士論文《學與政：漢代知識與政治互動關係之考察》中抽出改訂而成，鑒於博士論文已由黑龍江人民出版社 2012 年出版，相關論文一律不再收錄於本書中，有興趣的讀者可以參看已出版的拙著。

　　最後，在本書出版之際，向支持和幫助過我的各位師友、家人表示誠摯的感謝，尤其是引領我進入學術之門的謝維揚師，爲本書出力不少的彭華兄，以及花木蘭文化出版社的各位先生，更是需要致以特別的謝忱。

王剛

2016 年 9 月於南昌